2019年度全国创新创业
50所典型经验高校经验汇编

全国高等学校学生信息咨询与就业指导中心　组编

主编　石鹏建　副主编　方　伟

北京航空航天大学出版社

图书在版编目(CIP)数据

2019年度全国创新创业50所典型经验高校经验汇编 / 石鹏建主编 ; 全国高等学校学生信息咨询与就业指导中心组编. -- 北京 : 北京航空航天大学出版社, 2019.10

ISBN 978-7-5124-3121-8

Ⅰ. ①2… Ⅱ. ①石… ②全… Ⅲ. ①高等学校—创业—经验—汇编—中国—2019 Ⅳ. ①G647.38

中国版本图书馆CIP数据核字(2019)第212295号

2019年度全国创新创业50所典型经验高校经验汇编

全国高等学校学生信息咨询与就业指导中心　组编

主编　石鹏建　副主编　方　伟

*

北京航空航天大学出版社出版发行

北京市海淀区学院路37号(邮编100191)　http://www.buaapress.com.cn

发行部电话:(010)82317024　传真:(010)82328026

读者信箱: goodtextbook@126.com　邮购电话:(010)82316936

艺堂印刷(天津)有限公司印装　各地书店经销

*

开本: 787×1 092　1/16　印张:18.25　字数:467千字

2019年10月第1版　2019年10月第1次印刷　印数:2 000册

ISBN 978-7-5124-3121-8　定价:98.00元

教 育 部 办 公 厅

教学厅函〔2019〕38号

教育部办公厅关于公布2019年度全国创新创业典型经验高校名单的通知

各省、自治区、直辖市教育厅(教委),有关省、自治区人力资源社会保障厅(局),部属各高等学校、部省合建各高等学校:

为全面贯彻落实党中央、国务院关于做好大学生创新创业工作的重要部署,积极发挥典型引领作用,推动全国高校进一步深化创新创业教育改革,提升创业指导服务工作水平,促进毕业生更高质量创业就业,我部于2019年1月启动开展了2019年度全国高校创新创业总结宣传工作。经过推荐申报、专家初选、社会调查和实地调研等环节,推选产生了2019年度50所全国创新创业典型经验高校。现将名单公布如下:

一、中央部门所属高等学校(8所)

北京科技大学、南开大学、大连海事大学、华东师范大学、南京农业大学、中国地质大学(武汉)、华中农业大学、重庆大学

二、省属本科院校(31所)

太原理工大学、辽宁工业大学、东北财经大学、长春理工大学、长春中医药大学、上海对外经贸大学、南京林业大学、南京信息工程大学、南京师范大学、浙江工业大学、宁波大学、安徽师范大学、福建师范大学、江西中医药大学、宜春学院、青岛科技大学、山东中医药大学、河南农业大学、信阳师范学院、湖北理工学院、湘潭大学、湖南师范大学、汕头大学、佛山科学技术学院、广西师范大学、西南石油大学、贵州工程应用技术学院、云南大学、云南财经大学、西安翻译学院、新疆大学

三、高职高专院校(11所)

河北交通职业技术学院、河北化工医药职业技术学院、锡林郭勒职业学院、哈尔滨职业技术学院、义乌工商职业技术学院、江西外语外贸职业学院、济南工程职业技术学院、济源职业技术学院、咸宁职业技术学院、湖南工艺美术职业学院、甘肃工业职业技术学院

各地、各高校要认真组织学习、借鉴典型经验高校的经验和做法,结合自身实际,不断改进工作方式,努力创新工作机制,切实推进大学生创新创业工作。

教育部办公厅

2019年8月5日

(此件主动公开)

部内发送:有关部领导,办公厅、就业中心

教育部办公厅　　2019年8月8日印发

编委会名单

目　录

中央部门所属高等学校(8所)

省属本科院校(31所)

高职高专院校(11 所)

中央部门所属高等学校（8所）

坚持"立德树人"根本任务 以"科技创新"为载体 培养高素质创新创业人才

——北京科技大学

一、学校概况

北京科技大学(简称"北科大")成立于 1952 年,是一所以工为主,工、理、管、文、经、法等多学科协调发展的教育部直属全国重点大学。学校是首批"211 工程"建设高校,是"985 工程"优势学科创新平台建设高校,入选"2011 计划",是国家"双一流"建设高校,2018 年成为国防科工局、教育部共建高校。2017 年,材料、冶金、矿业及科技史四个学科进入"一流学科"建设行列,入选学科数居全国第 26 位。学校目前有 14 个学院,全日制在校生 2.5 万余人。

建校 67 年以来,学校始终以满足国家重大需求、引领行业技术进步为己任,创造了我国科技史上的诸多"第一",例如世界第一台弧形连铸机、第一台国产工业机器人等。同时,学校为社会培养各类人才 20 余万人,遍布世界各地、各行各业,走出了 7 位党和国家领导人,38 位中国科学院和工程院院士,50 余位省部级党政领导干部,230 余位在任和曾任大中型企业董事长、总经理和工程师,以及一大批优秀务实的杰出创业者。

长期以来,学校一直高度重视学生创新精神和创业意识的培养。坚持把培育学生创新创业精神和能力作为学校人才培养目标和"双一流"大学建设重点内容,逐步探索出具有北科大特色的创新创业教育体系。学校获得"全国高校实践育人创新创业基地""全国高等学校创业教育研究与实践先进单位”“北京市示范性创业中心”等荣誉。

二、学校创新创业工作主要做法和典型特色

北京科技大学紧密围绕“立德树人”的根本任务，发扬“求实鼎新”的校训精神，以“科技创新”为载体，发挥学科优势，将创新创业教育融入人才培养全过程，着力培养新时代拔尖创新创业人才。

（一）主要做法

1. 重统筹，举全校之力下好创新创业工作一盘棋

一是机构到位。学校成立“创新创业工作指导委员会”，主管校领导任委员会主任，整体制订创新创业工作计划。成立校级“创新创业中心”，作为具体执行机构和协调中心，统筹学校资源推进创新创业工作。现有校级专职工作人员 5 名，并在每个学院配备 1 名创新创业辅导员，合计 40 余名专兼职指导教师，为推进工作提供了有力的人员保障。

二是政策到位。学校出台政策，完善激励机制，加大奖励力度，2014 年共发放创新创业相关师生奖励金 240 余万元。建立了“创新创业学分转换”制度，允许调整学业进程、保留学籍休学创业，允许学生将创业实践内容转化为本科毕业设计。

三是场地到位。建设了“贝壳创空间＋创新创业实践基地＋大学生科技园＋学院创新创业分中心”四位一体的双创基地群，累计面积 3 500 余平方米，全面保障了学生创新创业实践的需求。

四是经费到位。学校设立各类专项经费、科技竞赛经费、校友创新创业基金等，总计 1 000 余万元。

2. 重教育，将创新创业教育融入人才培养全过程

一是不断完善人才培养方案和机制。2005 年学校将创新创业教育纳入必修环节，2017 年将创新创业学分增加到 8 个，包括 3 个理论学分和 5 个实践学分。建立创新创业档案并计入第二课堂成绩单。学校推行本科生全程导师制，大一即给学生配备导师，打通本科生提前进入实验室参与重大科研和创新创业实践的渠道。

二是构建“三阶递进”的创新创业课程体系，鼓励教师开展教学研究。学校开设创新创业“基础课程”“新生研讨课”“实践培训课程”80 余门。学校鼓励教师开展创新创业课程研讨及课题研究，组织相关教研团队编写 10 余部创新创业相关教材和书籍，《大学生生涯辅导教程》获评北京市精品教材。

三是分层次开展创新创业教育活动。学校开展“创学堂”“科技文化节”“创业体验日”等系列活动，邀请了多名国内外顶尖科学家，以及 50 余名知名校友与学生分享科研创新和创业故事，每年累计覆盖学生万余人次。通过辅导员工作室、学生创业协会、科技协会等开展创新创业朋辈教育。通过“创业网＋微信”等媒体平台，报道学校前沿科技成果和学生创业故事，发挥网络育人的作用。

3. 重实践，着力提高学生创新创业实践能力

一是搭建多层次赛事平台。通过“学分保障＋保研加分＋奖金鼓励”等多重激励，鼓励大学生参与创新创业赛事实践。开展“科技园杯”“摇篮杯”创新创业大赛 16 年，覆盖学生 15 000 余人，团队 2 000 余支。开展近 30 项学科相关创新创业赛事，实现“一院一赛”。

二是实施“大学生创新创业训练计划”。开展“创新训练项目”、“创业训练项目”和“创业实践项目”三层次实践，覆盖 70％以上本科生。近三年，学生申报创新创业项目累计 1 721 项，发表论文 108 篇，申请国家专利 56 项，形成报告 1 500 余份。

三是开展多层次创新创业训练营。学校面向不同学生群体，开展创业训练营、创业加速营、创业骨干营，每年覆盖学生 200 余人，全面提高学生创业实践能力。

4. 重帮扶，实施“贝壳种子计划”，助力学生创新创业项目开花结果

自 2017 年起，学校面向在校生和毕业两年内的校友，实施“贝壳种子计划”工程，选拔优秀实体创业项目，为其提供启动资金、办公场地、注册地址，配备“一对一”导师，有针对性地开展指导和服务。至今共支持 20 多个实体创业团队。“贝壳种子计划”团队曾向时任国务院副总理刘延东、团中央书记傅振邦进行成果汇报，两支团队作为大学生创业代表参加 2018 年全国双创周展示。

5. 重协同，把创新创业成果写在生产线上

一是加强校企、校地合作，促进学生创新创业能力培养。学校与 100 余家大中型企事业单位、地方政府共建了 167 个实践基地。学校与腾讯众创等专业机构共建近 10 个创新创业孵化基地，为学生提供实习实践和专业化孵化服务。

二是鼓励师生共创，以科研带动创新创业。学校出台政策允许教师离岗创业。以导师科研转化为依托，开展师生共创，涌现出一批大牌教授团队带领学生创新创业的优秀典范。同时，学校建立了集专家、校友等于一体的“结构多元、专兼结合”的创新创业导师队伍，现有导师 200 余人。

（二）经验特色

1. 打造学院“创新创业分中心”，促进“四个融合”

2018 年初，学校在 13 个学院成立并挂牌了“创新创业分中心”，要求分中心出台建设管理办法，并且构建了以“六有机制”为目标的分中心运营模式。主管校领导多次实地走访，督查分中心建设情况。

学院创新创业分中心要做到“有组织、有基地、有赛事、有教师、有课程、有活动”。学校明确学院分中心建立书记任工作领导小组组长，以专业教师、班导师、创新院辅导员为主体的院级创新创业工作机制。依托分中心，学校建成了“思创实验室”“勤敏轩”“机器人”等多个学科特色创新创业实践基地；组织了“节能减排大赛”“传感器创新大赛”等一系列具有学科特色的创新创业赛事；开展了“满井谷”“索奥”创新创业论坛等院级创新创业活动；建立了学院创新创业导师库；开展相关的培训课程，营造了非常好的创新创业氛围。同时，依托分中心，使创新创业教育能够进专业、进班级、进支部、进课堂、进课题、进企业，真正将学科优势转化为创新创业

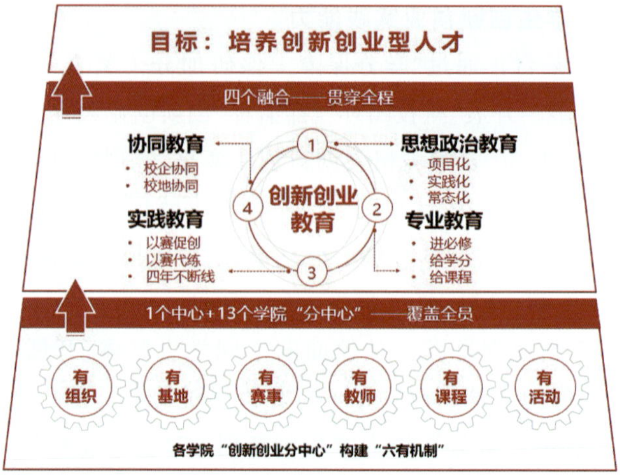

以“创新创业分中心”促进“四个融合”的创新创业工作机制

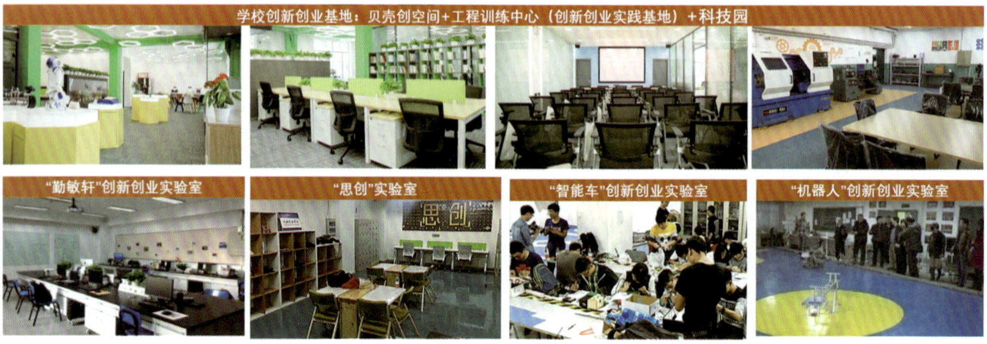

北京科技大学校院两级创新创业基地群

教育优势，推动创新创业教育融入思想政治教育、专业教育、实践教育、协同教育。

2. 赛教融合，培养“科技型”创新创业人才

学校积极构建赛教融合培养模式，依托重要赛事，通过教学培养与实战指导相结合的方式，以赛代练、以赛促创、以老带新，达到“参与学生多”“覆盖专业多”“学生收获多”的效果。学校也通过这样的模式，培育出两支全国大学生“小平科技创新团队”。

“机器人队”，每年覆盖学生400余人，成立18年来，获得两届全国总冠军、四届亚军、三届季军，团队成员和机器人还受到多位党和国家领导人的接见。由我校原创的Robtac大赛，2018年入选高等教育学会“中国高校竞赛评估排行榜”。

“智能车队”，每年覆盖学生500余人，成立13年来，获得4个国际冠军、18个全国特等奖、17个全国总冠军、28个全国一等奖。曾得到时任国家领导人刘延东、市委书记刘淇、市长王岐山的赞扬。

两个团队为社会培养了1 000余名专业创新人才，有一些已经成为机械、自动化等技术领域的专家、知名企业骨干和创业公司领导。特别值得一提的是，他们团队中走出了20余名成员，创办了以相关技术为基础的科技型创业公司。

赛教融合培养模式:“以赛代练、以赛促创、以老带新”

全国大学生“小平科技创新团队”——北京科技大学“机器人队”

全国大学生“小平科技创新团队”——北京科技大学“智能车队”

(三) 工作成效

近三年,毕业生整体就业率保持在 95%以上,我校毕业生创新创业能力得到用人单位的高度认可。每年,接受创新创业指导的学生约 11 000 余人次,学生创业成活率较高,科技创新型项目众多。

近三年,我校学生在全国“互联网+”“创青春”“挑战杯”三大高水平大赛中共获得 3 金、

10 银、8 铜的成绩。2018 年,学校在“创青春”全国大学生创业大赛中获得了 2 金、2 银、4 铜的历史最好成绩。根据 2018 年中国高等教育学会“创新人才培养暨学科竞赛”评估,我校学生在重要创新创业赛事中获国家级奖项 68 项、省部级奖项 234 项,位列全国第 30 位。学生单独申请专利或参与申请专利数量逐年增加。

北科大学子将创新能力转化为创业动力,涌现出一批优秀的大学生创业者。“孟子居”创业团队在全国率先开启大学生电商扶贫创业模式,5 年赴全国 10 个省精准扶贫,创始人杨国庆作为主要执笔人,向总书记写信汇报参加“青年红色筑梦之旅”的心得感悟,得到总书记回信并登上 CCTV 新闻联播。在校生牛亚锋的创业项目空气拨片,获得“创青春”全国金奖并完成种子轮 200 万元融资。

一代人有一代人的长征,一代人有一代人的担当。创新创业,是一场接力跑。北京科技大学将不忘初心,秉承“求实鼎新”的校训,持续加强创新创业教育,努力为新时代培养更多拔尖创新型人才!

立足人才培养 聚焦专创融合 服务国家战略 构建实践导向的创新创业教育体系

——南开大学

2019年1月17日，在迎来百年校庆之际，习近平总书记视察南开大学，充分肯定南开大学爱国奉献传统和百年办学成果，寄语南开师生“要把学习的具体目标同民族复兴的宏大目标结合起来，为之而奋斗。把小我融入大我，才会有海一样的胸怀、山一样的崇高。”南开大学牢记总书记嘱托，坚持以立德树人为本，将培育和践行社会主义核心价值观贯穿创新创业工作全过程，引导学生关注国家发展战略，激励学生自觉把个人的理想追求融入国家和民族的事业中，勇做走在时代前列的奋进者、开拓者。

一、学校概况

南开大学创建于1919年，是教育部直属重点综合性大学，是国家“211工程”重点建设和“985工程”建设高校之一，是首批国家42所世界一流大学建设高校，也是36所A类高校之一。

南开大学现有专业学院26个，学科门类覆盖文、史、哲、经、管、法、理、工、农、医、教、艺等。具备培养学士、硕士、博士和博士后的完整教育体系，博士学位授权一级学科30个，硕士学位授权一级学科12个，硕士专业学位授权点25个，不在一级学科覆盖下的二级博士点1个，博士后科研流动站28个。有国家“双一流”建设学科5个，一级学科国家重点学科6个（覆盖35个二级学科），二级学科国家重点学科9个，一级学科天津市重点学科32个。

南开大学坚持“允公允能、日新月异”的校训，弘扬“爱国、敬业、创新、乐群”的传统和“文以治国、理以强国、商以富国”的理念，以“知中国、服务中国”为宗旨，作育英才，传承文明，不断强化学生综合素质和创新能力的培养。学校坚持把创新创业教育作为突破口推动教育教学改革，以提高人才培养质量为核心、以创新人才培养机制为重点，把专业教育、素质教育同创新创业教育相融合，不断拓宽大学生创新创业训练和实践的渠道，丰富创新创业训练和实践的形式，加强创新创业实践平台的建设，逐步构建起一个以实践为导向的创新创业教育体系。

南开大学是首批“全国高校实践育人创新创业基地”“全国深化创新创业教育改革示范高校”，是教育部首批“中美青年创客交流中心”，获批天津市高校实践育人示范基地，是天津市高校众创空间联盟发起单位。

二、创新创业特色经验

（一）立足国家发展战略，顶层设计“强协同，多方联动”的工作机制

学校将创新创业工作纳入全校总体格局，立足国家创新驱动发展战略和“大众创业、万众创新”战略部署，把提高人才培养质量作为创新创业教育改革的出发点和落脚点，在《南开大学“十三五”素质教育实施纲要》中明确提出“以高素质创新型人才培养为中心，把提高质量作为核心任务”，“进一步发展以‘公能’和‘创新’为特色的素质教育”。

学校成立了创新创业教育工作领导小组，校长担任组长，分管本科教学、研究生教学和学生工作的副校长担任副组长，每年召开党委会议专题研究学生创新创业教育工作，领导小组定期部署创新创业工作。建立了教务处、研究生院、科技处、社科处、校友办、学工部、研工部、团委及相关学院协同参与的就业创业工作联动协调机制，明确了创新创业教育工作机制、测评体系和激励机制。设置创新创业工作办公室，配备专职工作人员从事创新创业服务工作，配套 5 341 平方米独立办公场地，安排经费 4 640.62 万元用于开展创新创业教育。

举办创新实践经验报告会等系列活动

南开大学构建了学校、天津市、国家三个层面的创新创业训练平台，每年参与活动的学生超过 2 000 人，形成了具有南开大学特色的创新创业训练计划管理体系和计划实施的工作程序。出台了《南开大学本科生创新科研计划管理办法》。依托学生创业班、创新创业暑期学校和“允能”创业商学院等开展各类创业课程和培训，每年参与的学生超过 8 000 人次，累计覆盖学生超过 50%。

第七届全国创业教育研讨会

（二）完善实践育人体系，激发学生“知中国，服务中国”的爱国之心

《南开大学大学生创新创业教育改革实施方案》明确指出：“提升创新创业能力，离不开问题导向的学习和研究。问题导向的学习和研究离不开社会实践带来的对社会需求的认识。”作为首批“全国高校实践育人创新创业基地”，为激发学生“知中国，服务中国”的爱国意识，学校不断创新实践育人形式。

学校每年组织 5 000 余名学生服务党和国家重大发展战略，走向基层开展社会实践，近五年已有近 2.5 万名学生参与。2018 年学校启动“师生同行”暑期社会实践活动，100 多名教师与学生组成调研队伍，围绕助力乡村振兴战略和精准扶贫、污染防治攻坚战、雄安新区建设与京津冀一体化、创新驱动发展等重大战略开展了深入调研。

学校启动“南开书屋”建设项目。至今数万名南开师生参与其中，共建立“南开书屋”近 240 所，累计捐赠图书 18 万余册，遍布全国近 30 个省市自治区。

学校发起“公益晨跑”活动，通过将晨跑里程换算成面向贫困地区捐赠物品的方式，开展精准扶贫。截至目前，10 000 余名南开师生参与其中，累计“奔跑”里程达 9 030.4 千米，为庄浪地区捐建“南开书屋”4 所、捐赠爱心书包超过 500 个，书籍、字典超过 3 000 册。

（三）聚焦公益创业领域，鼓励学生“爱中华，复兴中华”的报国行动

随着创新创业教育的不断深入，越来越多南开师生的创业热情被激发。学校进一步聚焦公益创业领域，鼓励学生将爱国之心转化为“爱中华，复兴中华”的报国行动，涌现出一批创新创业典型。

"南开书屋"揭牌仪式

学校孵化的农梦成真公益创业项目，探索开创了国内首个优质滞销农产品互联网帮销平台，获得了 2016 年"创青春"中航工业全国大学生创业大赛金奖。该项目现已拥有 40 万精准微信平台累计用户；近 100 家线上线下合作分销渠道；近 500 家遍布全国的农产品供应链合作端；与全国近 20 个省份及农民合作社合作；同时与南开大学、江南大学、天津农学院等高校在农产品的开发上开展科研合作。

"创青春"全国大学生创业大赛

1983 级化学系校友李明智捐资 500 万元设立"常青藤"创新基金，用于奖励优秀本硕博学生创业。1997 级旅游系校友王磊捐资设立南开大学"筑梦计划"项目，启动至今已支持36 个学生创新创业项目，资助总金额达 87 万元，如致力于研究服务弱势群体的全方位轮椅、高保真新型助听器和攻克老年痴呆症的医学技术等，其中第一届的中药口红项目获得 2018 年"创青春"天津市大学生创业大赛决赛金奖。第二届的"途梦中学生公益项目"获得第四届教博会 SERVE 奖。

学校科技成果转化中心入选首批"天津市技术转移示范机构"。一批高水平科技成果实现转化，其中发明专利"一种用于合成氯乙烯的抗高温失活的金基催化剂的制备方法"以 1.05 亿元作价入股；2018年，与河北沧州共建绿色化工研究院，成为化学化工、新能源、新材料等专业实践基地，体现了京津冀协同创新发展，完成各种类型的成果转化，共计金额2.5亿元，产生了良好的经济、社会效益。

在激发学生创新创业行动的同时，学校始终遵循“创新引领创业、创业带动就业”的内在逻辑，积极引导学生转变就业择业观，越来越多的南开学子在学校的引导下参军报国、到西部基层和国家战略导向的重点领域和行业就业。

（四）整合校友资源，激活南开人“敢创新，乐于创新”的创业热情

为做好学校创新创业工作，发掘更多社会资源扶持南开学子创新创业，学校与南开深圳校友会发起“南开好项目”创新创业大赛。经过几年的发展，该赛事已发展成为南开校友总会主办、全球十六个南开校友组织跨地域联合承办，校党委学生工作部、校友基金会、创新创业基地以及各学院协同推进的创业交流平台，实现了资本、技术、信息、产业链伙伴等创业资源与创业项目的精准对接。

首届“南开好项目”创新创业大赛吸引了全国乃至海外各届校友参赛，影响人数达10万余人。发展至今，活动范围已扩大至深圳、天津、郑州、成都、上海、昆明、大连、福州、西藏，以及美国纽约、英国和南开大学校本部12个赛区。创建并成功运营了“青年企业家俱乐部”，并以开放、包容、创新、进取的姿态，积极吸收其他高校参与资源对接。

截至目前，“南开好项目”已在全球范围内累计举办选拔赛、邀请赛、总决赛等各类赛事100余场次，服务创新创业项目500多个，帮助项目融资数千万元，现场参加活动人数累计超过20 000人次，线上参加活动人数累计超过100万人次。

汇聚优势资源 强化协同联动
培育具有海事特色的创新创业型高素质人才

——大连海事大学

一、学校概况

大连海事大学(简称“海大”)是交通运输部所属的全国重点大学,是国家“211 工程”重点建设高校、国家“双一流”建设高校。学校因海而生,凭海而兴。早在 1909 年创办之初,学校即肩负着“挽救航权,振兴国运”的历史使命,为振兴和发展国家航运事业做出了重要贡献。建校 110 年来,学校始终坚持海事特色,引领海事教育发展,为国家海运业培养了大批高素质创新人才,走出了一条独具特色的办学之路。学校现有在校生 2 万余人,设有 50 个本科专业,现有专任教师 1 170 名,其中教授 297 名,聘请共享院士 8 名、“长江学者”8 名、讲座教授 110 名。

(一) 特色鲜明,构筑了海事教育高地

海大的发展史,代表了中国高等航海教育的发展历程。学校在办学规模、办学层次等方面均居于世界同类院校前列。目前在办专业中 80% 直接服务于海事产业链,70% 以上科研项目、国家级奖项集中在交通和海事领域。学校将本科教学纳入质量管理体系认证,实现本科专业全覆盖。2016 年,教育部本科教学审核评估组评价学校“在人才培养质量保障方面是走在全国前列的”。2017 年,学校入选国家一流学科建设高校,并在向建设世界一流海事大学的目标奋力前进。

（二）储才兴邦，被誉为“航海家的摇篮”

学校航海类专业本科生规模全国第一，对航海类专业学生实施半军事化管理，锤炼学生过硬的身体素质和意志品质。在第十二届全运会开幕式上，学生队列展演接受了习近平总书记的检阅，受到社会各界高度赞誉。目前，学校有 20 余万校友分布在世界各地，大多集中在交通、海运领域，在北极通航、深潜探索等领域也活跃着海大人的身影。行业评价海大撑起了我国航运事业的“国家队”。

（三）国际知名，搭建了联通内外的桥梁

早在 1985 年，世界海事大学就在学校设立首个地区性分校。2007 年，学校在斯里兰卡创建海外校区，实现了我国海事教育和工科教育的首次输出。学校为国际海事大学联合会轮值主席单位，与国际海事组织等保持长期稳定的合作关系，代表我国首次独立承担国际海事公约配套标准的修订工作。

二、创新创业工作总结

学校党委把创新创业教育作为立德树人的重要任务摆在突出位置，实施“六方联动”，推进“六创融合”，切实提升创新创业工作水平。

（一）实施“六方联动”，建立全方位、多层次的协同机制

一是健全体制机制。落实创新创业教育主体责任，党委常委会、校长办公会定期研究部署创新创业工作。制定出台《关于建立大学生创新创业工作“六方联动”机制的实施意见》。成立由书记、校长任双组长的创新创业工作领导小组，设立创新创业学院，全校形成“领导小组顶层设计，创新创业学院统筹规划，相关职能部门密切配合，各学院具体实施，校企协同推进，师生员工积极参与”的良好工作局面。

二是强化条件保障。完善制度体系，出台 10 余项规章制度。加强硬件配套，划拨专用场地 6 180 平方米。加大资金支持，每年投入创新创业专项经费 600 余万元，校友捐赠创新创业基金累计达 5 000 万元。打造专兼结合的创新创业教育工作团队，实现机构、场地、经费、人员四到位，为创新创业工作提供了坚实保障。

（二）推进“六创融合”，打造全覆盖、可持续的海大模式

将创新创业教育贯穿人才培养全过程，推进“六创融合”，构建全过程、全覆盖、全链条的育人体系，提高人才培养质量。

一是思创融合。着力提升新创业教育与思想政治教育的协同作用，引导学生树立科学的择业观、就业观和创业观。交通运输部党组书记杨传堂连续 6 年每年来校给学生做报告，鼓励学生坚定理想信念、勇于创新创造。为本科生配备企业导师、校友导师，助力学生开拓视野。实施“青年红色筑梦之旅”项目，鼓励学生了解国情民情，在创新创业中增长智慧才干。

二是专创融合。将创新创业教育与专业教育紧密融合。课程建设方面，在培养计划中设

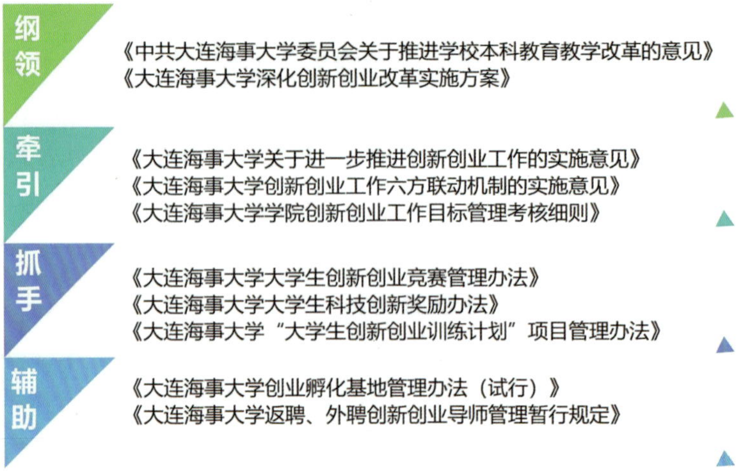

大连海事大学创新创业工作制度体系

立创新创业类课程模块，开设课程 145 门，年均选课人数 5 000 余人次；出版《创业基础》等教材 10 本，建立《创新创业成果汇编》等案例库。专业建设方面，自动化、轮机工程、通信工程、地理信息科学、电子信息工程五个专业先后获批辽宁省创新创业教育改革试点专业，在救助打捞、航运金融等专业形成了基础培养、专业创新、实务训练的三段式课程体系。教学管理方面，建立创新创业学分转换制度；为创新创业学生实施弹性学制；专门划拨保研名额，奖励在双创实践中成果优异的学生。师资队伍方面，聘任创新创业教育任课教师 79 人、兼职导师 86 人、大创项目导师 300 余人/年；将创新创业教育纳入教师考核，要求教授、副教授三年内至少指导 1 项大学生创新创业项目。

三是科创融合。建立科研平台开放共享机制，发挥学校国家级、省级等科研平台的作用，鼓励优秀本科生进实验室、进团队、进课题。引导教师将所承担的科研项目以授课、实验等形式融入教学，让学生承担部分研究工作，接触行业最前沿。聘任本科学生担任科研助理，培育创新思维和科学精神，2018 年聘任 558 人。

四是实创融合。学校构建“三位一体、三个层次、三种模式、三个途径”的创新创业实践体系。每年大创项目 600 多项，参与学生 3 000 余人；每年参加国家各类专业学科竞赛上百项，累计参与学生上万人；建立 151 个校外实践实习基地，基本实现本科专业全覆盖；与大连市双创局合作建立首批大学生创新创业实践中心，建立创新创业孵化示范基地、众创空间，实行项目化引导、企业化管理、市场化运营，为创业种子项目提供模拟训练空间。依托 27 个创新创业类学生社团，开展多层次宣传培训，每年带动学生参与近万人次。

五是企创融合。开展多渠道多形式的校企合作。面向企业需求征集大学生创新创业训练项目选题；与企业合作设立辽宁省首个大学生创新创业基金；与赛伯乐投资集团合作建立创新创业人才培养中心，在全国首开创新创业管理 MBA 项目；与校友企业合作设立“心海基金”，首期基金规模 200 万元，用于资助学生创新创业。

六是就创融合。学校积极探索将创新创业教育与就业指导教育无缝对接、融为一体，将创

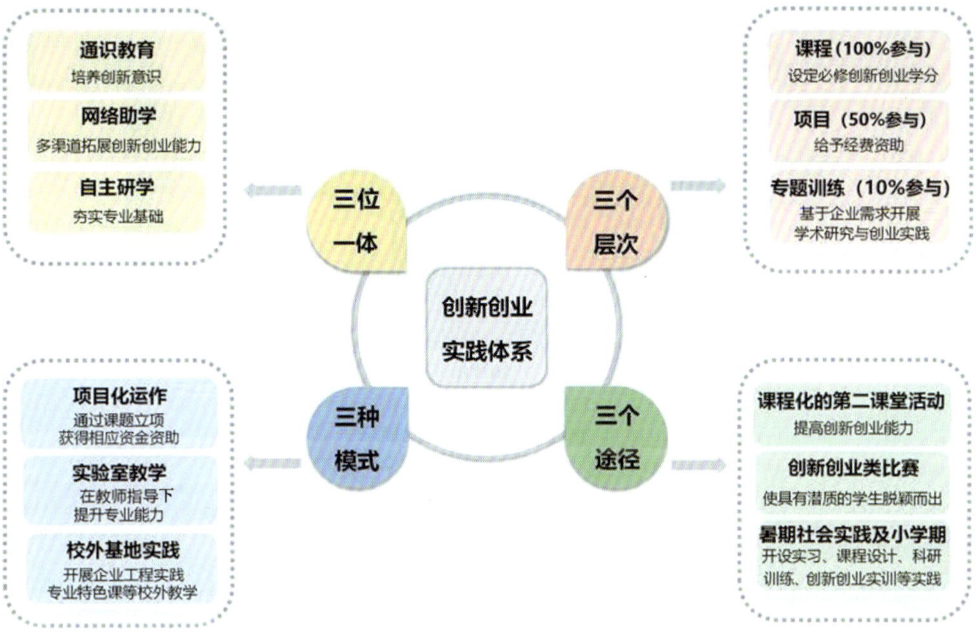

大连海事大学创新创业实践体系

新创业教育融入从入学教育到生涯规划的全程化指导服务中,全面提升大学生的核心竞争力,实现创业带动就业。建立分类、分层次的创新创业指导服务体系。为“有创业意向”“有创业潜质”“处于创业成长期”的学生,有针对性地提供全程指导和一站式服务。

(三)坚持高标定位,取得高质量、标志性的工作成效

学校充分依托多种媒介加强政策和典型宣传,综合运用课堂教学、创新创业训练、项目路演、社会实践、专题培训讲座、专业技能等级大赛、科技创新活动月、创新创业文化节等各种形式,多举措、多层次培育校园创新创业文化,在全校营造积极向上、敢为人先、宽容失败的价值氛围,成效显著。

一是创新成果实现新突破。近三年,学生累计发表学术论文 1 131 篇,其中,学生以第一作者发表 SCI 论文 275 篇,申请专利 145 项。学生参加“互联网+”“挑战杯”等上百项国家级创新创业类竞赛,近三年共获奖 1 302 项、3 490 人次。

二是创业项目实现新进展。近三年,学校共有 240 余项创业项目获得立项、资助,54 个项目入驻创新创业孵化示范基地或众创空间。学生杨健创办“大米科技”,在首届中国“互联网+”大学生创新创业大赛中获银奖,企业估值上亿元。学生李涛创办鱼尾科技有限公司,在 2016 年“互联网+”大赛中获银奖,公司销售额 2 600 余万元。

三是就业质量实现新提升。2016—2018 届我校年终就业率分别为 95.08%、96.39%、97.27%,连续三年在辽宁省本科院校中名列前茅。2018 届毕业生到世界 500 强、国资委等企业就业的比例为 31.96%,到中国 500 强企业就业的比例为 39.17%,74.45%的毕业生的就业行业与所学专业方向一致。

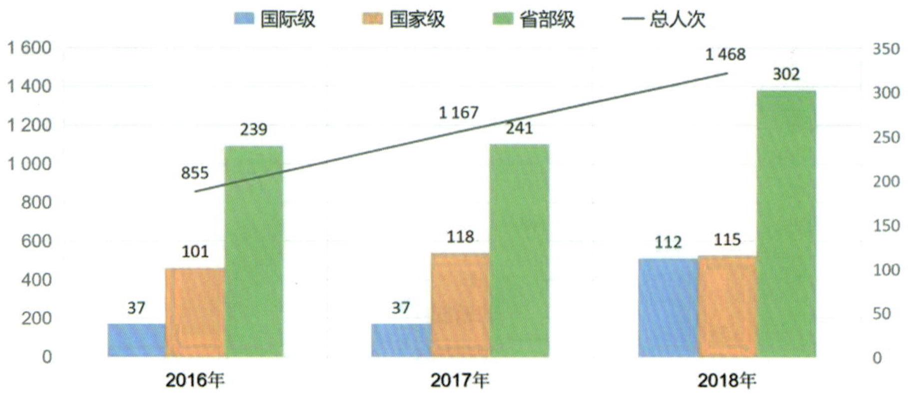

2016—2018 年各级各类创新创业竞赛奖励汇总表

三、创新创业工作的特色

近年来，学校在坚持“六方联动”“六创融合”的基础上形成了特色鲜明的创新创业开放式实践平台、服务型行业平台和引领性校友平台。

（一）开放式实践平台

依托教学实习船“育鲲”轮和“育鹏”轮开展实践实习，每年 16 个专业 2 000 余名学生参加，覆盖率近 50%。联合兄弟院校组建教学实习船共享联盟，搭建全国性实践育人共享平台。为实习船配备必要的科研设施，为师生在海上科研创造条件。实施“海上丝绸和谐之旅”计划，提高学生的国际视野。

（二）服务型行业平台

聚焦行业发展需求，充分发挥科技优势，打造服务行业平台。近期，学校以科研成果的发明专利为基础，与中国运载火箭技术研究院合作成立“遨海通信息科技有限公司”，致力于构建天海一体的船舶航行信息支持系统和船岸一体化信息服务系统，注册资本 9 000 多万元，是学校深度服务行业的新典范。

（三）引领性校友平台

实施“大手拉小手”校友助力计划，为学生创新创业提供指导。87 级校友李强，携厦门弘信创业工场与学校合作建立海大科技园，捐资 5 000 万元助力学生创新创业，帮助学生投融资、全程辅导、市场对接等。目前，海大科技园已帮助学生创新创业项目获批 2 000 万元融资。

近年来，学校创新创业特色工作在社会各界广受好评，吸引媒体广泛关注，获得教育主管部门高度评价，曾荣获国家级、省级、市级等多项荣誉。学校将继续坚持以学生全面发展为本，进一步深化“六创融合”工作模式，将创新创业融入人才培养全过程，进一步探索行业特色院校的大学生创新创业工作规律，为交通强国、海洋强国的建设培养更多优秀的创新人才。

快迭代　强实践
努力构建特色鲜明的“双创”教育体系

——华东师范大学

华东师范大学（简称“华东师大”“师大”）是教育部直属全国重点高校，是新中国成立后设立的第一所社会主义师范大学，先后进入国家“211工程”和“985工程”建设高校行列，2017年进入国家世界一流大学建设高校A类行列。学校始终秉承“智慧的创获，品性的陶熔，民族和社会的发展”这一崇高大学理想，恪守“求实创造，为人师表”的校训精神，围绕“育人、文明、发展”的责任使命，聚焦“教育＋”“生态＋”“健康＋”“智能＋”“国际＋”五大行动计划，努力建设一流的师范大学。

学校设有4个学部、30个全日制学院，现有在校全日制本科生14 362人、博士研究生3 080人、硕士研究生17 304人、在校留学生（学历生）1 280人，教职工3 990人，其中专任教师2 317人。

学校以学生素质和能力达成为中心，将创新创业教育作为人才培养改革的突破口，强力推进；将竞争意识、企业家精神、过程评价引入校园，推动学校教育教学改革。学校不断完善保障机制、优化育人体系、强化实践环节，努力打造双创教育华东师大升级版。

学校设立实体的创新创业学院，努力培植“教育家情怀、企业家精神”的特色创业文化，建立三级四类基金扶持体系，持续推进“1＋2＋10”双创实践基地建设，完善创新创业训练体系，大力推进政校企创新创业协同育人机制。

近年来，学校涌现了一批大学生创新创业典型代表，并在中国“互联网＋”“挑战杯”“创青春”大赛中取得优异成绩。2018 年在中国“互联网＋”大赛全国赛中取得了 1 金、1 银、1 铜，在全国“创青春”大赛中斩获 2 金、1 银、3 铜的佳绩并捧得“优胜杯”，是上海唯一捧杯的高校。两项赛事总成绩位列上海高校第一和全国师范大学第一，也是全国师范大学中唯一在“互联网＋”和“创青春”大赛中均获得全国金奖的高校。学校学生团队荣获中国大学生程序设计竞赛（CCPC）第一名，夺得冠军奖杯；荣获中国研究生创“芯”大赛全国特等奖；连续 5 年共获得 10 项红点设计大奖等。

2018 年第四届中国“互联网＋”大学生创新创业大赛中斩获全国金奖

一、聚焦能力培养，优化育人体系，打造“师大特色”的创新创业人才培养模式

1．加强价值引领，培植“教育家情怀、企业家精神”的师大创业文化

聘请全国百名改革先锋、抓斗大王、我校国际航运研究院院长包起帆，全国优秀共产党员何积丰院士等名人名师担任创业导师，指导创业团队，举办讲座论坛；编制江南春、田培庆等为学校事业做出重要贡献的创业校友故事，树立创业典范，培植具有家国情怀和责任担当的企业文化。

新一代创业人张逸中博士将企业盈利用于支持西部基础教育，赞助“全国青少年科技大赛”，将学校奖励的中国“互联网＋”和“创青春”大赛金奖奖金 21 万元全部捐给学校基金会；2014 届校友马烈捐资 100 万元成立创新创业基金，用于支持在校生创新创业。

2．加强过程引领，推动教师教育改革和拔尖创新人才培养

学校明确提出“通过双创改变教师的教学模式，培养学生的创新思维和创业能力，达成学生全面素质和能力的提升，从而形成可迁移的竞争力”。规划双创课程地图，建立双创课程标准，通过“教师孵化器”孵化“创新创业领导力”“创新思维与执行力”等示范课程，培养学生的创新思维和创业能力。

通过“自我探索、小组研讨、团队协作、实践体验、项目结题”的全新授课和考核方式，培养敢冒风险、勇于担当，具有创新精神和竞争意识的未来优秀教师，引领教师进行教育改革，进而推动中国教育变革。在 2018 年 QS 发布的毕业生就业竞争力排名中，我校位列全球高校 300～500 区间前端，大陆高校排名第 17 位。

3. 夯实指导力量，探索与双创人才培养相适应的竞赛体系

学校 2016 年成为上海市首批创业指导站挂牌高校，依托指导站平台，开设创业实验班、创业训练营、精英训练营等实践训练项目，在创业基地设立教授工作室、创业导师工作室，开展一对一项目辅导，连续 3 年举办创新创业服务周等品牌活动。信息学部连续多年与上海气象局合作举办“气象＋大数据”应用创新创业大赛，经管学部开办商业精英训练营，生命科学院开展生物医药科技成果转化创新创业校友论坛等。

构建“前端挖掘、中端培育、后端输出”的竞赛训练体系，形成了培养、选拔、训练、竞赛、奖励的完备机制，大批创业项目在竞赛中不断成长并走向市场。2016 年我校承办了第 31 届全国青少年科技创新大赛，该比赛首次在高校举办，社会反响强烈，时任国家副主席李源潮莅临闭幕式现场。2019 年我校承办了中国“互联网＋”大学生创新创业大赛（上海赛区）、全国大学生电子商务“创新、创意及创业”挑战赛、全国大学生电子设计竞赛、全国大学生数学建模竞赛等系列上海赛事。

二、加强政校企合作，强化实践环节，铺平创新创业教育的最后一公里

1. 打造“1＋2＋10”校内创新创业孵化基地

2008 年成立大学生创新创业孵化器公司，其后分别在闵行校区和中北校区建立孵化基地。2018 年 10 月学校决定将原印刷厂整栋大楼改建成功能齐全、条件优越、业态集中的创新创业大楼，即将投入使用。学校已入驻学生企业的孵化基地面积达 5 630 平方米，即将投入使用的创新创业大楼和紫竹科技园基地面积合计 7 617 平方米。

上海市教委主任陆靖调研入驻基地的大学生创业企业

教育学部、信息学部、设计学院、心理学院等 10 个二级学院分别建立了教育、智能、文创、健康等特色鲜明的创客空间，已构建完善师范大学特色的创新创业生态体系。

信息学部创客空间

2. 构建“三级四类”基金支持服务

建立了“政府、学校、社会”三级投入和“学校经费、科创基金、校友基金、社会赞助”四类基金扶持体系，学校 2018 年投入双创工作经费 2 391.5 万元；联合建立上海市大学生科技创业基金华东师大分基金 1 400 万元（首期 1 000 万元，2018 年联合增资 400 万元），设立道杰资本、惠天然等 5 个校友双创基金，共计 771 万元，社会赞助双创经费 150 万元；闵行区政府出资 500 万元，用于我校大学生开展创新创业活动。学校累计获得上海科创基金资助项目 52 个，资助金额 995 万元，注册资本 3 500 余万元。

3. 建立“政校企联动”创新创业基地

在华东师大科技园建立市级“教育＋”垂直路演中心；与紫竹科技园签订战略合作协议，全面推进大学生创新创业基地合作；与闵行区吴泾镇政府、宝龙集团合作，建设宝龙广场“文化创意”大学生创新创业实践基地；与南部科创中心签署学生创业实训战略合作协议；与普陀区政府、临港集团共建机器人产业园。

三、深化国际合作，服务社会发展，为中国教育发展贡献师大智慧

1. 大力发展“科技教育”企业，初步形成“环华师大”国际教育产业带

学校聚焦“教育＋”“生态＋”“健康＋”“智能＋”“国际＋”五大行动计划，创业基地已累计入孵大学生企业 300 余家，涌现了“傲梦科技”“上海 STEM 云中心”“有课互联”等一大批科技教育和文化创意企业。

2. 持续打造国际合作品牌，着力培养具有全球思维的双创人才

建立“华东师大-海法大学转化科学与技术联合研究院”，打造多学科交叉的转化科学与技术创新基地。连续多年举办以色列创新创业夏令营、中（国）以（色列）创业大赛，打造国际创新创业活动品牌。联合创立亚欧商学院、巴黎高师联合研究生院、上海纽约大学，加强创新创业

领域国际合作。在 2017 泰晤士亚洲大学排名中，我校国际化排名位列上海高校第一。

3. 不断提升师大精神和社会责任感，助力推动创新创业教育成果服务国家社会发展

近年来涌现出袁哲栋、张逸中等一批创业典型：2012 届校友袁哲栋创办的“傲梦科技”融资 1.2 亿元，估值达 4 亿元，荣获“2018 年度影响力素质教育品牌”“2018 年度教育杰出贡献人物”称号；张逸中博士创办的“上海 STEM 云中心”年产值过亿元，获得创新工场、火山石和经纬中国数千万 A+轮融资，服务全国 20 多个省市、600 家单位、10 万多名学生，荣获 2017 年新华网“教育影响力杰出人物”称号；2016 届毕业生孙铭君创办牛咖科技有限公司，其开发的牛咖 APP 凝聚了数十万创业人才，公司产品 UKI 已有数百万活跃用户，获得一线美元基金千万美金级 A 轮融资。

袁哲栋接受央视专题采访报道

我校开展的创新创业大赛、品牌指导活动和取得的成果引起了社会高度关注，中央电视台、上海电视台、《解放日报》、《文汇报》等新闻媒体进行了广泛报道，创业学子袁哲栋、张逸中、应蓉等曾多次接受中央电视台、上海电视台的专题采访。教育部简报以《华东师范大学多项举措鼓励大学生创新创业》《华东师范大学全方位多维度推动创新创业教育改革》为题对华东师范大学创新创业工作进行了重点宣传推广。

坚持四项结合 彰显办学特色
构建专创融合的农业高校创新创业育人体系

——南京农业大学

一、学校概况

南京农业大学是一所教育部直属、以农业和生命科学为优势和特色的国家“211 工程”、“985 工程”优势学科创新平台和“双一流”学科重点建设高校。学校校区总面积 9 平方千米，设有 19 个学院(部)，学科以农业和生命科学为优势和特色，涵盖农、理、经、管、工、文、法多个门类，现有全日制本科生 17 000 余人，研究生 11 000 余人。

作为中国高等农业教育的先驱之一，在近 120 年的办学历程中，南京农业大学开创了我国现代农业四年制本科教育的先河，为我国高等农业教育事业奠定了坚实的根基；涌现出金善宝、樊庆笙、邹秉文等一大批对中国农业发展满怀深情并做出巨大贡献的科学家，累计培养了 50 余位院士在内的 30 余万优秀人才；承担了服务国家战略需求与解决重大社会问题的历史责任，在农业技术推广、新品种选育、病虫害防治、农业环境治理等方面成果显著，为政府决策提供科学参考，累计创造经济社会效益超过 500 亿元。

近年来，学校主动适应国家乡村振兴战略和满足农业农村现代化目标的需求，围绕农业特色世界一流大学的办学目标，以实施本科生创新教育改革为核心，基于自身优良传统与学科优势，构建了“四项结合”创新创业育人体系和“四位一体”创新创业实践平台，着力将创新创业教育融入人才培养全过程，走出了一条专创融合的大学生创新创业教育道路，取得丰硕成果。学校先后荣获“江苏省大学生创新创业教育示范校”“江苏省大学生创新创业示范基地”“江苏省大学生就业创业先进单位”“江苏省大学生创新创业实践教育中心建设点”等荣誉称号。

二、创新创业工作典型特色

（一）专创融合，全面优化创新创业育人理念

南京农业大学全面落实立德树人根本任务，实施基于学校专业特色和发展需求的创新创业教育，促进专业教育与创新创业教育的深度融合，办一流专业，育一流人才。

坚持育人总目标。树立“世界眼光、中国情怀、南农品质”的人才培养理念，培养具有正确价值观和社会责任感、健全人格和科学人文素养、扎实专业基础和创新精神、国际视野和跨文化交流能力、服务国家经济社会发展、致力于解决人类面临的重大问题、德智体美劳全面发展的高素质卓越人才。

凸显学校“农”本色。南京农业大学以培养农业现代化的领跑者、乡村振兴的引领者和美丽中国的建设者为己任，全面推进“大国三农教育”和创新创业教育，积极推进人才培养与“三农”事业和产业需求的无缝对接，构建农业大学与农业企业的全领域新型合作关系，推动中国农业农村的现代化。

耦合联动各要素。学校在“十三五”规划中明确提出“创新创业教育推进计划”，着力将创新创业教育融入人才培养全过程以及协同推进创新创业教育。学校成立校院两级大学生创新创业工作领导小组，组建南京农业大学创新创业学院，制定《南京农业大学创新创业教育改革实施方案》，创新课程体系，培养融合型师资队伍，改进实践教学方式，促进科研成果转化，争取社会资源支持，全要素服务大学生创新创业教育。

（二）四项结合，全力打造创新创业育人体系

经过多年积累和探索，学校全力打造“课内课外、线上线下、校内校外、国内国外”四项结合的创新创业育人体系，有力地促进了创新创业教育融入人才培养全过程。

① 课内课外结合，推进专创教育互融。学校将创新创业知识传授、创新创业精神塑造与专业教育紧密结合，构建“通识教育＋专业教育＋拓展教育”三层次的创新创业课程体系框架，通过课堂教学、科研训练、项目实施、以赛促学等方式培养学生的创新精神、创业意识和解决实际问题的能力。本科生要修满不少于 8 学分的创新创业教育课，课程涵盖大学生创新创业基础、学科导论、专业教育与创新创业教育共通课、研究生开放课程、教授开放研究课程、行业企业专家开放课程等，也可通过参加创新创业项目、参与由学校选定并组织的各类学科或科技竞赛等活动获奖、发表科研论文等方式来获得学分认定。学校还围绕乡村振兴和生态文明建设等国家重大战略需求，开设国家卓越农林人才培养计划试点班、国家生命科学与技术人才培养基地班、金善宝实验班（植物生产类、动物生产类及经济管理类）等，设立优秀农业本科人才培

养模式改革实验特区，为国家生态文明、农业现代化和社会主义新农村建设提供人才支撑、科技贡献和智力支持。

南京农业大学“三层次”创新创业课程体系

课程层次	课程性质	课程名称
通识教育	必修课（2 门） 选修课（14 门）	“大学生生涯规划与职业发展”“大学生创新创业基础”“大学生创业导论”“互联网农业创业”等
专业教育	必修课（68 门） 选修课（13 门）	“分子生物学导论”“食品市场营销”“茶叶经济学”“园艺产品市场营销学”“畜牧业经营与管理”等专业特色双创课程
拓展教育	课程、实训实践项目、竞赛	研究生开放课程、教授开放研究课程、行业企业专家开放课程、大学生创新训练计划（SRT）、校创新性实践教学项目、创新奖励学分项目、学科竞赛等

② 线上线下结合，打造智慧教育平台。学校构建网络教学平台、创新训练智能管理系统、学术科技作品竞赛管理平台、技术转移中心科技成果对接网站和创新创业智慧服务平台五大校级线上平台，为学生提供个性化、开放式的创新创业学习途径。近三年，学校自主开发并上线了 17 门优秀创新创业课程，创新训练智能管理系统已经为超过 2 万名师生提供了创新创业训练项目服务。

南京农业大学农业与生命科学创新创业实践教育中心网站

汇集五大校级线上平台

③ 校内校外结合，完善协同育人机制。学校广泛开展与政府、企业、公益组织的合作，促进学生了解社会现实，提升创新创业意识和创新实践能力。截至2018年底，学校共建设新农村发展研究院新农村服务基地（综合示范基地、特色产业基地、分布式服务站）、创新创业实践教学基地、就业创业实习基地等各类创新创业基地超过350家，每年有5 000名大学生在基地开展科创及实训实践活动，学生立足农业，深入农村及企业进行实训实践实习，增强对“三农”的了解，全面提升科研创新和实践的应用能力，同时也有力地促进了当地政府和企业的发展。

④ 国内国外结合，拓展双创教育资源。学校注重拓展国际资源，培养学生的世界眼光和前沿科研意识。创建全球首个农业特色孔子学院，持续8年传播中华农业文化。连续6年获得“GCHERA世界农业奖”，为中国农业高校和农业科技教育参与国际合作创造了良好的交流平台。连续10年举办“中外农业教育论坛”，研讨农业发展重大前沿课题，探讨农业高校如何培养造就“知农业、敬农业、爱农业、事农业”的优秀创新创业人才。

（三）四位一体，协同搭建创新创业实践平台

① 创新实验平台。学校精心打造大学生创新创业开放实验平台，以大学生创新创业项目训练计划（以下简称SRT计划）为纽带，鼓励学生与专业导师链接，利用平台资源设计科创项目、开展实验设计、拓展创新思维。目前，学校平均每年设立SRT项目数超过千项，在读学生已经达到100%覆盖。近三年，学生累计发表学术论文719篇，其中SCI论文94篇，获得专利数52项。基于SRT项目指导，专业教师申报承担了34项省级及以上创新创业科研课题，其中“‘本研衔接、寓教于研’培养作物科学拔尖创新型学术人才的研究与实践”等三项研究成果获得2018年国家教学成果二等奖，一批研究成果获得江苏省教学成果奖，一批专业教师成为具有影响力的创新创业专业带头人。

② “双创”竞赛平台。学校打造“学院、学校、省级、国家、国际”五级竞赛促学平台，鼓励大学生参与各级竞赛，从中挖掘并促成可塑性强的项目转化落地。近三年，我校学子屡获国际和国内学科竞赛大奖：三次蝉联国际基因工程机械设计大赛金奖，IFAMA国际学生案例竞赛两届冠军、两届亚军，2018年美国数学建模大赛一等奖，2018中国大学生方程式汽车大赛（FSC）一等奖，2018年京都大学生国际创业大赛一等奖等。2018年我校在“创青春”全国大学生创业大赛中喜获3项金奖、1项银奖，总分排名全国第22位。

③ 成果对接平台。学校重点建设“南京农业大学科技成果对接网站”，发起成立“华东农业科技创新联盟”，每年投入近百万元支持遴选老师的科研成果以及学生的SRT项目成果转化落地。近三年，71名大学生创新创业项目得益于学校科研成果对接平台的支持。

④ 实践孵化平台。学校建有2 000平方米大学生创客空间和742亩大学生创新创业试验区，每年新入驻创客空间的创业团队有30余家。学校设立大学生创业种子基金额度每年30万元，大学生科技创业平行基金首期规模300万元，并对接南京市青年大学生优秀创业项目、绿色通道等政府优惠资金政策。学校为创客空间团队配备“科技创新导师”和“创业运营导师”双导师，为学生项目的技术创新和管理运营提供指导。目前学校共有“双创”导师200余

三次蝉联国际基因工程机械设计大赛金奖

2018年获“创青春”全国大学生创业大赛3项金奖、1项银奖

人，其中有30名导师入选国家“双创”导师库。2016年以来，学校实施了“创新创业启蒙”“创业计划辅导”“创业孵化集训”的“三创学堂”活动，共计参与人数2 000余人。近三年学校新增近150个创业成功典型，其中超过60%为基于农业相关专业的科技创业。城乡规划专业本科毕业生小索顿，带领当地农牧民生产经营“童嘎牌”青稞——集种植、收购、加工、销售于一体的农业科技创新产品，带动1 550个种植户实现增收，被评为2017年度“全国农村青年致富带头人”、2018年度“全国十佳农民”、2019年度“全国向上向善好青年”。农业经济管理专业在读博士陆超平，专注智慧农业，以支持多协议兼容的物联网网关设备——“渔管家”为核心，实现水产养殖从“自动化”向“智能化”的升级，项目获2018年“创青春”全国大学生创业大赛金奖；公司已投资1 000余万元建设养殖基地，总服务面积超过10 000亩。种子科学与工程专业在读本科生王宇，2017年结合线下基地打造了线上农技服务的综合性网络平台——南农易农

APP，平台累计注册用户 6 000 余人，该项目荣获 2018 年“创青春”全国大学生创业大赛金奖。

毕业生小索顿获得“全国十佳农民”等荣誉

立足行业构建“三融合”创新创业人才培养模式

——中国地质大学(武汉)

中国地质大学(武汉)是教育部直属全国重点大学,是国家首批“211 工程”“985 工程”优势学科创新平台重点建设、国家“双一流”建设高校,是最早建有研究生院的 33 所高校之一,是中国地球科学高层次人才培养的摇篮和地学研究的基地。学校全面落实立德树人根本任务,积极响应国家创新驱动发展战略,将深化创新创业教育改革作为推进学校“双一流”建设的突破口和重中之重,紧密结合行业和服务区域需求开展创新创业教育,努力打造独具校本特色的“三融合”人才培养模式。

学校坚持把创新创业教育工作贯穿于人才培养全过程,成立创新创业教育领导小组,校长担任组长,统筹推进全局工作。在政策引领方面,学校制定实施《大学生创新创业教育发展规划(2014—2020)》《深化创新创业教育改革实施方案》《创新创业人才培养燎原计划》等制度措施,在课程体系、教学变革、实践活动、师资建设、基地平台方面融入人才培养全过程,形成长效机制。在机构保障方面,学校成立学生就业创业指导处(正处级),组建长江国际创客学院,设立学院创新创业教育专干和创新创业委员,形成了学校整体规划、职能部门协调配合、学院抓实主体、师生共创共赢的工作格局。在场地和经费支持方面,学校开辟 7 300 平方米的创新创业实践场地,2018 年学校投入就业创业相关工作经费达 2 907 万元,近三年社会支持资金近千万元。

近年来,学校荣获“全国创新创业典型经验高校”、“全国高校创新创业实践育人基地”、“国家级创新型孵化器”、“科技部众创空间”、“首批高等学校科技成果转化和技术转移示范基地”、“湖北省大学生创业示范基地”、武汉市百万校友资智回汉“突出贡献单位”等荣誉，2018 年成功举办第一批科技成果转化签约大会（签约总金额 51 亿元），凸显了“三融合”人才培养模式的卓越成效。

校领导出席创新创业教育专题研讨会

一、跨学科专业交叉融合

学校勇于打破学科界限，培养学生形成跨学科知识结构、跨学科思维能力和跨学科素养，鼓励学生探知学科交叉中的未知领域，触碰和解决新问题。

[案例]平台建设："地质＋"全国大学生创新创业教育联盟

2018 年，学校联合 35 所高校、企事业单位发起成立“地质＋”全国大学生创新创业教育联盟，组织“地质＋”全国大学生创新创业大赛，依托自然资源领域相关高校和生产单位优势，立足行业、服务行业，加强自然资源领域跨学科交叉探索，大力促进“产学研用”协同创新，为建设美丽中国、宜居地球提供人才和科技支撑，携手培养适应自然资源领域行业需求的复合型高素质人才。

学校深度融入行业，推进与浙江地质勘查局的战略合作，成立中国地质大学杭州创新创业基地。组建地下空间研究所、自然资源调查与生态环境保护研究所、地学大数据研究所、国际设计驱动创新研究所，借助区位优势，局校互补，加快建设学生创新创业实习实训基地、双创实践育人基地、学生“地质＋”创业孵化基地，共建校企合作创新创业教育基地。

学生创业典型：脚爬客（武汉）信息技术有限公司创始人李鑫

李鑫，2018 届地下水科学与工程专业博士毕业生。在读期间，他将移动互联网、云计算、大数据与传统地质学科结合，成立脚爬客（武汉）信息技术有限公司；2017 年获第三届“互联网＋”大学生创新创业大赛全国银奖；2018 年，李鑫获评湖北省长江学子（创业型），入选黄鹤

"地质十"全国大学生创新创业教育联盟成立

校领导为中国地质大学杭州创新创业基地揭牌

英才计划、科技部人才中心科技创新CEO特训营。目前,脚爬客已为全国近200家国家公园、自然保护区、自然公园提供咨询和科普服务,2018年公司营收已超2 000万元。

典型特色:学校在人才培养中更加强调知识融合、技术集成、专业互补、资源共享,培养具有强烈变革思维的"一专多能"复合型人才,有效促进大学生从单一学科、单一门类向多学科、跨学科融合转变,提升学生分析解决复杂问题的能力。

二、教学与科研实践融合

学校深入推进科教结合协同育人,大力弘扬实践育人的优良传统和特色,加大各类科研基地、实验平台向全校学生的开放力度,让学生早进团队、早进课题、早进实验室,提升其创新思维和实践能力。

[案例]平台建设:组建科教协同实体——李四光学院

学校坚持教学与科研实践融合的发展道路,联合中国科学院研究生院及8个研究所共建

“C^2科教战略联盟”、创新研发基地和技术转移中心，成立了“李四光学院”，所有学生提前进入院士、教授的高水平科研团队，通过对校内外优质教学科研资源的整合，培养独立思考、自主表达、崇尚学术、勇于探索的拔尖创新人才，现已累计培养420余名学生。

暑假把课堂搬入河谷高山：张弥曼院士为周口店师生讲述科学之路

学生创业典型：武汉中地水石环保科技有限公司创始人彭浩

彭浩，2013级水利工程专业博士生，是学校教学科研融合的受益者。他在全国“创青春”创业竞赛中斩获1金、1银，入选由团中央、全国青联主办的“最美青年科技工作者”，成为中科网专家库最年轻的专家。他将课堂所学、实验所得落地落实，创建武汉中地水石环保科技有限公司。公司是集功能性滤芯技术研发、设计、生产和销售的国家高新技术企业，2016年公司与海尔集团达成从资本到技术、产品的全面战略合作。2018年公司营收达到802万元。

典型特色：学校依托周口店、北戴河、秭归野外教学实习基地、国家级工程实践教学中心、国家重点实验室、校外实习站和产学研基地、校企合作就业创业基地等平台，提升全校学生参与专业实践活动的比率，引导教师把国际学术前沿、最新研究成果和实践经验融入教学，提高学生自主学习、探究、创造的能力，有效促进师生“寓教于研、教研相长”，夯实创新基础。

三、创新创业教育与专业教育融合

学校以提升学生社会责任感、创新精神、创业意识和创新创业能力为核心，明确全体教师创新创业的教育责任，在建构学生基本专业素养的同时，加强创新思维和创新方法的训练，推动创新创业教育与专业教育紧密结合，造就源源不断、敢闯会创的青春力量。

[案例]平台建设：成果转化一体化平台——武汉地质资源环境工业技术研究院有限公司

学校与武汉市政府共同组建武汉地质资源环境工业技术研究院有限公司，打造技术转移与应用技术研发平台、产业孵化基地和运营支持平台、产业金融和投资平台、创新创业人才培养平台及国际合作平台五大科技产业服务平台，建设了国内领先的知识产权与成果转化服务体系。

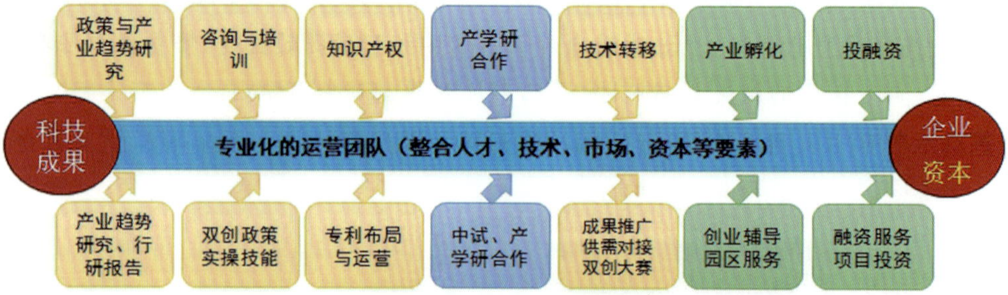

全价值链的企业技术创新生态系统

截至目前，组建了一支 70 多人的高校科技成果转化专业化、市场化服务队伍（全国最大）。2014 年获批国家“科技成果转移转化管理改革试点单位”（全国仅 11 家），2015 年后陆续获批“国家技术转移中部中心——技术转移综合服务市场”“国家专利协同运用试点单位”（国家知识产权局批准）“国家知识产权运营公共服务平台高校运营（武汉）试点平台”（国家知识产权局批准，全国唯一）。近三年学校专利申请件数分别达到 664、1 095 和 1 181。

学生创业典型：武汉迅牛科技有限公司创始人高辉

高辉，2016 届环境与艺术设计专业毕业生。他结合专业创立武汉迅牛科技有限公司，搭建了一个面向设计类学生、培训机构、设计公司的三方综合服务平台，获得“互联网＋”大学生创新创业大赛金奖。2015 年，公司获得 200 万元天使轮融资。2016 年，公司完成 Pre-A 轮千万级融资。2017 年，公司获上海坚果资本千万级 A 轮投资。公司将致力于真正解决好培训行业的最后一米难题，打造出一家全国优秀的学习型平台。

典型特色：通过构建全链条课程，设置创新创业学分制度，引入企业、行业专业导师，开展“互联网＋”大赛等各类创业实践，开通线上线下咨询室等途径，实现创新创业知识与专业知识耦合联动，引导青年学生发挥专业优势，开展创新创业实践，服务国民经济主战场。

2016—2018 年，学校高科技创新创业学生逐年增加，涌现出以第十三届中国大学生年度人物、创新人才王奉宇，人造闪电雷神男孩刘豪民，年营收近 1 500 万元的智慧博物馆优秀青年刘于飞，获评全国扶贫先进个人、带领 500 户农民成功脱贫的湖北返乡创业大学生翁新强为代表的双创人才，在学生群体中发挥了榜样示范作用。

学校创新创业人才培养引起了强烈反响，“三融合”培养模式、校企合作创新创业教育基地、“地学长江计划”、“地质＋”全国大学生创新创业教育联盟及大赛等工作品牌得到广泛关注，《人民日报》、《光明日报》、《中国青年报》、《中国教育报》和新华网等权威媒体多次报道学校创新创业教育工作。

扎根行业 卓尔不群
“四位一体”培养一流创新创业人才

——华中农业大学

一、学校概况

华中农业大学是教育部直属、入选“211 工程”“双一流”建设的国家重点大学。作为中国高等农业教育的起点之一，迄今已有 121 年办学历史。学校秉承“勤读力耕，立己达人”为核心的华农精神，坚持“现代生物科技与传统优势农科紧密结合、互促共进”的办学特色，“育人为本，崇尚学术”的办学理念，“优势特色学科一流、高端领军人才一流、人才培养质量一流、自主创新能力一流、校园环境一流”的事业发展目标，培养具有“社会责任感、自主学习能力、实践创新力、全球胜任力”的一流创新创业人才。

近年来，学校发挥学科优势，依托专业特色，助力“三农”发展，将创新创业教育融入人才培养全过程，深入推进创新创业“101 计划”（100％的学生接受创新精神、创业意识和创新创业能力培养，1％的毕业生投身自主创业）实施，确立“以人为本、渗透融合、项目带动、实践锻炼”的创新创业教育原则，构建全方位工作保障体系、全过程教育教学体系、普及性实训实践体系、多元化指导服务体系“四位一体”的育人工作体系。

二、典型特色

（一）注重统筹推进，构建全方位创新创业工作保障体系

学校成立创新创业教育工作领导小组，建立本科生院牵头，校团委、研工部等职能部门齐抓共管的统筹联动工作机制，把创新创业教育作为重点工作列入学校第十次党代会工作报告、《事业发展"十三五"规划》和《华中农业大学综合改革方案》。

学校成立创业教育研究中心和创业指导中心等指导服务工作机构，与武汉市合作成立"大学生创业学院"和武汉光谷、中法生态城等2个创业服务中心；出台《关于加强大学生创业教育工作的意见》《关于加快推进大学生创新创业教育工作的意见》等文件，保障创新创业教育工作顺利开展。

（二）注重质量提升，构建全过程创新创业教育教学体系

1. 修订人才培养方案，实现创新创业教育全覆盖

学校出台《深化创新创业教育改革实施方案》，把"培养全面发展、实践创新能力强，具有高度社会责任感和国际视野的高素质创新人才"列入专业培养目标，设置3学分的创新创业专业必修课、1学分的创新创业训练体验课程。开办"国家生物学理科基地""国家生命科学与技术基地"，推进卓越农林人才教育培养计划、卓越工程师教育培养计划，积极推进与国外高校开展"2＋2""3＋1"等联合培养，实现创新创业教育全覆盖。

2. 推进创新创业课程建设，促进创新创业教育与专业教育相融合

学校实施"创业课程建设支持计划"，坚持"必修"与"选修"相结合，"线下教学"与"线上教学"相结合，"课程讲授"与"校本案例"相结合。

[案例1]创新性的"双百案例课程"

学校大力推进"双百案例课程"（即"百门科研案例课"与"百门创业案例课"）建设。院士、名师将科研经历转化为教学内容，围绕科学问题、课题设计、研究过程、研究结果、科研反思、科研感悟六个方面开讲，激发学生科研兴趣，提升学生科学素养，培养学生创新精神。杰出校友、企业家将创业经历转化为教学内容，结合行业、企业的最新发展趋势，围绕自身创业背景、创业历程、创业现状、创业感悟等五个方面讲解如何把握创业时机、如何面对和解决创业难题，激发学生创业兴趣，拓展学生创业思路，提升学生创业能力。

中科院院士张启发及一批长江学者、教学名师、创业企业家走上讲堂，把"高大上"的科研课题与创业难题变得"接地气"，打造会讲故事的"暖课堂"。学校现已建成"百门科研案例课"119门，"百门创业案例课"42门。

3. 深化教学管理改革，完善教学管理制度

学校建立创新创业课外学分转化认定制度；建立弹性学制，放宽创业者修业年限；实行本科专业大类招生，探索跨专业、宽口径的创新创业人才模式；允许休学创业后复学的学生调整

专业；设立创新创业奖学金和激励机制，把学生参加创新创业竞赛获奖作为评优评先依据和免试推荐硕士研究生的优先条件。

学校先后把2016—2018年确定为“创新创业教育改革年”“学生自主学习提升年”“教师教学能力提升年”，广泛开展启发式、参与式教学，深入推进创新创业教育教学改革。

华中农业大学大学生创新创业访学团

4. 坚持内培外引，加强师资队伍

学校建立以创新创业教育研究中心固定研究人员、校内创新创业教育骨干教师、校外创业兼职指导教师等3支专兼职导师队伍为主体的“大学生创新创业导师团”共280人，30名导师入选“全国万名优秀创新创业导师人才库”；依托创新创业教育研究中心深入开展具有校本特色的研究与实践，依托就业创业教研室开展就业创业类课程教学研究；实施“教师创新创业教育教学能力提升计划”，开展教师培训实训、体验交流。

（三）注重协同育人，构建普及性创新创业实训实践体系

1. 统筹校内外资源，加强实践平台建设

学校依托各学院实验室、工程训练中心和实习实训基地建立10个学科创新创业基地、学院创客空间。各级各类教学、科研实验室面向所有学生开放，支持学生开展创新创业实践活动。建成11 000平方米的大学生创业孵化器基地，获批省、市、区三级“众创空间”，对入驻团队提供“六免六支持”配套支持服务。目前孵化器入驻团队55支，参与创业人数500余人。学校与67家企业建立就业创业基地，与48家单位共建人才培养基地，与247家单位共建教学实习基地，与3家校外孵化器建立大学生创业实训基地。

2. 强化实践提升，开展创新创业实践活动

［案例2］“三田三早”实践育人模式

学校以培养高水平创新性人才为目标，旨在通过“三田三早”（即“种三田”农业实践：认知田、实验田、试验田，“三早”科研训练：早进实验室、早进课题、早进团队）实践育人模式培养学

大学生创业孵化器基地

生实践动手能力和创新能力。

现已形成以"专业核心技能—综合实践能力—科技创新能力"三层次实践创新训练体系、"校内基地—科研平台—校外基地"三结合实践平台、"教—学—管"三维度保障体系为主要内容的"认知—实践—创新"实践创新教学体系。"三田三早"实践育人模式获得了国家级教学成果二等奖,《光明日报》进行了专题报道。

"三田三早"实践育人模式:课堂就在田间地头

[案例3]学研产协同创新育人模式

学校将科研优势转化为教学优势,行业特色转化为专业优势,产业资源优势转化为人才培养优势,探索形成"专业+"协同创新育人三类典型模式:

政府主导型"专业+产业"赣南模式:以国家扶贫和赣南柑橘产业发展需求为导向,围绕柑橘全产业链,建立学科专业与柑橘产业协同创新育人联盟。

科研主导型"专业+行业"武穴模式:以行业需求为导向,围绕粮食作物生产协同攻关,行业专家参与专业论证,制定培养方案,共建科研案例课,实现人才培养与行业全方位对接。

企业主导型"专业+企业"扬翔模式:将扬翔集团技术革新与人才培养深度融合,共建扬翔大学，开设“扬翔班”，开展“扬翔行”技术服务，企业高管和教师共同进行创新创业案例教学。

学研产协同创新育人模式通过示范引领，得到广泛应用，成效显著。学校先后与湖北黄冈、山东寿光等 20 多个地方政府开展“专业＋产业”合作，与荆州农科院等 70 多家单位开展“专业＋行业”合作，与华大基因、海大集团等 160 余个企业构建“专业＋企业”发展共同体。通过“专业＋”协同育人，促进学科专业与行业、产业企业无缝对接，显著提升了学生的创新创业能力。该模式先后获得湖北省教学成果一等奖和国家级教学成果二等奖。

[案例 4]全覆盖的“一专业一赛事”

学校聚焦学生专业核心技能和创新创业能力培养，通过各专业开展专业技能竞赛，形成“一专业一赛事”工作品牌，以赛代训、以赛促学。赛事要求紧扣专业核心课程和实践环节，突出专业性、实践性和综合性的特点，结合生产实际和社会热点，培养学生“看家本领”。

专业技能竞赛现已组织开展 61 项，覆盖学校所有本科专业。水族景观设计大赛、测绘技能大赛等已发展成为全省乃至全国性的学科类赛事。通过赛事整合的“食”文化节、“渔”文化节被人民网等媒体聚焦报道。

一专业一赛事：水族景观设计大赛

三、工作成效

近三年，学校在“挑战杯”“创青春”“互联网＋”等赛事获得省级以上特等奖或金奖 24 项，总获奖 110 项，在全国大学生机械创新设计大赛、全国大学生数学建模竞赛、国际遗传工程机器设计大赛（iGEM）等专业性学科竞赛、创新赛事中获得省级二等奖、国家级三等奖以上奖励 1 151 人次。

学校获评“全国创新创业典型经验高校”“全国深化创新创业教育改革示范高校”“全国深化创新创业教育改革特色典型经验高校”“全国高校实践育人创新创业基地”“全国高校创业教育研究与实践先进单位”等省级以上表彰奖励共 27 次，教育部简报、教育部网站先后 9 次报道学校就业和创新创业工作；涌现出一批以“十大创业先锋”为代表的“懂农村、爱农业、爱农民”的创新创业典型，为人才强农、科技惠农、创业富农提供华农智慧和华农方案。

学校 iGEM 团队在国际遗传工程机器设计大赛(iGEM)五次荣获金奖

多元参与 引育并举 构建立体化创新创业教育体系

——重庆大学

一、学校概况

重庆大学是教育部直属的全国重点大学，是国家“211 工程”和“985 工程”重点建设的高水平研究型综合性大学，是国家“世界一流大学建设高校（A 类）”。

近年来，在“培养适应和引领未来的高素质创新型人才”的培养目标引领下，学校系统规划、统筹推进，建立了有效的创新创业教育运行和保障机制；搭建了包括校内创新能力培养平台、创新创业项目孵化平台、创业项目实训实践平台、校地企融合打造校外实践平台在内的多种双创实践平台；开展了形式丰富的双创实践活动；建设了涵盖“教育-竞赛-培训-孵化”于一体的创新创业指导服务机制；通过“四位一体”宣传平台营造了浓厚的创新创业氛围；形成创新创业教育合力，建立价值塑造、能力提升和知识传授融为一体，本研协同的创新创业教育体系；涌现了多个创新创业典型。

学校是“全国毕业生就业典型经验高校”“全国首批深化创新创业教育改革示范高校”“全国高校实践育人创新创业基地”，是中国高校创新创业教育联盟“百城千校”计划首批 16 个试点院校之一，拥有“国家级创业孵化示范基地”“国家级众创空间”等。

二、学校创新创业工作经验与做法

1. 深化教学改革，建构高水平创新创业教育体系

① 加强顶层设计。学校在《重庆大学"十三五"发展规划》《重庆大学综合改革方案》等多个纲领性文件中明确提出了相关创新创业教育的目标要求和建设举措，成立了由校长任组长的大学生创新创业领导小组以及副校长任院长的创新创业学院，形成了资源有效整合的创新创业人才培育长效机制。

② 深化教学改革。学校将创新精神、创业意识和创新创业能力作为评价人才培养质量的重要指标，在 2014 级、2018 级本科人才培养方案修订中将创新创业能力培养融入到人才培养全过程。其中 2018 级培养方案中专门设置 8 学分"个性化模块"，要求每名学生至少获得 2 学分（最高 4 学分）创新实践学分。大力加强课程建设，学校现已开设创新创业类课程近 40 门，累计开设基于 MOOC、SPOC 的混合式教学课程 152 门，7 门课程入选国家精品在线开放课程。在课堂教学中推进开展启发式、讨论式、参与式教学的应用，在课程中推行"形成性"评价。2018 年创建"未来学习研究中心"，推动以未来学习为核心的高等教育教学思想创新、理念创新、方法技术创新和模式创新。投入经费 400 万元立项"以'研究性学习'为导向的学生能力培养体系研究"等 4 个校级重点教学改革研究项目。

③ 探索创新人才培养新模式。学校开展了包括"启航计划""百千万创新创业人才培养计划""拔尖创新人才培养计划"，以及创新学院（弘深学院、博雅学院）、试验班、"优异生计划"等多项计划，开展创新创业人才培养。鼓励交叉融合，促进人才培养由单一型向多学科融合型转变，实施的"学部内跨专业联合毕业设计""跨学部联合毕业设计""校校联合毕业设计"等多种毕业设计形式深受学生欢迎。建立了完善的二专修读、辅修计划及转专业制度，每年约 800 余名学生跨专业修读，300 余名学生转入新专业，2018 年有 146 名学生获得双学士学位证书。

我校艺术、化工学院学生在重庆警察学院探讨应用场景中的创新应用

④ 打造高水平创新创业教育平台。除校内国家级、市级实验中心外，面向全体本科学生开放校级“大学生创新实践中心”，通过创新实践班、创新团队培养学生。近 3 年在“大学生创新实践中心”通过创新实践班、创新团队形式培养学生超过 5 000 人，每年接待学生 2 500 余人次。打造“研究生创新实践基地”，通过品牌双创学术活动、双创专题培训与实训、双创科技创新项目资助、竞赛奖励与创业项目孵化等，强化研究生创新实践能力培养。近三年，学校资助各类创新创业项目 3 000 余项、国际学术交流项目 810 项，重点培育各类创新创业团队 1 500 余支，学科竞赛获国家级奖项 1 700 余项。

依托国家大学科技园等校内外创新创业实践育人基地，助力大学生孵化项目。定期组织 PNP 重庆园区、HAX 加速器、重庆微软云暨移动应用孵化平台、“众创 E 家”等社会专业孵化器走进学校，对创新创业项目落地进行精准指导，帮扶多个学生创新创业项目获得融资，2018 年服务学生超过 2 000 人次。

部分创新创业平台

2. 创新模式，大力推动大学生科技创新团队建设

针对学生课外科技创新创业实践活动目标不够清晰、体系不全、个性化发展支撑不足的情况，学校于 2010 年设“机器人”“方程式赛车”等创新团队，尝试以团队形式培养创新能力，构建创新能力第二课堂培养体系。团队学生根据兴趣爱好，以科技竞赛、科研项目等形式为支撑，在教师的引领和指导下，以研讨式学习、科学实践为主要形式，形成从本科学生到研究生、具有良好传承的学习共同体。

经过多年建设，目前已正式建设了包括“ACM 创新团队”“Diatom 本科生科技创新团队”“工业设计跨学科联合创新实践团队”等 24 支创新团队，取得了丰硕的育人成效。团队通过举办各类培训活动、宣讲宣传、社团纳新等活动，吸引各专业学生加入团队学习，如 ACM 团队开

“悦家云”创新创业项目参加中国国际智能产业博览会

展“程序设计”培训，Diatom 团队开展“学术写作素养”培训等，激发了学生的创新热情，产生了新的创新点，增强了创新创业活力。

重庆大学 FASE 方程式赛车创新团队

团队孵化产出的成果，又通过教育教学项目等形式进一步锻造，反哺课堂，形成创新课程、创新实验项目。建设了“创新思维与创新实践”“学术论文写作”“ACM 程序设计实践”等多门课程，自发设计组织“智能汽车科普竞赛”“智能汽车基本技能竞赛”“大学生机械设计制造节”等多个校内创新活动，打造“机器人”“3D 打印”“ACM 程序设计”等多个特色实验室平台。

近 3 年来，创新团队学生在各类创新创业竞赛、科学研究中均有突出表现，创新团队本科学生在各类创新创业竞赛中获奖 201 项，其中全国一等奖 21 项，二等奖 46 项，在部分有重要影响力的竞赛中稳居全国前列。在近 3 年全国大学生智能汽车竞赛中，“智能车团队”取得了 7 项全国一等奖；在第十二届全国大学生结构设计竞赛中，“爱结构团队”以总分第一的成绩勇夺唯一全国特等奖；在第八届全国大学生机械创新大赛中，“机械创新团队”获得全国一等奖 4 项、二等奖 3 项，有 2 项作品推荐参加“中国好设计”奖项评选；在全国大学生节能减排社会实践与科技竞赛中，“能源清洁转化及节能减排大学生科技创新团队”继 2017 年获全国特等奖（第一名）后，2018 年该项比赛再次斩获一等奖 6 项；“Jessup 国际模拟法庭竞赛队”在中国第十七届 Jessup 国际法模拟法庭全国选拔赛中荣获一等奖、“最佳辩手奖”及“最佳书状陈述奖（反方）”，成为“大满贯”得主，继 2017 年后再次获得全球总决赛参赛资格并进军国际舞台。Diatom 创新团队本科生署名发表的 SCI 论文 41 篇，以第一作者发表 SCI 论文 13 篇，合作 28 篇。

3. 校企深度融合，探索创新创业人才培养新模式

学校积极推进“校企合作、校地合作”，探索出“3＋1”订单式培养、“3＋1＋2”本硕连读、“3＋2”直博生等多种培养模式的创新性复合型人才培养的新途径，搭建了集实习、联合课程设计、联合毕业设计、创新创业于一体的高质量实践育人平台，建设了一批校企联合开设的高水平课程，在国内教育界引起了强烈的反响，《文汇报》《中国教育报》等多家媒体专门进行了报道，此模式也在重庆高校中推广应用。

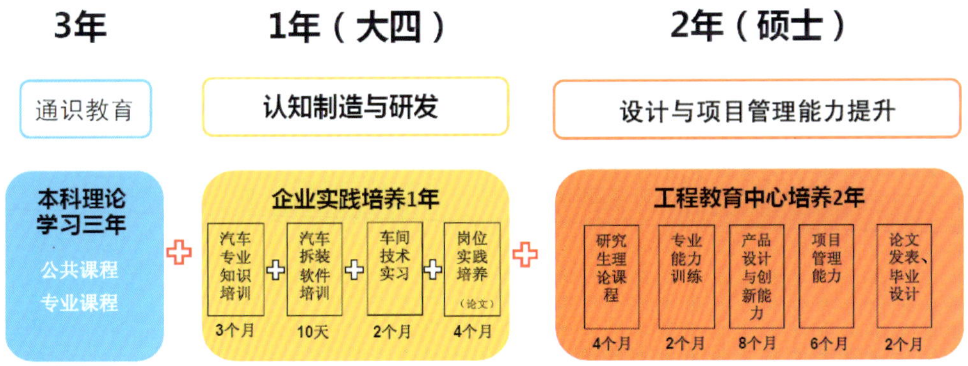

“3＋1＋2”本硕贯通培养模式

在总结数十年校企合作培养人才经验的基础上，进一步融合订单式人才培养模式和卓越工程师培养计划，为 14 个专业的“卓越计划”搭建了产学研协同的实践型创新人才培养平台，解决了“毕业生进入企业还需接受二次培训，适应行业周期过长”等问题。

另外，学校还积极与地方政府、企业研究所等共建“机器人创新创业人才培育中心”等多个创新创业基地，促进学生在企业基地的创新创业活动开展。学校现有 6 个国家级校外实践基地、5 个市级校外实践基地。

经过多年不断探索、实践和创新，学校的校企协同育人取得了显著效果，应用型创新人才培养成绩斐然，培养的学生深受企业的欢迎。

省属本科院校（31 所）

深化创新创业教育改革
促进创新创业人才培养

——太原理工大学

一、学校概况

太原理工大学是一所具有 117 年历史的百年老校，学校 1997 年进入国家“211 工程”重点建设高校行列，2017 年进入国家“双一流”建设行列。学校业已建设成为以工为主、理工结合、多学科协调发展的高等学府，是教育部首批“卓越工程师教育培养计划”试点高校和国家“大学生创新创业训练计划”实施学校，先后被评为“普通高等学校本科教学工作优秀单位”“全国文明单位”“全国文明校园”，入选“全国首批深化创新创业教育改革示范高校”“国家创新人才培养示范基地”“全国高校实践育人创新创业基地”“教育部‘三全育人’综合改革试点高校”，荣膺“全国五一劳动奖状”“全国先进基层党组织”。

学校现有 2 个国家重点学科、1 个国家重点（培育）学科、15 个一级学科博士点、13 个博士后流动站、34 个一级学科硕士点、7 类专业学位授权点，工程学、材料学、化学 3 个学科进入了 ESI 全球排名前 1%。现有教职员工 3 480 名、专任教师 2 157 名，其中有工程院院士 3 名、教育部“长江学者”特聘与讲座教授 3 人、国家杰出青年基金获得者 4 人、国家级教学名师 1 人、“万人计划”科技创新领军人才 4 人、中青年科技创新领军人才 3 人、国家青年千人计划 1 人、国家优秀青年基金获得者 5 人、1 个科技部重点领域创新团队、2 个教育部长江学者创新团队。

目前在校全日制本科生 3 万余人，硕士和博士研究生 7 000 余人，留学生近 500 人。

近年来，学校立足国家创新驱动发展战略和“大众创业、万众创新”的战略部署，将创新创业教育和实践贯穿人才培养的全过程，着眼创新型人才培养，深入推动创新创业教育改革，先后入选全国首批“深化创新创业教育改革示范高校”、科技部“国家创新人才培养示范基地”、教育部第三批“全国高校实践育人创新创业基地”、山西省首批“双创示范基地”。

二、学校创新创业工作典型特色

（一）构建创新创业生态体系，以“五创＋”教育理念引领“双创”

学校不断深化创新创业教育改革，坚持创意、创新、创业“三位一体”融合发展，依托政策推动、部门联动、兴趣带动、资源拉动“四轮驱动”，逐步推动构建“要素齐备、措施到位、成效突出、全面发展”的创新创业教育体系。逐步培育形成了具有鲜明特色的“五创＋”创新创业教育理念。“五创＋”着眼于创，核心在育，分为五个各有侧重又相互联结的工作层，为创新创业教育实践补齐短板，起到筑底和支撑的作用。每一个工作层都由特色平台和培养模式组成：“创智群落＋竞赛育人”“创新平台＋科研育人”“创意工坊＋实践育人”“创客空间＋协同育人”“创业苗圃＋生态育人”。以“创智群落”涵育“创新平台”，通过竞赛育人、科研育人夯基垒台，为创新教育强势筑底；以“创意工坊”“创客空间”支护“创业苗圃”，通过实践育人、协同育人、生态育人立柱架梁，支撑创业实践冲高问顶，最终形成“逐层递进、垂直整合、一脉相承”的创新创业工作生动局面。

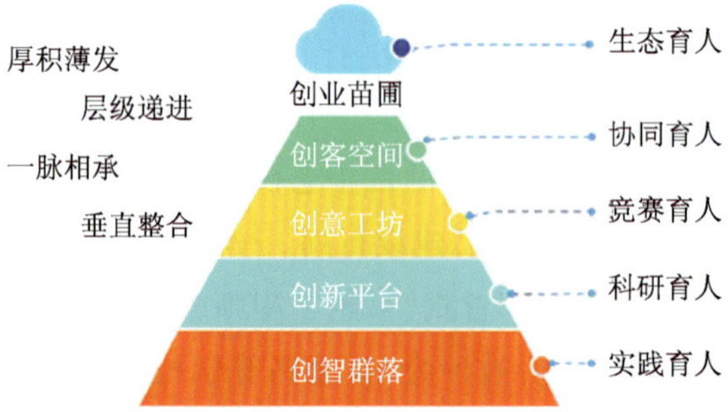

“五创＋”教育理念

（二）完善科技创新支持体系，搭建创新创业实践的“桥梁”

实施竞赛项目动态评级，构建科学合理的学科竞赛体系。依据竞赛项目的权威性、影响力和创新性，结合学校学科特色，每年组织专家对竞赛项目进行评级认定，共分为 S、A、B、C 四个等级，并依据赛事评级给予师生相应奖励。赛事评级注重创新创业类竞赛，中国“互联网＋”大学生创新创业大赛、全国大学生电子商务“创新、创意及创业”挑战赛等大赛均被评为最高级 S 级。

完善竞赛激励政策，激发师生参与竞赛的积极性。在教师职称评审、评先评优、教学奖励、二级绩效方面制定专项激励条款，出台《太原理工大学大学生课外学术科技竞赛活动指导教师奖励办法（试行）》予以竞赛指导、创新创业团队专项奖励；在学生的学分认定、综合测评、奖学金评定、荣誉称号评选、推荐免试攻读研究生等方面都制定了专项激励政策。平均每年竞赛指导教师超 1 200 人次，参赛学生超 1 万余人次。

强化科技竞赛基地建设，打造创新创业实践“主力军”。学校每年专项经费支持 22 个品牌的科技竞赛基地建设。这些基地形成了稳定的指导教师队伍、鲜明的竞赛特色、常态化的训练比赛、规范化的运行管理和高质量的人才培养模式，在广大师生中和社会上都拥有较高的影响力，成为了学校一张张靓丽的“名片”，成为各级媒体竞相报道的“热点”。其中如机器人团队、晋豹车队、晋翔车队、超算团队、思拓基地等，在国际和国家级等高规格赛事中不断摘金夺银，培养的毕业生成为了用人单位争夺的“抢手货”。

T－Power 晋翔车队

机器人团队获 2019 年中国机器人大赛武术擂台赛——自主仿人散打项目冠军

(三) 产学研协同推动创新创业,为师生打造“用武之地”

1. 打造山西省“双创示范基地”,汇聚资源服务地方经济

学校汇集师资和科创平台资源开展产学研合作,为学校师生创新创业实践搭建坚实平台。以“ICT”新兴技术为核心建设“数港”双创引领示范区。重点依托“数港”双创基地、晓明研究室、超算基地,汇集信息与计算机学院、大数据学院、软件学院的师资和科创平台,开展人工智能、网络软件化技术、大数据技术、超算技术方面的研发和创新创业活动。

以工程应用为核心建设“匠坊”双创引领示范区。重点依托“匠坊”双创基地、机器人四创空间、增材制造 3D 打印实训基地,汇集机械与运载工程学院、材料科学与工程学院、电气与动力工程学院师资和科创平台,开展智能制造、增材制造、数字制造、机器人等方面的研发和创新创业活动。

以文化创新理念为核心建设“云顶逸庐”双创示范区。重点依托“云顶逸庐”双创中心、今信众创空间,汇集艺术学院、轻纺工程学院、建筑学院师资和科创平台,开展影视动漫、视觉艺术、工艺与设计、服装设计等文化创意研究与创新创业实践。

“数港”双创空间

2. 产学研协同共建科创平台,多渠道推动创新创业实践

学校充分发挥重点实验室、工程技术中心、协同创新中心、国家地方联合实验室以及校内外创新创业实践基地的师资和资源优势,与政府、企业、高校、科研院所先后共建了十多个联合研究院,为师生提供了大量参与技术创新研发的平台;与中国移动山西公司、中铁三局集团有限公司、三一重工等数十家大型企业和地市签订战略合作框架协议,建立了大学生实习实训基地;与华为、浪潮、曙光、富士康、太钢、联通等行业龙头企业共建科创协作平台,不断强化校企合作。

(四) 实施“助梦工程”,助力学生实现创业“小梦想”

学校实施了“助梦工程”项目,开展“大学生创意创新训练营”、“创意百家”大学生创意设计制作项目、“创意市集”等活动,并拿出专项资金资助通过评审的创业项目。通过“大学生创意创新训练营”激发创新思维,萌发创业创意,通过“创意百家”大学生创意设计制作项目推动创

意生产，开设“创意市集”实现创意产品交易。“创意市集”自 2010 年至今已经连续运行 10 年，每年入选作品近 5 000 件，组织摊位约 200 个，成为学生参与最广泛、互动体验最直接、关注和期待值最高的主题活动。“创意百家”专项资助自 2014 年设立至今，共资助 87 项创意项目。

（五）孕育创新创业文化，创业典型不断涌现

通过不断深化创新创业教育改革，学生创新精神、创业意识和创新创业能力明显提高，形成了人人参与的创新创业文化，涌现出了一批创新创业的典型。化工学院 2014 级研究生杨宇鹏获得“闪亮的日子——青春该有的模样”大学生就业创业典型人物荣誉称号，创立山西兑勾网络科技有限公司；2015 级研究生王华虎荣获“山西青年五四奖章”、“山西杰出青年创业奖”、《山西日报》“大学生双创之星”等荣誉称号，创建了北京慧虎健康科技有限公司、山西无忧网络科技有限公司、山西晋天下电子商务有限公司；于盛旺博士团队创新性开发出煤层气高效合成金刚石技术，2019 年与阳煤集团签订转化协议，计划投入三亿元进行产业化生产，目前已经开始项目建设。

省委书记骆惠宁观看王华虎创业项目展示

构筑“345”创新创业教育体系
提高应用型本科人才培养质量

——辽宁工业大学

一、学校概况

辽宁工业大学始建于 1951 年，校园占地面积 1 000 余亩，各类在校学生 18 000 余人，是一所以工为主，理、工、经、管、文、法、艺术协调发展的省属全日制多科性大学。2013 年 5 月，学校入选国家“中西部高校基础能力建设工程”重点建设高校。

作为成立较早的省属工科院校，学校坚持以高水平应用型大学建设为办学定位，把提高本科人才培养质量作为学校生命线，将大学生实践创新能力培养作为人才培养的目标。早在 2002 年，就先后把创新学分和创新创业教育模块纳入到人才培养方案。经过十几年的不懈努力探索，学校已经构筑了适合地方应用型本科院校的“345”创新创业教育体系，切实把创新创业教育全面融入人才培养全过程。

二、学校创新创业工作典型特色

（一）强化创新创业实践教育，构建三级进阶式创新创业实践平台

学校经过全面总结创新创业人才培养规律，搭建了“实践创新平台”“创新创业选育平台”

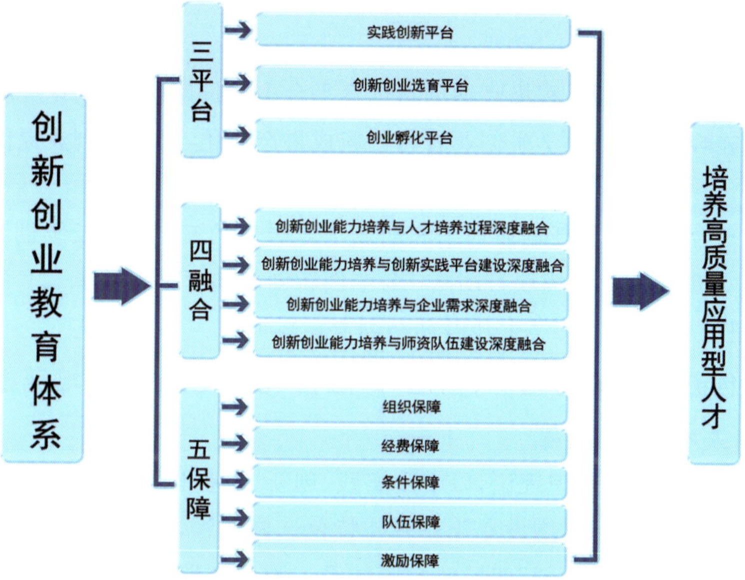

辽宁工业大学创新创业教育体系

“创业孵化平台”三级进阶式实践育人平台。实践创新平台侧重学生实践创新能力训练，在此基础上选拔优秀人才组成团队进入创新创业选育平台，通过企业实际任务驱动进行就业技能和虚拟创业训练，经过选育训练成熟注册初创企业进入创业孵化平台。

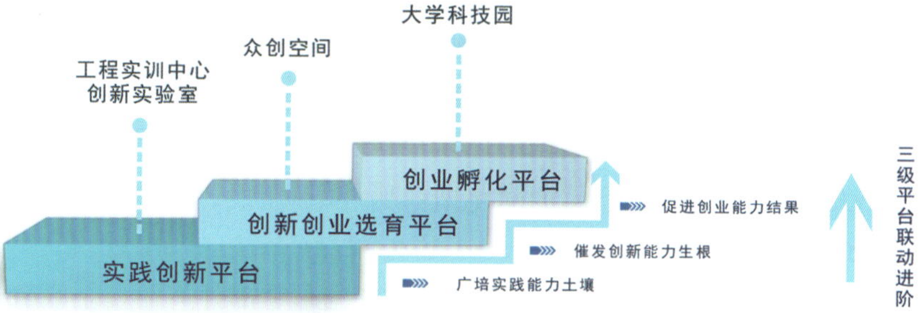

创新创业“三级平台”实践育人体系

1. 实践创新平台

学校建有占地 60 000 平方米的现代化工程实验实训中心；建有汽车服务检测等 7 个综合实训平台；建有机器人创新实验室等 16 个大学生创新实验室。这些实践创新平台为学生进行各类实训、创新实验以及参加各类科技竞赛提供了有力支撑。

2. 创新创业选育平台

学校依托国家级众创空间作为大学生创新创业选育平台，开展大学生创新创业项目选育与培育工作。每年遴选具有前景的项目和优秀团队入驻众创空间，并提供资金、技术等全方位服务与支持。选育项目坚持用企业实际项目任务驱动的方式进行培育，注重让学生参与企业实际项目运作，对学生进行密切结合专业教育的就业创业实践训练，体验就业“前置化”和创业

“预孵化”，提高学生创新创业的能力。

3. 创业孵化平台

依托学校省级大学科技园，积极吸纳创新选育平台中成长性好、市场化程度高的项目进入创业孵化平台实施孵化，帮助大学生创业者将创新成果产业化，为学生创业提供了有力的平台保障。

目前在三级平台上进行创新创业训练和创业选育孵化的有：15 个校级创新团队、54 个院级创新团队、180 个创新创业训练项目团队、28 个创新创业选育项目团队、11 个学生创业孵化企业，每年吸纳超过 45%以上的学生开展创新创业实践训练。

（二）聚焦创新创业能力培养，构建“四融合”创新创业教育培养模式

1. 深度融合人才培养全过程

学校注重夯实创新创业知识理论，以学生实践、创新、创业能力培养为主线，在培养计划中专门建构了创新创业课程体系，增设专业前沿与特色选修课程，设置创新创业教育模块，构建“基础＋专业＋综合（设计）＋创新”四层次实验体系。强化实践环节，以企业实际问题为题目来源，各专业毕业设计题目真题真做比例达到 85%以上。学校在创新创业教育人才培养上注重加强信息化手段，通过开展慕课、网络课堂等线上教学模式，全面推进创新创业教育。同时，在创新创业教育中加强与思想政治教育的结合，确保培养出具有坚定政治立场和思想品质过硬的创新创业型人才，为国家创新驱动发展战略和创新引领型人才社会需求服务。

2. 深度融合创新创业实践平台

学校全面总结创新创业人才培养的规律，构建“实践创新平台”“创新创业选育平台”“创业孵化平台”三级进阶式实践育人平台，三级平台以任务驱动方式开展实践、创新和创业能力训练，实现学生实践创新和创业能力培养无缝对接。同时，充分利用各级平台资源，依托学校、教师等的科研成果、专利以及企业需求等，加强原创性项目创业的突破与发展。

3. 深度融合企业需求

学校基于国家、省级大学生校外实践基地和辽宁省汽车零部件产业校企联盟，与锦州万得集团、辽宁维森有限公司等省知名企业，以企业任务驱动或共建创新实验室等形式，合作进行创新创业人才培养，组织开展学生创新创业实践活动，构建了 5 个校企深度融合的创新创业教育实践模式。

4. 深度融合师资队伍建设

建立本科生专业导师制。从 2010 年起，学校开始实施“辽宁工业大学本科生导师制”，主要负责指导学生专业学习、开展工程设计、参与科学研究和各种科技创新竞赛活动等。目前，学校共有 297 位本科生专业导师，有 1 108 名学生正在参加导师课题组从事科技创新活动。

建立优秀创新创业导师制。学校建成一支以专业教师和专职就业创业指导教师为主体，社会知名企业家、专家学者、优秀校友为兼职创新创业导师的高素质创新创业教育师资队伍，负责学生的创新创业教育及实践指导。目前学校共有创新创业导师 176 人，其中校内导师 132 人，校外兼职导师 44 人。

校企深度融合的创新创业教育实践模式

（三）推进创新创业教育发展，构建"五类"管理保障措施

1. 坚持领导推动，强化组织保障

学校成立由党委书记和校长担任组长，主管教学工作副校长为副组长，创新创业教育中心、教务处、质量评估中心，设备处、财务处、科技处及各学院负责人为成员的创新创业工作领导小组。领导小组负责规划、管理与决策、条件与经费保障等工作。

2. 加强经费投入，注重经费保障

学校每年设立专项资金 300 余万元，用于开展各类创新创业活动、各级大学生创新创业竞赛等。同时，设立专项奖励基金，每年平均投入 160 万元用于表彰在创新创业教育工作中的优秀指导教师及先进单位。另外，每年企业或校友还投入 80 余万元用于奖励在国家级大学生科技创新竞赛中取得优异成绩的学生和万得车队的专项创新活动。

3. 重视教学仪器设备建设，强化条件保障

学校创新创业场地和仪器设备完备，人均教学仪器设备已达 1.4 万元，建设较为先进、完备的实验室体系和校内外相结合的实践实训体系，建有 7 个省级实验教学示范中心，5 个实验实训中心和 100 多个基础实验室、专业实验室，185 个校外实践教学基地，建设 60 000 平方米工程实训中心、众创空间和 34 个创新实验室，全面支撑着大学生创新实践活动。

4. 实施教师能力提升工程，强化师资队伍建设保障

目前学校建立了"教师讲课大赛"、"教师专业综合能力竞赛"、"教师企业实践锻炼"和"教师信息化技术大赛"4 个指导教师能力提升工程，强化师资队伍建设，提升指导大学生开展创新创业活动的能力。

5. 激发创新创业热情，加强激励保障

① 构建教师激励机制，充分调动指导大学生创新创业活动的积极性。在教师职称评聘和分级聘任中，教师指导大学生创新创业工作突出业绩的量化得分与科研成果量化得分并重，并将其也纳入到教师聘期考核。设立“创新工作指导奖”等教学专项奖励，对在大学生创新创业能力培养方面取得突出成绩的优秀指导教师进行表彰。

② 构建学生激励机制，充分调动大学生参加创新创业活动的主动性。学校制定《辽宁工业大学创新创业学分积累与转换制度》，拓宽创新创业学分获得渠道，激发学生创新创业热情。同时，学校还为学生制定个性化创新创业能力培养计划，建立创新创业学分成果档案；完善学籍学业管理制度，允许学生保留学籍休学创业；设立专项创新创业奖学金，用于表彰优秀创新创业的学生。

近年来，学校在创新创业工作上成果显著，就业率在省属同类高校中位居前列，近三年初次就业率均在93%以上，经过创新创业基地训练的学生，更是受到广大用人单位的青睐，就业率达100%，学生的专业能力、岗位适应能力、实践能力普遍受到用人单位的高度好评，《光明日报》曾以《辽工大“创新力”提升学生“就业力”》为题进行过报道。学校也在2016年获批首批辽宁省深化创新创业教育改革示范高校；2017年获批全国高校实践育人创新创业基地，2017年学校宝地砺器众创空间获批国家级备案众创空间；在2019年中国高等教育学会公布的2014—2018年度学科竞赛评估结果中，位于全国第112位，2018年度为全国第63位，居于辽宁省省属高校首位；2019年8月获批全国创新创业典型经验高校50强。

构建“教学导训测”一体化教育体系 深化“三创”融入人才培养全过程

——东北财经大学

一、学校概况

东北财经大学以“培育卓越财经人才，服务经济社会发展”为使命，是教育部、财政部和辽宁省共建高校，国家特色重点学科项目建设高校，辽宁省一流大学重点建设高校，辽宁省双一流重点建设高校。自 1952 年建校以来，是唯一一所没有中断办学并完整保留的高等财经院校。

学校突出经济学、管理学优势和特色，经济学、管理学、法学、文学、理学等多学科协调发展，有财政学、产业经济学、会计学 3 个国家重点学科及教育部、财政部批准的“国家级特色重点学科”，数量经济学为国家重点（培育）学科。

学校现有全日制在校生 1.6 余万人，有 40 个本科专业、73 个二级学科硕士学位授权点、42 个二级学科博士学位授权点、5 个一级学科博士后科研流动站；拥有教育部人文社会科学重点研究基地 1 个、财政部共建基地 1 个、教育部国别和区域研究中心 1 个，其他省级以上重点研究机构及科研平台 17 个，辽宁省省级创新团队 16 个；有 14 个省级以上大学生校外实践教育基地、4 个省级创新创业综合改革试点专业；2017 年获评辽宁省首批省级深化创新创业教育改革示范高校。

学校有效整合资源，建立健全创新创业教育体系与学校“双一流”建设，三全育人导向相结合，将双创教育延展为“三创”(创新、创业、创造)这一更加契合财经特色的发展范式，积极建立“1+X”多点布局、多功能使用的场地保障体系，将创新创业教育有效植入人才培养方案，构建“教学导训测”五位一体的教育支持体系，使我校创新创业教育改革掷地有声、卓有成效。

二、典型做法与特色经验

(一) 构建“教学导训测”教育指导与支持体系，实现了全方位、立体化的三创教育系统

学校构建“教学导训测”五位一体的教育支持体系。“教”(教学供给)是条件，提供多层级、优质丰富的教学资源和环境；“学”(学习空间)是途径，通过开设跨学科和跨校辅修课的形式为学生提供丰富的学习渠道；“导”(指导帮扶)是支撑，提供全方位政策、技术指导；“训”(实践训练)是强化，依托创新思维平台、“课赛训”一体平台将所学知识付诸实践；“测”(绩效评测)是保证，实现组织管理、过程控制和绩效评测。基于创新创业教育生态体系中多元主体需求，学校构建了集教学培训、服务指导、素质测评、数据集成于一体的创新创业教育综合服务支持信息平台，打造高效、融合、共享的高校创新创业教育生态环境。

东北财经大学创新创业教育支持体系框架

依托“教学导训测”五位一体三创教育体系，实现了我校各个教育环节的融会贯通，全方位、一体化支持创新创业教育工作的开展，推进创新创业教育工作持续、科学地发展。目前学校已建成布局合理、环境优雅、设施齐全、功能完备、管理科学、服务高效的创新创业孵化基地、创新创业实训基地、创新创业文创空间等，场地总面积 1 万余平方米；积极推进与大数据、智慧财经、互联网金融等新产业紧密对接，实现“三创”与新产业新技术的连接、协同与共享发展。该项建设成果——《“教学导训测”支持下的财经院校“三创”融入人才培养模式创新与实践》，获得 2018 年辽宁省普通高等教育本科教学成果奖一等奖。

(二) 铸入三创基因，形成具有财经院校特色的“融入式”三创教育模式

1. 人才培养融入：“通创融合”与“专创融合”层层递阶、“科创融合”引领创新创业

学校制定《东北财经大学一流本科教育行动计划(2018—2022)》，在通识教育选修课中设置创新创业教育模块，构建递阶式“通创融合”教育体系，将价值导向与知识传授相结合，将创

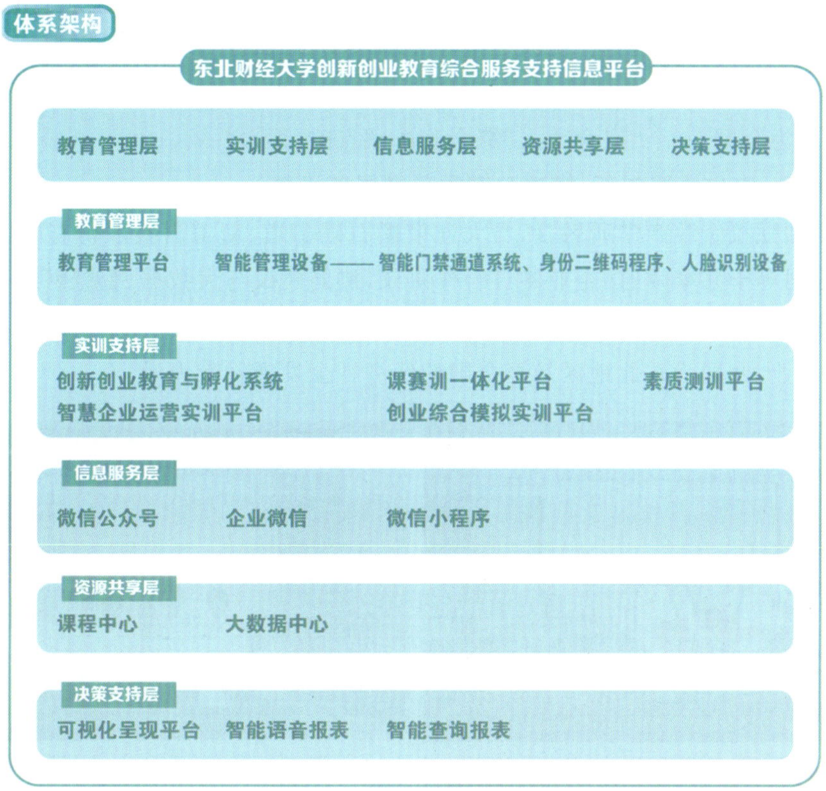

创新创业教育综合服务支持信息平台体系架构

新思想贯穿于课堂教学和社会实践各环节，开展丰富多彩的社会实践活动，培养学生良好的团队协作品质和健全的人格。

各专业依据自己的特色开设至少一门“专创融合”自主选修创新创业类特色课程和创新思维训练融入课程，逐步渗透创新创业教育的元素。

学校将科技成果转移转化融入创新创业人才培养中，充分发挥教师科研优势，引导学生参与科技成果转移转化和开展创新创业实践，提升学生创业的科技含量和创业成功率。

2. 实践融入：完善创新创业实践训练体系，打造品牌特色项目

学校构建“创新创业课程训练—精英创业训练营计划—创新创业联盟体系—创新创业孵化基地—创客空间平台计划”五位一体的递阶式创新创业实践训练体系，使学生的创新创业能力呈现出递阶式改变。

学校开辟“足实”整合性创新实践研究、“心道. SYB”、“海龟”财商训练营、大商所期货交易产教融合课等特色品牌；推进“课赛训”一体化教学改革，创新了高校大学生共享共创孵化与实训模式；将第二课堂纳入实践教学体系管理，依托更宽阔的实践平台丰富创新创业活动形式，渗透创新创业元素；开设高端人文社科系列讲座“之远讲堂”“鹂新财经论坛”等品牌项目，通过抓氛围、抓过程、抓平台来推动学生综合素质、道德品质、社会责任感的提升。

学校实践育人成效显著：近三年获省部级以上创新创业竞赛奖项近 500 项，数学建模、市场调查与分析、电子商务“三创赛”等大赛获多项全国一等奖，2019 年我校获得第九届全国大学生电子商务“创新、创意及创业”挑战赛特等奖总冠军；目前有 12 个项目完成工商注册，在学校创新创业孵化基地开展实体业务经营；我校工商管理学院入选全国首批“三全育人”综合改革试点单位，成为全国 50 个“三全育人”综合改革试点院（系）之一。

3. 产教融合：深化协同创新，搭建政产学研发展新平台

学校不断加强校企政产学研融合，与大连市黑石礁街道、新道科技股份有限公司、科大讯飞股份有限公司等十几家政府、企业签订合作协议，协同建设与大数据、智慧财经、互联网金融等新产业紧密对接的创新创业实践基地，开展产教融合创新性研究及实训实践，以创新引领创业、创业带动就业，共同为东北地区乃至全国的经济社会发展贡献力量。

东北财经大学与多家企业签订战略合作协议

（三）突出学科创新团队的关键作用，实现学科引领大学生创新创业的良性动态可持续发展

学校提出“以学科优势引领创新创业方向，以创新创业促进学科成果转化”的战略思路，立足学科优势和专业特色深入推进校企合作、产学融合，逐渐形成以“学科引领、项目驱动、师生共创”为特色的创新创业推进机制。

目前，学校已建设 33 个梯队合理、涵盖主要学科的学科创新团队，整合三创项目 400 个，在孵创业实践项目 21 个，大创项目立项量质同升、特色突出；以“专创融合”课程教学改革与人才培养方案改革，推进创新创业与学科深度融合实训课程建设，构建学科交叉、研究与应用结合、教学与创新创业内容相衔接的人才培养体系，培养社会经济发展需要的具有较强的创新精神和创业潜力的人才。

我校电子商务学科创新创业团队，依托电子商务专业优势，在长期从事电商理论研究和实践推广的姜明副教授指导下，在网络商务、电子商务等创新创业活动中取得的成果基础上，响应中央精准扶贫号召，注册成立了辽宁乡村行电子商务有限公司，创建了“辽宁乡村行”第一书记电商平台。目前已有多个贫困村的 10 余种农特产品上线销售，帮助贫困村村民增销近 20 万元，有效缓解了贫困村农特产品销售难的问题，获得多家主流媒体的报道。该项目也获得第九届全国大学生电子商务“创新、创意及创业”挑战赛特等奖第一名，捧得总冠军奖杯。

“辽宁乡村行”项目获得第九届全国大学生电子商务“创新、创意及创业”挑战赛特等奖总冠军

以创新夯实专业发展
以创业促进优质就业

——长春理工大学

一、学校概况

长春理工大学原名长春光学精密机械学院，1958 年由中国科学院创办，“两弹一星”功勋科学家、两院院士王大珩先生为学校创始人、第一任院长。建校以来，学校先后隶属于中国科学院、国防科委、五机部、机械委、机电部、兵器工业总公司，1999 年被划转为以吉林省管理为主，并与国防科工委共建。2004 年，被确定为省属重点大学。2009 年，中国唯一的国家级光学科技馆——长春中国光学科学技术馆被批准建设，并由学校代管代建。2010 年，被教育部批准为上海合作组织大学项目院校。2012 年，入选“中西部高校基础能力建设工程”院校。2017 年，入选“高等学校学科创新引智计划”（即“111”基地）。

学校结合自身学科发展情况和专业特点，在创新创业工作上实施了“分层管理、三位一体”的工作机制，搭建了“一园、一区、一基地”三个创新创业实践平台，形成了大批成功的创新创业案例。学校先后被教育部评为“全国就业工作典型经验高校”，被航天科技集团授予“航天人才突出贡献奖”；2019 年 2 月 22 日公示的《2018 年全国普通高校学科竞赛评估结果（本科）》学校排名第 50 位。

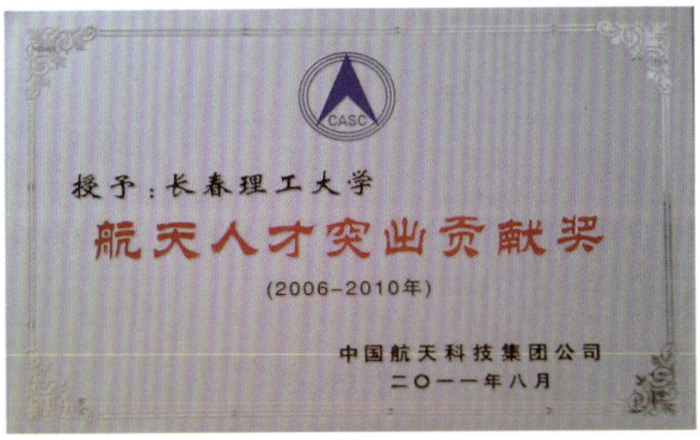

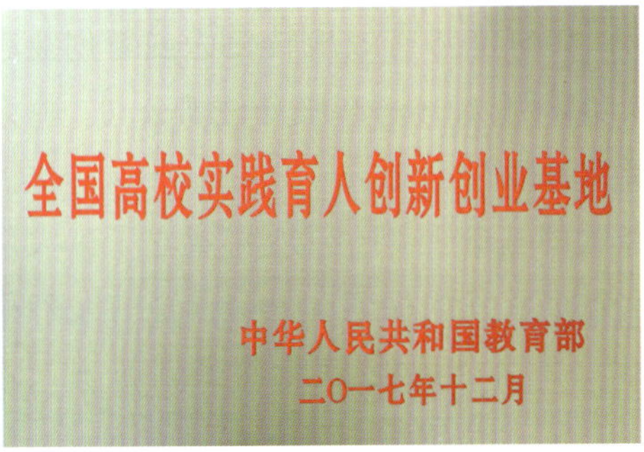

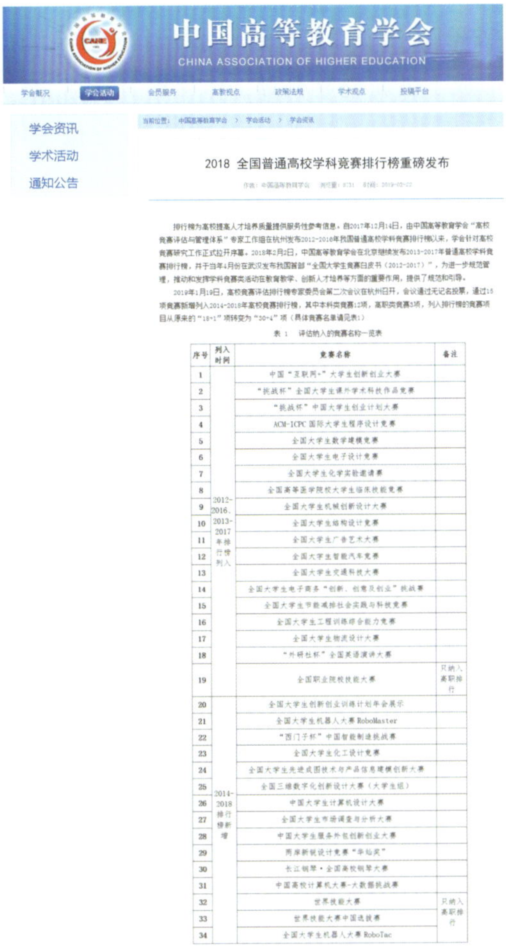

2018 全国普通高校学科竞赛排行榜重磅发布

作者：中国高等教育学会 阅览量：8731 时间：2019-02-22

排行榜为高校提高人才培养质量提供服务性参考信息。自2017年12月14日，由中国高等教育学会“高校竞赛评估与管理体系”专家工作组在杭州发布2012-2016年我国普通高校学科竞赛排行榜以来，学会针对高校竞赛研究工作正式拉开序幕。2018年2月2日，中国高等教育学会在北京继续发布2013-2017年普通高校学科竞赛排行榜，并于当年4月份在武汉发布我国首部“全国大学生竞赛白皮书（2012-2017）”，为进一步规范管理，推动和发挥学科竞赛类活动在教育教学、创新人才培养等方面的重要作用，提供了规范和引导。

2019年1月19日，高校竞赛评估排行榜专家委员会第二次会议在杭州召开，会议通过无记名投票，通过15项竞赛新增列入2014-2018年高校竞赛排行榜，其中本科类竞赛12项，高职类竞赛3项，列入排行榜的竞赛项目从原来的“18+1”项转变为“30+4”项（具体竞赛名单请见表1）

表 1 评估纳入的竞赛名称一览表

序号	列入时间	竞赛名称	备注
1	2012-2016、2013-2017年排行榜列入	中国“互联网+”大学生创新创业大赛	
2		“挑战杯”全国大学生课外学术科技作品竞赛	
3		“挑战杯”中国大学生创业计划大赛	
4		ACM-ICPC 国际大学生程序设计竞赛	
5		全国大学生数学建模竞赛	
6		全国大学生电子设计竞赛	
7		全国大学生化学实验邀请赛	
8		全国高等医学院校大学生临床技能竞赛	
9		全国大学生机械创新设计大赛	
10		全国大学生结构设计竞赛	
11		全国大学生广告艺术大赛	
12		全国大学生智能汽车竞赛	
13		全国大学生交通科技大赛	
14		全国大学生电子商务“创新、创意及创业”挑战赛	
15		全国大学生节能减排社会实践与科技竞赛	
16		全国大学生工程训练综合能力竞赛	
17		全国大学生物流设计大赛	
18		“外研社杯”全国英语演讲大赛	
19		全国职业院校技能大赛	只纳入高职排行
20	2014-2018排行榜新增	全国大学生创新创业训练计划年会展示	
21		全国大学生机器人大赛 RoboMaster	
22		“西门子杯”中国智能制造挑战赛	
23		全国大学生化工设计竞赛	
24		全国大学生先进成图技术与产品信息建模创新大赛	
25		全国三维数字化创新设计大赛（大学生组）	
26		中国大学生计算机设计大赛	
27		全国大学生市场调查与分析大赛	
28		中国大学生服务外包创新创业大赛	
29		两岸新锐设计竞赛“华灿奖”	
30		长江钢琴·全国高校钢琴大赛	
31		中国高校计算机大赛-大数据挑战赛	
32		世界技能大赛	只纳入高职排行
33		世界技能大赛中国选拔赛	
34		全国大学生机器人大赛 RoboTac	

获将证书及学科竞赛排名

二、学校创新创业工作典型特色

（一）形成“分层管理、三位一体”工作机制，为创新创业教育工作保驾护航

深化创新创业教育改革，体制机制要先行。学校将创新创业教育工作作为重要工作来抓，为了破除体制机制障碍，构建协调联动机制，形成工作合力，做到组织到位、措施到位，学校成立了由校长任组长、分管副校长和副书记任副组长，教务部门牵头，学工、团委、宣传、科技、产业、人事、财务、资产等部门负责人和各学院院长为成员的创新创业工作领导小组，负责指导创新创业教育改革工作。各学院成立院长负责的工作组，建立稳定的教师指导团队和校内外创新创业实验室及实践基地，组织实施本学院大学生创新创业工作。创新创业工作领导小组的设立，有力保障了各项工作落到实处，避免流于形式。

学校设有创新创业学院，负责指导协调全校的创新创业教育工作。每个学院设置一个由

专任教师担任的创新创业岗位(科级),辅助完成创新创业学院布置的相关工作。每个班级设置一名创新创业委员,便于创新创业教育的具体开展。"学校、学院、班级"三位一体的工作机制,形成了创新创业教育工作层层有人抓、环环有人管的工作格局。

领导小组、专门机构、分层管理、三位一体,级级助推、上下联动,推动学校创新创业教育工作不断取得更大的实效。

(二)搭建"一园、一区、一基地"三大创新创业实践平台

"一园、一区、一基地"三大创新创业实践平台,是指国家大学科技园、国家级人才培养试验区、国家级高校学生科技创业实习基地。

1. 具有示范引领作用的"国家大学科技园"

近5年,入驻长春理工大学国家大学科技园的企业总计62家,毕业企业9家,在孵企业53家。园区企业销售收入总额12 000万元,提供就业岗位350个。园区企业承担的科技部和吉林省中小企业创新基金项目22项,获得资金资助超过500万元;累计承担企业委托技术开发、技术合作、设备改造和技术攻关项目96项,为地方企业解决了大量技术难题。近年来,吉林省重点支持"两所五校"的科技成果转化,长春理工大学是3所省属高校之一,首批入选的2个项目,获得基金资助3 000万元。科技园将学科、科研优势有效地转化为创新创业教育优势,通过学生创业、师生共创等方式,形成了大批的成功案例,2016—2018年注册公司100余个。

2. 创新效果突出的"国家级人才培养模式创新实验区"

学校在总结国内外研究型大学教育教学成功经验的基础上,于2005年成立了王大珩科学技术学院,依托优势特色学科对创新人才培养进行全面系统的探索。2007年,王大珩科学技术学院被确定为"国家级人才培养模式创新实验区"。2018年学校获批国家创新型人才国际合作培养项目高校。

坚持问题导向,将创新创业教育改革融入人才培养方案。2018版本科人才培养方案中,在课程教学方面,通识教育模块设置"创新创业"必选项,规定学生在校期间进行2~4学分理论学习,引进超星尔雅44门"创新创业"课程供全校学生学习,2018年参加学习的学生达到5 294人次。同时,将贯穿本科4年的"大学生就业指导"课程调整为"大学生创新创业指导",2018年获批吉林省创新创业教育示范课3门,更加有效地引导大学生创新创业意识的形成。实践教学方面,在2013版培养方案创新创业4学分基础上增加到6~8学分,进一步拓展更多的资源强化实践锻炼。现已构建完整创新创业课程体系,充分挖掘和有效利用社会资源,通过联合开设课程、指导学生、共建实践基地等方式加强创新创业人才培养。

通过一系列的创新训练与实践,学生的创新能力得到很大提高,现已成为学校各类学生创新竞赛的主力军。学校每年统一发布开展的科技创新活动、竞赛70余项,参加的学生超过10 000人,达到在校生人数的60%。竞赛活动项目数量、参与人数、获奖数量和级别均居省属高校首位。学生在各类科技活动和创新创业竞赛中成绩优异,近三年获国家特等奖30项、一等奖120项、二等奖499项、三等奖730项,省级奖1 397项,其中"互联网+"获省级以上奖65项、"挑战杯"获省级以上奖67项。学校在2018年全国普通高校学科竞赛评估结果(本科)

中位列第 50 位；2016 年获批吉林省深化创新创业教育改革示范高校，2017 年获批国家实践育人创新创业基地。

王大珩科学技术学院学生荣获国家级奖 300 人次、省级奖 500 人次。学院学生在理论课学习成绩、自主学习能力、实践能力、团队意识、创新思维能力、科研能力等方面的指标均显著高于其他学院学生；学院学生读研率超过 90%，其中进入“985”“211”高校和中国科学院大学的学生比例超过 80%。2018 年，学院电子学会荣获全国“小平科技创新团队”，并在人民大会堂接受中央领导的接见和嘉奖。

中央领导同志亲切接见第十一届中国青少年科技创新奖获奖学生

创新创业项目（意念翻书）

3. 校企深度协同的“国家级高校学生科技创业实习基地”

基地采取“政府指导、校府共建、两区联动、企业化运营”的模式，形成“强强联合，优势互补，共同发展”的格局。目前，基地内接收学生实习实训达 260 人次，其中创业实训达 150 余人次。

基地自成立以来共诞生大学生创业团队 38 个，其中 20 余个创业团队注册了企业，目前在孵创业企业有 21 家。创业项目涉及光电子、机械、IT、传媒、广告等多个领域，参与的学生达

300余人，经过孵化和培育，7项创新创业科技成果得以转化，大部分企业实现盈利，企业步入良好发展阶段。学校积极与世界500强企业和优势学科覆盖行业翘楚企业合作，从奖学金、预研课题、大创项目等产学研多维度联合培养学生，舜宇集团、海信集团、京东方集团等公司以及部分杰出校友先后为学校出资人民币近千万元，设立创新创业专项奖励基金，用于奖励和孵化学校创新创业优秀学生团队，企业资金和预研课题的注入，使学生的科创项目更加市场化、应用化，进一步从供给侧为双创活动指引方向。2018年，基地的学生自创科研项目"意念翻书"登上微博热搜，引发了全国广大学生对于人工智能的热烈讨论和思考。

（三）创新创业教育改革对就业工作产生实效

1. 助推"三稳定，一提高"

一是保持了升学率的基本稳定，近几年本科毕业生平均升学率保持在20%以上，2019届本科毕业生考研率达到28.38%，远超出全国非"211"本科院校平均水平；二是升学质量基本稳定，近三年升入"985"、"211"、科研院所和出国出境留学占比稳定在60%左右；三是保持了就业率基本稳定，每年毕业生年底就业率在90%以上，毕业落实比较充分；四是就业质量稳步提高，从就业城市看，进入一、二线城市及直辖市和全国经济前十名城市的毕业生逐年增多，反映出我校毕业生具有较强的就业竞争力；从薪资水平看，我校2015届毕业生的月收入水平（4 638元）比全国非"211"本科院校（3 907元）高731元，反映出我校毕业生具有较强的就业竞争力；从就业稳定性上看，我校毕业生的离职率（22%）低于全国非"211"本科院校（26%），说明毕业生的就业稳定性较强，同时也是毕业生初次就业质量较高的一种反映。

2. 传承"两个鲜明特色"

一是光电特色鲜明。光电专业一直是我校的传统特色专业，光电行业一直是我校毕业生就业的重要领域。近5年，进入光电行业就业的学生约2 700人，占就业毕业生总数的24%左右，符合学校"充分发挥光电专业优势，立足光电行业"的培养特色；二是国防特色鲜明。国防系统一直是我校就业的重要领域，2017届毕业生中，有76名优秀的空军定向国防生直接服务于国防建设，其他进入国防及相关企业的毕业生202人，占就业毕业生的11.52%。近5年共为国防系统输送毕业生1 400余名。

3. 达到"两个较高满意度"

在近年来学校开展的毕业生满意度和用人单位满意度调查中两项满意度均达到了90%；在2018年麦可思第三方调查环节，我校毕业生满意率和用人单位满意率得分为63.00分和77.47分，比当年全国省属高校平均分分别高出1.45分和3.08分。

（四）社会影响

2018年成功承办"第四届吉林省"互联网＋"大学生创新创业大赛"，学校参赛项目478个，直接参与人数达2 390人（最终获得国赛铜奖5项，省赛金奖7项、银奖9项、铜奖10项，金奖数量及获奖总数均位居全省高校首位，为学校的创新创业教育氛围形成起到了有力的助推作用。

学校创新创业实践教学建设与改革受到媒体的广泛关注，《中国教育报》、《光明日报》、《中国青年报》、《科学时报》、《吉林日报》、中国教育在线、吉林电视台、吉林教育电视台等多家媒体进行了报道和宣传，得到社会各界积极的反响。创新创业教育改革与实践，促进了人才培养质量和就业质量的提高，毕业生受到社会广泛认可和行业的青睐，学校被教育部评为“全国就业工作典型经验高校”，被航天科技集团授予“航天人才突出贡献奖”。

吉林省省长景俊海视察我校学生科创项目

立足学科专业 面向产业行业
构建“三融合三平台”创新创业人才培养新机制

——长春中医药大学

长春中医药大学是吉林省省属重点大学，是吉林省人民政府和国家中医药管理局共建高校，是国家首批中西部高校基础能力建设工程高校。

一、学校概况

长春中医药大学始建于 1958 年，是一所以中医药学科为主，医、工、管、法、文等学科协调发展的应用研究型大学。学校具有培养学士、硕士、博士和博士后的完善教育体系，有本科专业 22 个，全日制在校生 12 335 人。经过 60 多年的建设和发展，学校形成了“坚持以中医药学科为主体，走学研产相结合之路，主动服务地方经济建设和社会发展”的办学特色。

多年来，学校认真贯彻落实党和国家关于深化创新创业教育改革的总体要求，主动适应健康服务业和吉林省地方经济社会发展需求，充分发挥中医药学科优势，以建设“创新长中大”的目标，实施创新创业工作“一把手”工程，成立了由校长担任院长的创新创业学院，经过多年探索和实践，建立了必修课、选修课、慕课、网络通识课（34 门，908 学时，52.5 学分）相结合的创新创业课程体系，打造了“实训有保障，实践有基地，运行有机制，考核有标准，活动有记载”的递进式创新创业实践平台体系，构建了“全程指导—竞赛选拔—支持保障—项目孵化—精准帮扶”的一体化创新创业指导服务体系，形成了“三融合三平台”的科学化创新创业教育工作格局。

二、学校创新创业工作典型特色

（一）思创融合，搭建思想文化建设平台，铸就学生创新创业精神品质

学校始终以立德树人为根本，实施“杏林青马工程”“中华优秀传统文化滋养工程”“三服务三提升工程”，思创融合，在艰苦奋斗中锤炼学生意志品质，在创新创业中增长智慧才干。

1. 实施杏林青马工程，铸魂树人

创新大学生思想政治教育，实施杏林青马工程，通过开展“五行计划”（理论导航“金”计划、文化滋养“土”计划、实践淬炼“火”计划、导师引领“水”计划、自我提升“木”计划），培养学生骨干，以点带面，示范引领，切实将思想政治教育贯穿创新创业教育全过程。三年来，举办专题报告会 80 余场，开展赴井冈山、延安革命传统教育 30 次，参与学生 5 000 余人次，坚定了学生的理想信念，磨炼了学生干事创业的意志品质和艰苦奋斗精神。

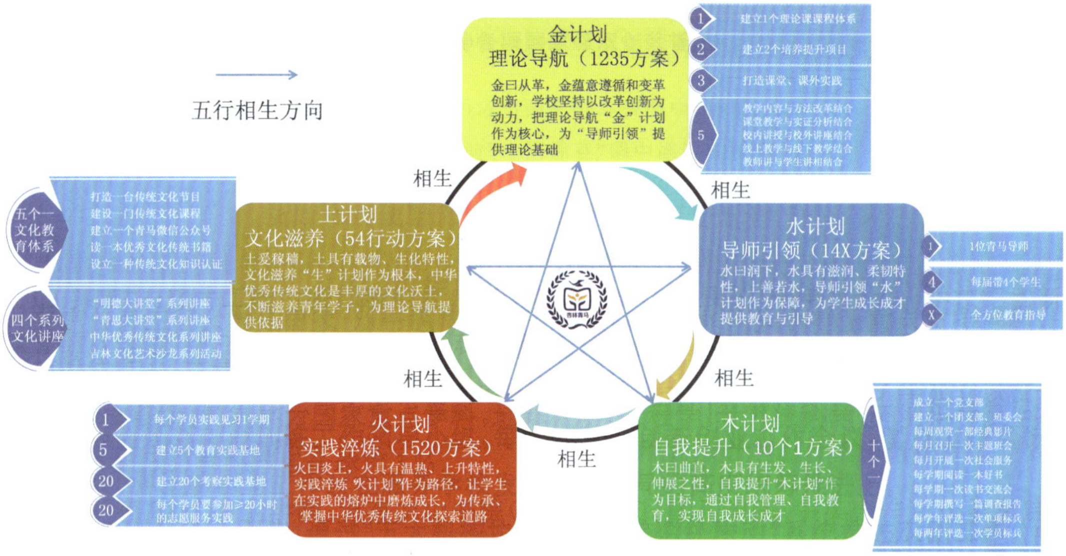

五行人才模式图

2. 实施中华优秀传统文化滋养工程，以文化人

学校开设中国传统文化概论必修课，实施“优秀传统文化学习认证制度”，举办知识竞赛，开展“中医经典千人诵”“黄帝内经千人诵”等特色品牌活动，建设了吉林省中医药博物馆、国医堂、五运六气馆等文化教育基地，开展“中医药文化＋创业”教育，推动优秀传统文化融入“双创”教育，让传统文化成为学校发展和人才培养的鲜亮底色，培养爱国奉献、严谨敬业、诚实守信、情理兼修、勇于担当、具有深厚文化底蕴的高等中医药人才。

3. 开展“三服务三提升”工程，服务育人

走进师生，服务学校内涵发展；走进社区，服务人民群众健康和文化提升；走进医药企业，服务区域经济产业发展。组建 100 个师生志愿服务团队，对接 100 个社区开展中医特色志愿

服务，年服务群众 11 000 余人次；组建“中药兴农”大学生“青年红色筑梦之旅”团队，开展中药种植精准扶贫项目，105 户实现脱贫致富，提升了大学生的服务意识、奉献精神和社会责任感。项目团队获第四届中国“互联网＋”大赛“青红”赛事银奖。

学校“中药兴农——拓宽农民致富路”项目
获得第四届中国“互联网＋”创新创业大赛银奖

通过实施“三大工程”，将思想政治教育融入到创新创业教育当中，构建了价值导向体系，将“坚定信念、诚实守信、勇于担当、敬业奉献、艰苦奋斗、追求卓越”等价值观植入到学生创新创业培育过程中，收到了思想政治教育与创新创业教育双促进双融合的良好效果。涌现出省十大创业先锋、省十佳大学生、吉林好人标兵、乐于助人等一批先进典型。原全国人大常委会副委员长陈至立，中国关工委主任顾秀莲，教育部关工委主任李卫红，吉林省领导高广滨、王晓萍、安立佳等来校视察。学校在教育部高校思想政治工作会议上介绍经验，承办教育部青马工程经验交流现场会。

（二）科创融合，打造成果转化平台，助力地方医药健康产业发展

吉林省是中医药大省，以中医药为主的医药健康产业是吉林省支柱产业，中药产值连续多年位列全国第一。建校以来，学校始终坚持发挥科技优势，打造成果转化平台，助力地方医药健康产业发展。

1. 夯实科技攻关平台，解决制约产业瓶颈问题

学校有教育部重点实验室、国家地方联合工程研究中心等 71 个省部级以上科研平台、省校共建吉林省人参科学研究院，建有三个院士工作站，是“973”计划项目、科技部重大新药创制专项、国家重点研发计划项目的牵头单位。牵头完成了“人参食用安全性评价”和“人参检测新方法”的科研攻关，解决了人参不能进入食品、人参无损检测、农药残留监测等制约产业发展的瓶颈问题，研制人参系列产品 20 余种，产值达 3.8 亿元，获省科技进步一等奖。牵头完成“吉林省中药资源保护利用”项目，填补了吉林省 34 年未系统开展中药资源普查的空白，累计指导

中药材生产 19 000 亩，建立种子种苗繁育基地 14126 亩，实现直接经济产值 1.7 亿元，带动 3 700 户农民脱贫致富。

2. 建设校企合作平台，增强科技成果转化实力

围绕人参千亿产业带和中医药大健康产业建设，探索“企业需求＋高校研究”运行模式，产学研结合，研发镇脑宁、肺宁颗粒、颈痛灵等新药，累计产值 90 余亿元，其中“镇脑宁”累计创造产值超过 30 亿元，“肺宁口服液”成为吉林省 2013 年医药企业中第一个产值过 10 亿的重要大品种。与修正药业、吉林敖东等 50 余家医药企业签订合作协议、设立创新创业专项基金。

3. 搭建师生共创平台，积极投身创业实践

学校出台《专业技术人员离岗创业管理办法》《科技成果转化管理办法》等文件，调动师生创新创业积极性。第三、四届中国“互联网＋”大学生创新创业大赛铜奖项目“五人创——时代背景下的中医系统减肥”和“祥昱堂共享诊所”均已创业经营，年营收均在 200 万元以上，发展趋势良好。王富春教授牵头的师生共创项目，开发出艾络康系列穴贴，获得 5 项国家专利，产品实现了网络运营和线下销售，受益患者达 18 万人次。

（三）专创融合，构建实践平台体系，提升学生创新实践能力

学校始终坚持创新创业教育与专业教育的融合，结合中医药学科专业特点，着重建设实践平台体系，发挥其在创新创业型人才培养中的作用。

1. 搭建创新创业实践平台

一是建立实践教学平台。依托“两大平台四大模块”（课程实验实训平台和毕业实习实践基地平台；实验实训模块、课间实习见习模块、实践小学期模块和临床实习实践模块），7 个教学实验实训中心，192 个专业实验实训室，106 个校外实习实训基地，做到实践有平台，实训有岗位，实习有保障。二是建立第二课堂实践平台。实施“第二课堂成绩单”制度，落实创新创业培养 6 学分。2018 年以来，共有 19 669 人次学生获得创新创业 7 100.4 学分，组建大学生创新创业协会、KAB 俱乐部等学术及创新创业类社团 18 个，注册会员 2 695 人。三是建立大学生创新创业训练计划项目平台。组织实施国家级、省级大学生创新创业训练项目，三年来，共立项省级以上 492 项，其中国家级 160 项，参与学生 2 500 余人。四是建立学科科研平台。依托 156 个科研平台，培养学生的创新能力。五是建立创新创业竞赛平台。构建校院两级竞赛体系，常态化开展校级“互联网＋”“挑战杯”“创青春”等大赛，组织学生参加省级、国家级大赛。六是建立创业孵化平台。建设 2 个大学生创业孵化基地、1 个创新创业实训中心、1 个杏林创客空间、1 个中苑创客工坊，建筑面积达 7 000 平方米，入驻孵化创业企业（项目）40 个。

2. 健全实践平台运行机制

一是实践课程化。按照课程建设要素，明确实践项目培养目标、项目内容、考核标准。二是活动项目化。按照项目化运行模式，开展大学生创新创业训练计划项目、长中学子学术支持计划、大学生学术研讨会等。三是考核学分化。设立人才培养课外学分、奖励学分并实现学分积累转换。四是竞赛激励化，设立创新创业奖学金，制定高水平学科竞赛奖励办法，激发师生创新创业的热情。

创新创业基地

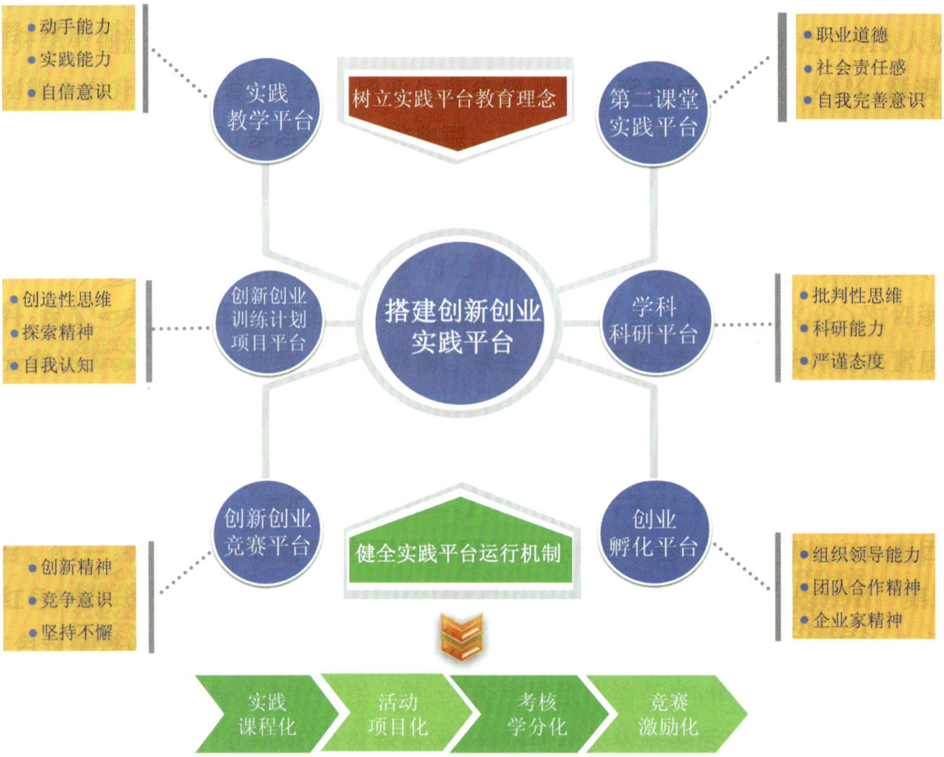

搭建创新创业实践平台

三、学校创新创业工作成效

三年来，学生创新创业能力显著提升，在国家级、省级创新创业竞赛中，获得省级以上奖励 146 项。其中国家级 32 项，获“互联网＋”“挑战杯”“创青春”等全国重要赛事银奖 1 项，铜奖 10 项；在第五届吉林省“互联网＋”创新创业大赛中，获得金奖数、总获奖数双第一，获得奖项等级、数量在省属院校和同类院校中均处于领先水平；在第四届全国大学生生命科学创新创业大赛中，我校参赛项目“参秀——用科技护肤”获特等奖并被直推参加第五届中国“互联网＋”大学生创新创业大赛决赛；我校学生撰写的论文入选第九届全国大学生创新创业年会并做学术交流。在首届全国中医药高等院校创新创业大赛中，获得奖励级别和获奖总数均位居行业院校前 3 名，并被推荐为第二届行业院校大赛承办校。

学校先后获评全国毕业生就业典型经验高校、全国大学生 KAB 创业教育基地、吉林省第三批双创示范基地和吉林省高校创新创业教育改革示范基地。

奖 牌

四位一体 协同创新
培育国际化商科创新创业人才

——上海对外经贸大学

一、学校概况

上海对外经贸大学创建于 1960 年，是商务部前身原国家对外贸易经济合作部直属本科高校。1994 年，划归上海市人民政府管理。2006 年，在教育部本科教学工作水平评估中获得优秀。2009 年，成为世界贸易组织（WTO）总部选定的世界首批、中国唯一的 WTO 教席院校。2013 年，由上海对外贸易学院更名为上海对外经贸大学。目前，学校全日制在校生 13 000 余人，其中本科生 9 000 余人，硕士研究生近 3 000 人，留学生近 1 000 人。

学校坚持“立德树人”根本任务，以“具备在经济全球化条件下从事国际经济贸易事业的基础理论知识和实践能力、创新创业精神和国际视野、社会责任意识和职业素养，德智体美劳全面发展的高素质专门人才”为人才培养目标。历任校长都有这样一个理念：高校不仅要为社会培养就业岗位的竞争者，更要为社会培养就业岗位的创造者。建校以来，历届毕业生创业带动就业人数已超过毕业生总数。

近年来，学校毕业生就业质量不断提升，呈现出“三高三强”的特点，即就业率高、就业质量高、就业满意度高，专业能力强、沟通能力强、实践能力强。2018 年，iPIN（爱拼网）发布的《2018 全国大学薪酬排行榜》显示，上海对外经贸大学毕业生毕业五年后月薪位列全国第 14 名，财经类高校位列第 3 名，竞争力排位第 4 名，就业综合排位第 6 名。2016 年，在“中国大学创业竞争力评级 2015”中名列创业教育全国排名第 3，竞争力评级为 AAA 极强。2017 年在《高校团学创业促进工作百强榜单》中，创业教育全国排名第 7，在上海排名第 1。创业校友郑一、陈粒分别被评为 2018 福布斯中国 30 位 30 岁以下企业科技、音乐行业精英，周强荣获 2017 EFG 全球创业周创业之星、松江区首批创业英才称号，任向晖入选湖畔大学首期学员。

学校是国内较早开展创新创业教育的高校之一，是教育部首届高校创业教育指导委员会成员单位。建有教育部、财政部支持的国家级人才培养模式创新实验区——本科大学生创业教育基地、团中央 KAB 创业教育基地、上海市大学生科技创业分基金会、上海高校毕业生就业工作创新基地、上海高校毕业生就业创业工作孵化基地和示范基地、上海市高校创业指导站、上海市大学生文创实践基地，是联合国教科文组织中国创业教育联盟创始理事单位、国家级大学生创新创业训练计划实施高校、全国创新创业典型经验高校、全国高校创业教育研究与实践先进单位、全国财经高校创新创业联盟理事单位、上海高校创业教育教学指导协作组副组长单位、上海大学生创新创业训练计划示范校。

二、学校创新创业教育工作特色

（一）统筹创新——形成协同联动的创新创业工作格局

学校党政领导高度重视创新创业工作，始终将其放在服务学校发展和上海“五个中心”建设战略全局的高度统筹推进，全面落实“一把手”工程。2015 年 12 月，学校深化综合改革方案（2015—2020 年）中将“着力培养学生创新创业意识和能力，创新德育教育体系；以创新创业教育为抓手，创新本科人才培养模式；夯实创新创业教育基地建设”分别列为三项重点任务改革措施。2016 年，成立了由校党委书记、校长担任组长的创新创业教育工作领导小组，分管副书记、副校长担任副组长，全面负责创新创业工作的开展。校党委、常委会和校长办公会每学期

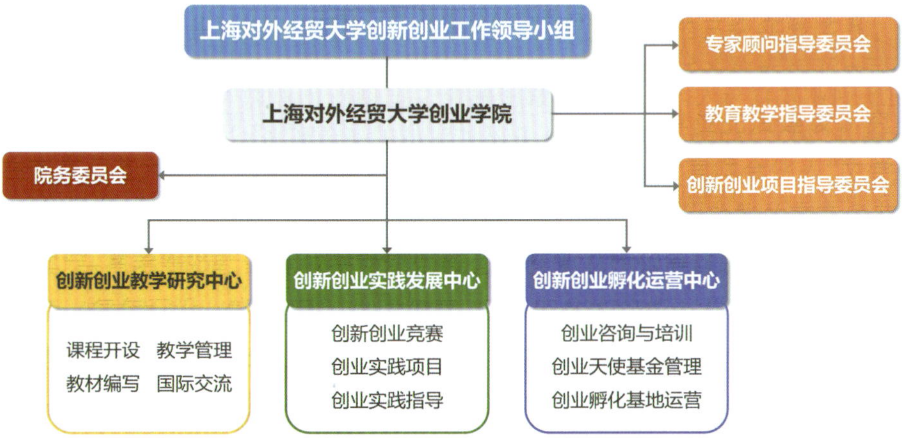

上海对外经贸大学创新创业工作组织架构图

都要研究部署创新创业教育工作，并将该工作列入年度工作计划和学校“十三五”改革与发展规划十大主要任务之一，逐步形成了“领导主抓、部门统筹、上下联动、全员参与”的协同联动创新创业工作格局。

学校于2016年1月正式成立创业学院，统筹规划、有效推进全校创新创业工作。院长由分管学生工作的校党委副书记、副校长担任，下设四个委员会和三个中心，建立了学生处、教务处、团委、工商管理学院、科研处、研究生院等多部门、多平台协同育人的联动协同机制。

（二）融合式育人生态创新——打造“四位一体”的国际化商科创新创业人才培养生态系统

经过多年的育人实践，学校已构建起“四位一体”的国际化商科创新创业人才培养生态系统。

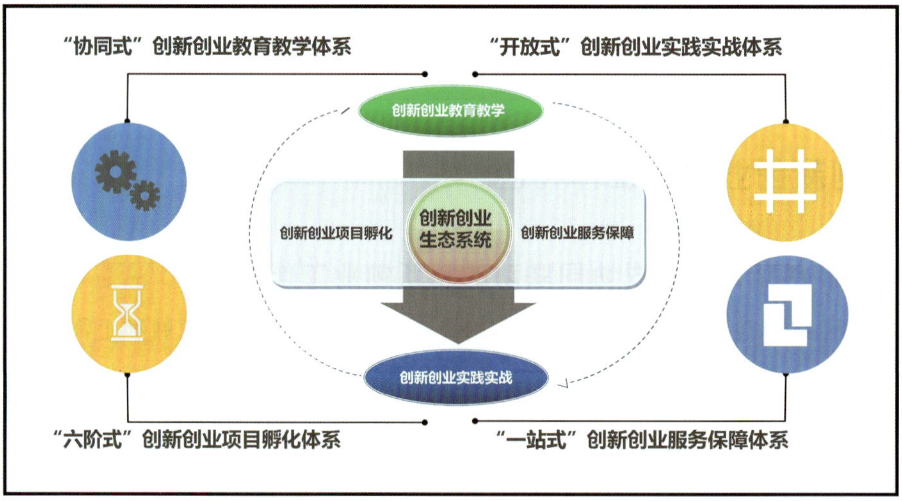

上海对外经贸大学“四位一体”的国际化商科创新创业人才培养生态系统

1. “协同式”创新创业教育教学

① 制定“专业融入式”人才培养方案，将创新创业教育融入国际化商科创新人才培养全过程，实现创新创业教育与人才培养定位紧密融合。把创新创业教育和实践课程纳入必修课体系，将创新精神、创业意识和创新创业能力作为评价人才培养质量的重要指标，并制定了13个相关管理文件。

② 构建全覆盖的“通识＋专业＋跨界”国际化商科创新创业课程体系，实现创新创业教育与专业教育有机地融合。在专业课程教学中融入创新创业元素，彰显“两化两型”（国际化、精品化、创新型、应用型）的专业特色。

③ 建设结构合理、专兼结合、国际化、多元化的创新创业师资队伍，实现创新创业师资团队多元融合。拥有一支包含专业课教师、创业课程专业教师、创新创业项目导师、客座教师、海外创新创业导师在内的师资队伍，总计600余人，聘请136位兼职导师。

2. “开放式”创新创业实践实战

① 从实验教学到创客空间，从社区到校内外，构建全面开放的国际化商科创新创业实践平台。

建有各级各类实验实践教学平台，65个实验室均面向课程、面向全体学生开放，同时通过校外辅修的方式向上海市松江大学城其他高校的学生开放。校外建有中国（上海）创业者公共实训基地等各类创业孵化、实训及实践基地55个。

建有1 471平方米的“学生创业中心”创业苗圃、1 451平方米的“古北620”创业孵化基地、456平方米的“文汇141”和“创享家”创业咖啡，实现“学生在哪里，创新创业服务平台就延伸到哪里”的零距离服务。

② 整合外部资源开放办教育，建立与政府、社会、行业、企业协同合作长效机制。

全面参与松江区和长宁区创新创业型城区建设，区校共建创业指导站；举办6期长宁区创业训练营，4届长宁区青年大学生“互联网＋”创新创业大赛，14届松江大学园区创业大赛，其中“饿了么”曾是第六届松江大学园区创业大赛专业组季军。

上海对外经贸大学第十届松江大学园区创业大赛开幕式

3. “六阶式”创新创业项目孵化

根据项目的生成特点，第一阶段，开展普及性的创新创业通识课程和沙龙；第二阶段，立项资助各级各类大学生创新创业训练计划项目；第三阶段，举办各级各类创新创业大赛；第四阶段，举办“博实班”等高级特训班；第五阶段，到“学生创业中心”创业苗圃实战；第六阶段，到“古北620”创业孵化基地孵化。

4. “一站式”创新创业服务保障

注重营造浸润式创业文化，开展创业课程、赛事、咨询、网站杂志、特训班、国际交流、社团、苗圃、孵化基地、指导站、基金会、传媒等全方位一站式创新创业指导服务。成立创新创业相关社团22个。打造全媒体创新创业宣传平台，建有创业学院及创业基金会网站、上海对外经贸大学创业学院和“古北620”微信公众号，出版《创享》杂志。

（三）实践创新——形成了多个创新创业教育实践特色品牌

① 服务国家和上海发展战略，打造以“博实”国际商业创新创业精英人才特训班为主体的国际化商科创业实训平台群。自 2017 年以来，我校围绕国家创新驱动发展战略、“一带一路”倡议、中国国际进口博览会重大举措和上海市“全球科创中心”、自贸区扩区建设，探索国际商业创新创业精英人才培养模式，联合上海市大学生科技创业基金会、上海阿里巴巴创新中心，面向包含“一带一路”沿线国家在内的具有强烈创业意愿的创业学生，以培养具备核心竞争力的城市创新服务型创业者为目标，每年定期开展为期一年的博实班，形成了国际化、实战化、协同式、浸润式示范性特色。目前，“博实班”已举办 3 期，共有来自“一带一路”沿线等 16 个国家、国内外 14 所高校的近 120 名学员参与；已成功孵化创业公司 20 家，创业实践项目 30 个。“博实班”实现了课程思政育人的最后一公里。

上海对外经贸大学第三期“博实”国际商业创新创业精英人才特训班

② 服务大虹桥国际商务核心区建设，打造“一轴三维四翼”创新创业服务平台——“古北 620”创业孵化基地。“古北 620”创业孵化基地聚焦国际化和城市创新服务，充分整合学科专业优势、政府导向政策、企业创新要素、社会各方资源，面向社会开放提供 200 多个办公工位，成功孵化企业（项目）46 家，在驻 29 家，设立众创区、初创区、加速区、示范区，打造“一轴三维四翼”的创新创业扶持服务平台。

③ 服务学生成长成才，聚焦社区创新，打造学生宿舍与创新创业实践、创新创业文化的有机融合，呈现出独具学校国际化商科的社区创业文化特色。充分发挥学生宿舍、餐厅等主体生活区优势，打造学生创业中心、“文汇 141”创业咖啡以及“梦享家”、“创享家”等社区空间。通过创业模拟实战、创业实训实践、各类创业大赛等丰富多彩的实践活动，创新创业孵化基地、创

客空间营造了双创的小环境。而社区双创文化的塑造也融入了生活、融入了社会、融入了梦想的创新创业文化。

上海对外经贸大学“古北 620”创业孵化基地

构建“333”体系 实现“三融四联”
深化“双一流”林科高校创新创业人才培养

——南京林业大学

南京林业大学坐落于风景秀丽的紫金山麓、碧波荡漾的玄武湖畔，是中央与地方共建的省属重点高校，是我国近代林业高等教育的重要发祥地，是全国首批具有博士和硕士学位整体授予权高校，国家“双一流”建设高校。近年来，学校不断深化创新创业教育改革，通过建立“333 大学生创新创业培养体系”，实施创新创业教育与专业教育、思想政治教育、生态文明教育“三融合”工程，实施专业设置、招生、人才培养、就业创业“四个联动”，确保创新创业机构、人员、场所、经费“四个到位”。学校先后获得“全国高校实践育人创新创业基地”成员单位、“全国毕业生就业工作典型经验高校”、江苏省大学生创新创业示范基地、南京市“双创”竞赛立功先进单位等多项荣誉称号。创新创业工作形成良好的推广示范效应。

一、创新创业工作保障到位

（一）组织领导有力

学校实施创新创业教育“一把手”工程。成立由校长任组长、分管校领导担任副组长的“大学生创新创业教育工作领导小组”，制定《关于加强大学生创新创业教育的实施意见》，每学期在党委全委会、常委会和中层干部大会上开展专题研究和部署。学校把创新创业工作列入重点工作，将创新创业工作放在服务学校发展战略全局的高度，做好顶层设计，实施部门年度目标考核和个人绩效考核制度，统筹各类资源，协调推进创新创业工作。

（二）工作机制健全

学校实施创新创业教育与专业教育、思想政治教育、生态文明教育“三融合”工程，以及专业设置、招生、人才培养、就业创业“四个联动”，确保创新创业机构、人员、场所、经费“四个到位”。成立了创新创业学院，统筹协调大学生创新创业教育与实践。建立了就业、创业、教学、学生、团委、科研等部门齐抓共管的就业创业工作联动协调机制。

二、创新创业教育特色鲜明

（一）构建了富有特色的“333”大学生创新创业培养体系

学校加强顶层设计，构建了“333”大学生创新创业培养体系，把创新创业教育纳入人才培养方案，强化创新创业学分，将创新创业教育融入人才培养全过程。

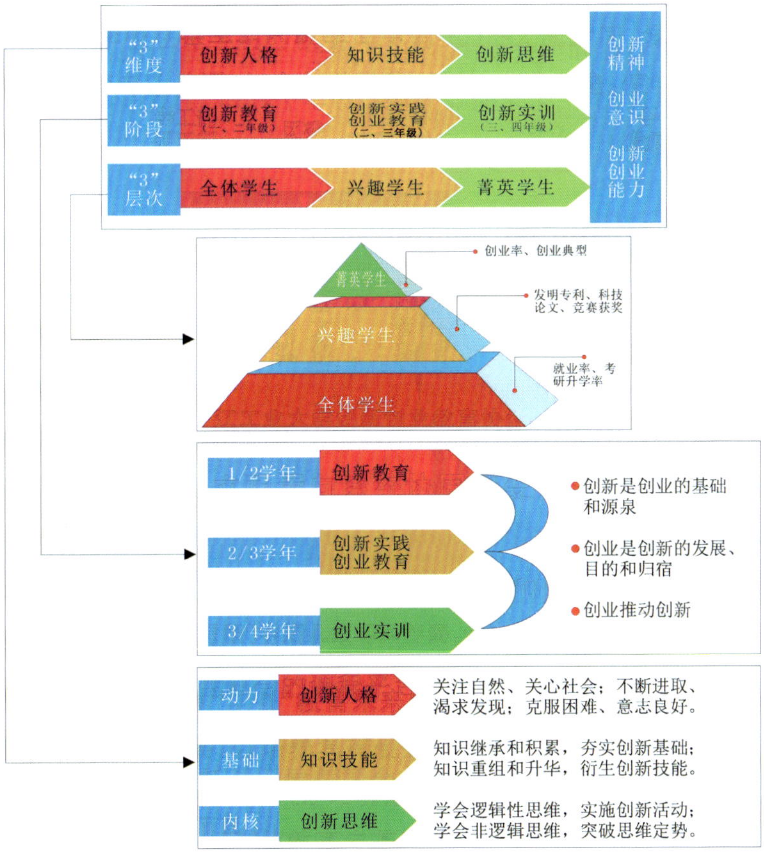

“333”大学生创新创业培养体系

（二）加大创新创业课程建设力度

分层分类上好创新创业启蒙课、实践课、专业课。一是在创新创业教育课程建设、在线课程学分认定等方面做出规定。二是开设创新创业教育慕课、视频公开课等在线开放课程，建设了“必修＋选修”“线上＋线下”的课程体系，编写了专门教材，必修课 3 门，选修课 6 门。三是编写了一批高质量的创新创业教育教材和案例库。培养和锻炼了一支专业性强的教师团队，共出版校本教材 6 部，收集案例 200 多个。

（三）建立了与创新创业教育相适应的教学管理制度

建立创新创业学分转换制度并取得成效。制定《本科生创新创业学分转换实施办法（试行）》；建立弹性学制，允许学生休学创业，并有详细的跨专业培养创新创业人才的制度细则；构建创新创业奖学金和相应的奖励机制，鼓励学生开展创新实验、发表论文、申请专利和自主创业，建立了学生参加创新创业档案和成绩记载系统。在全校范围开展“创新创业教育思想大讨论”，触动教师转变传统教学观念和方式，实现师生良性互动。

（四）创新创业教育师资队伍不断加强

建立了稳定专业的创新创业师资队伍，积极开展创新创业培训。目前校内有创新创业导师 65 人，校外导师 23 人。定期维护“就业创业指导导师”专家库；主动研究大学生双创的新政策、新需求、新特点，尊重创新和创业规律，广泛汇聚整合资源，着力构建常态化、有形化的教研交流；成立了学生职业发展协会、未来企业家协会等学生社团，定期邀请优秀企业家、专家开展企业经营管理、企业文化讲座。

三、创新创业实践注重实效

（一）平台建设日臻完善

一是开放实验平台。学校开放现代分析测试中心、教学科研基地、国家级虚拟仿真实验教学中心、专业实验室以及图书馆等平台设施，为师生创新创业服务。二是拓展实践平台。学校制定了创新创业基地建设发展规划方案（2017—2021）。完善了水杉大学生创业园建设，与镇江句容市联合创办大学生创业园句容分园；完成了水杉大学生创业园、江宁工程培训中心等场地条件的优化；实施大学生活动中心建设，全面提升大学生创新创业平台，形成一批具有一定品牌和较大影响力的大学生创新创业项目。三是建设网络平台。学校建设线上活跃、互动频繁、联系密切的大学生创新人才和创业人才社群，打造了“创新创业服务网”“森途学院”“投智圈-创新创业综合管理平台”三大创新创业网络平台。

（二）创新创业活动注重实效

① 实施“十百千万”工程，即评选“十佳”创业典型，举办“十佳”创业典型报告会，探索从“精英式”到“普惠式”项目培育体系，厚植参赛土壤；水杉大学生创业园共有 150 多个团队入驻孵化；对千名有创业意向的学生进行专项培训；通过“创业基础课”让万名学生树立创新创业意识。

② 构建起“省校共建创新中心”“校企共建实践基地”“创业导师进校园”“创业团队走进创

新型企业”创新创业实践链条，不断拓展创新创业实践内涵。

③ 连续三年举行涉农专业毕业生创新创业培训，2 000 多名毕业生获得江苏省农业委员会和江苏省教育厅联合颁发的“农业职业技能培训合格证书”。

④ 连续三年举行 GYB 和 SYB 培训，1 041 名同学获得南京市人社局颁发的培训结业证书，百余名同学获得大学生创业证书。

⑤ 积极开展科技创新成果展、科技嘉年华、创业导师进校园、创业沙龙、创业集市等活动，提升大学生经营管理水平和决策能力。

⑥ 成立大学生创新创业协会、未来企业家协会等学生社团，通过“网络＋沙龙＋论坛＋展示会”等形式，定期举办创新实践成果展示会及优秀项目成果报告会等活动，传播创新创业精神。

⑦ 积极组织实施大学生创新创业训练计划，近三年来，学校累计投入 600 多万元，评审立项大学生创新训练计划项目、大学生创业训练项目共 1847 项；截至 2018 年 12 月，学校 PU 平台总人数 24 502 人，在线人数 24 055 人，累计开展学术创新、实习创业类活动 206 次，参加活动 5 204 人次。学生参加创新创业活动覆盖面超过 90%。

⑧ 积极组织、参加各类创新创业大赛，自 2012 年起共举办七届创新创业校赛，参赛项目累计达 1 508 项，直接参与大学生超过 8 000 人。近三年，学校累计组织 1 500 余支团队参加“挑战杯”“创青春”“互联网＋”大赛。

四、创新创业指导服务满意度高

① 建立了较为完善的创新创业指导服务体系。大学生创业园设有江苏省、南京市创业指导站，与专业孵化公司合作，为自主创业的学生提供项目论证、公司注册、财务管理等一站式服务。学校是第二批南京市大学生创业注册、纳税、融资绿色通道服务单位，截至 2019 年 4 月，有十余个大学生创业项目取得融资贷款 238 万元，融资笔数、金额位于南京市高校前列。

② 制定了《南京林业大学水杉大学生创业园项目管理办法（试行）》等创业园管理规章制度；创立了“入驻—孵化—退出”“三段式”创业项目孵化模式，形成了“进出有序，孵化重质”的大学生创业园管理方法。

五、创新创业工作成效突出

近三年来，获得省级二等奖、国家级三等奖以上各类创新创业大赛奖项 2 300 余项。其中，在“挑战杯”“创青春”大赛中，共获得国家级奖项 7 项，其中银奖 1 项。2019 年在“挑战杯”省赛中获特等奖 3 项、一等奖 1 项，3 件作品被推荐参加国赛；2018 年、2019 年在全国大学生英语竞赛中分别获得特等奖 24 项、30 项。2018 年在全国大学生数学建模竞赛中，4 支团队获得二等奖；在第五届江苏省“互联网＋”大学生创新创业大赛中，1 个项目晋级国赛，2 个项目获得省赛一等奖。

近三年来，学校涌现出一批大学生成功创业的典型，受到国家级、省市级多家媒体的数百次报道。在学校组织的“感动南林人物”“十佳大学生”大型品牌活动中，每次都有创新创业典型人物入选。此外，学校还专门开展十佳创业典型评选活动。创新创业典型在人才培养中的榜样示范作用得到彰显。

全国高校创新创业总结宣传工作第十五调研专家组来校全面考察后认为，学校对创新创业工作高度重视，体制机制健全、服务保障到位；双创理念先进，政治站位高，成效特色突出；林科特色鲜明，学校构建的“333”体系和“三融四联”模式，逐步建立了地方林科高校创新创业人才培养路径，具有典型的示范效应；制度保障得力，顶层设计科学，规章制度健全，全校师生员工投身创新创业教育实践热情高涨，为全校创新创业事业提供了发展的沃土。

协同育人 文化引领 平台支撑 竞赛助推 全面提升大学生创新创业能力

——南京信息工程大学

南京信息工程大学是国家“双一流”建设高校，是江苏高水平大学建设重点支持高校。学校办学特色鲜明，大气科学入选国家“双一流”建设学科，在教育部一级学科评估中蝉联全国第一，获评A+等级，气象学为国家重点学科，地球科学、工程学、计算机科学、环境科学及生态学4个学科跻身ESI学科排名全球前1%。

学校现有22个专业学院，设有龙山书院（大类培养）、雷丁学院（中英合作）、长望学院（拔尖培养）、藕舫学院（创新创业）等高水平办学机构。拥有大气科学、环境科学与工程、信息与通信工程、管理科学与工程、数学、科学技术史6个一级学科博士学位授权点，22个一级学科硕士学位授权点，13个硕士专业学位授权点，68个本科专业分布于理、工、文、管、经、法、农、艺8个学科领域，设有博士后科研流动站。

学校一贯重视大学生创新创业教育工作，坚持面向全体学生，以“藕舫学院（创新创业学院）”建设为引领，以“1+1+N”双创平台建设为载体，构建立体化创新创业教育体系和学科竞赛体系；以分层分类为手段，建设模块化的创新创业课程体系；以协同共建为机制，打造开放共享的创新创业实践平台；以产教融合为依托，建设“政企行校”协同育人双创导师队伍；以高教改革为契机，将双创教育融入人才培养全过程。学校获全国首批深化创新创业教育改革示范高校、全国毕业生就业典型经验高校、国家级众创空间、江苏省大学生创新创业实践教育中心、江苏省大学生创新创业示范基地等荣誉称号。学生获得中国“互联网+”大学生创新创业大赛金奖、全国大学生数学建模竞赛一等奖及本科组"高教社杯"大奖、美国大学生数学建模竞赛特等奖、"挑战杯"竞赛全国特等奖等大赛荣誉。

一、以服务行业为根基，拓展创新创业实践空间

（一）对接行业需求，带动创新创业人才培养

近年来，南京信息工程大学传承建校之初服务国家战略与行业发展的优良传统，以大气科学一流学科为基础，聚焦国家、江苏省、南京市产业发展需求，打造一批高水平的科技创新平台，为地方经济、社会发展做出应有贡献的同时，带动学校创新创业人才培养工作。

学校与南京市江北新区牵头建设"中国气象谷"科技园区，以培育气象科技产业、加速气象服务应用的聚集地和辐射源为目标，致力于打造战略性新兴产业创新成果转化平台，实现气象科技政产学研用的紧密结合，形成培育创新和加速气象服务企业发展的聚集地，力争成为中国气象自主创新和服务创新创业人才培养于一体的典范。

"中国气象谷"科技园区与入驻企业签约

（二）坚持协同合作，搭建双创实践平台

学校坚持"合纵连横"发展战略，与南京江北新区等政产学研单位开展合作，引进产教融合资源服务大学生双创教育，协同推进大学生创新创业项目孵化和实践实习，目前已建立30多个校外创新创业实践基地。

① 深化校企合作。学校与航天宏图、中科三清、象辑知源等众多单位签署合作协议，实行智力交换、互利共赢，将校外双创资源引进来，启动建设"中国气象谷"系列工程（"1960街区""创新创业街区"等），打造环南信大知识经济圈，实现四区（校区、园区、社区、景区）融合，激活创新创业文化氛围，助力优势创新创业项目孵化与推广。

② 建立校企研究院。与华风集团、墨迹天气等 11 家国内知名企业联合成立校企研究院，实现“校企互联互通”深度融合，强化学生实践教学环节，以充分发挥校企双方在学科、人才、技术和市场等方面的优势，建立长期战略伙伴关系，成为培育学生创新创业思维的高端平台。

③ 共建校地研究院。与无锡、苏州、南通等地方政府积极洽谈共建校地研究院事宜。已成功运行无锡研究院、六合研究院，学校多次组织师生与当地企业、专家开展技术对接活动，服务师生双创。

④ 建设新型研发机构。积极响应南京“创新名城”战略，推进多家新型研发机构建设，已签约信大气象科学技术研究院等 5 家新型研发机构，受到江苏省委领导在全省创新大会上作为典型推介。

（三）共建华为 ICT 学院，提升工程实践和创新能力

学校与华为公司以国家“新工科”建设为契机，合作建设华为 ICT 学院，在人工智能、大数据科学与大数据技术、信息安全、物联网工程、网络工程、软件工程、信息管理与信息系统等七个方向进行专业设置与课程建设合作试点，在教师工程化实践能力提升、学生创新能力提升、社会服务等方面开展合作。着力提升学生创新能力、为国家信息网络技术发展持续培养高质量人才也是我校与华为协同育人的重要一环，依托华为 ICT 学院在我校开办创新训练营、华为认证培训点，承办 ICT 全国竞赛，设立 ICT 认证考试点，为我校学子提供多方面的学习与技术实践平台。

（四）整合多方资源，服务双创人才培养

借助协同合作平台，整合各方面资源，形成协同育人机制，优化创新创业教育支撑条件。藕舫学院与航天宏图、墨迹天气、象辑知源等八家国内知名企业合作设立创新创业奖学金，对参与创新创业类赛事获奖、发明专利申请、撰写创新创业类学术成果、创业项目孵化等学生提供双创资金支持；设立产业研究院大学生创新创业训练计划招标课题项目，引导学生融入产业服务和成果转化。

二、以学科竞赛为抓手，助推创新创业能力提升

（一）坚持点面结合，扩大学科竞赛受益面

确保所有专业学生在校期间“参与一个项目，经历一次创新，参加一次竞赛，体验一次创业”双创工作思路，实施“一专业一品牌、一学院一精品”学科竞赛计划，提出毕业生获得省部级以上学科竞赛奖励人次超过 50%的总目标，扩大学科竞赛受益面。学校每年举办 100 多项校内外学科竞赛及选拔赛，参与学生约 1.3 万人次。

（二）实行分类指导，强化竞赛支持针对性

学校出台的学科竞赛管理办法中，将学科竞赛划分为不同层次和类别，给予不同的资助和指导。按照“理、工、文、管”等合理归类学科竞赛，构建基于“学科群”的竞赛体系。对标不同学

全国大学生创新创业年会项目路演

科竞赛，创新性地开设藕舫学院竞赛实验班，依据各类竞赛的性质、规模、权威性、影响力以及学校实际组建，累计开设有 25 个竞赛项目、48 个班，共计 8 000 多名学生参加培训。

（三）助推能力提升，提高创新创业竞争力

鼓励学生参与竞赛的最终目的是促进学生自主学习和发展，培养学生的创新能力和创业意识，提升学生创新创业的积极性。近三年来，学生获省级以上竞赛奖励达 5 245 人次，竞赛助推双创能力提升效果显著，2019 届毕业生获省级及以上竞赛荣誉达 34.49%，涌现出万俊波、宁梓傲、叶思、曹扬等 20 多名创业先进典型。

中国教育報

ZHONGGUO JIAOYU BAO

2019年2月25日 星期一

南信大专业课请“大牛”引路，牵手优质资源打好“协同牌”——

锤炼“金课”打造“金钥匙”

一流专家上讲台 课程建设主抓“实力派”

《中国教育报》头版头条报道我校“金课”建设

三、以对外交流为契机，促进创新创业

（一）引进课程师资，提升双创教育水准

学校重视双创的对外交流与合作，在创新创业工作中注重引进创新创业教育领域先进的课程、师资。邀请英国雷丁大学、中国台湾东华大学等创新创业教育专家及企业家来校授课近百学时，合作开发课程和教材。面向海内外聘用双创导师，邀请中国台湾中华大学、东华大学10余位双创教育专家到我校开展创新创业指导交流。

邀请中国台湾中华大学、东华大学双创教育专家来校指导

（二）赴外交流学习，拓展创新创业视野

选派学生赴英国剑桥大学、中国澳门城市大学开展创新创业训练营交流，2018年寒假共计89名学生到英国牛津大学、美国哈佛大学等高校交流访学等。联合中国台湾中华大学举办“40＋40”创新创业训练营。按照学校国际化战略，每年组织近百名大学生创客赴境外学习交流，不断拓宽学生创新创业的国际视野。

学生赴英国开展创新创业学习交流活动

思想政治引领 优势学科推动 创新经济对接 深耕大学生双创教育 培养新时代一流人才

——南京师范大学

一、学校概况

南京师范大学是国家“双一流”建设高校和江苏高水平大学建设高校，拥有117年办学历史。共有在校普通本科生17 379人，研究生11 245人(其中博士研究生1 323人)。现有国家“双一流”建设学科1个，国家重点和培育学科9个，ESI全球前1%学科7个。在第四轮学科评估中，有6个学科获评A类等级，A类数位居全国高校第34位、全国地方高校第1位。拥有博士学位授权一级学科25个、硕士学位授权一级学科40个。在2018年全国高校人文社科综合指数排名中位居全国第15位，2018年国际顶级期刊*Science*、*Nature*发文数排名中位居全国第16位。学校不断推进“厚生育才”战略，在《一流本科教育建设方案》中提出“为我国基础教育和各行各业培养具有家国情怀、国际视野、厚生品格、创新素养的一流人才。”学校完善创新创业教学、实践和保障三大体系建设，进行校地校企合作，探索建立课程联合设计、技术联合开发、实践联合指导的三联合式高校专创融合创新模式，涌现出一批优秀双创项目以及创业典型人才。先后获评全国毕业生就业典型经验高校、江苏省大学生创业教育示范校、江苏省大学生创业示范基地学校、江苏省大学生创新创业实践教育中心。

学校在创新创业工作中，一是加强基础工作保障，健全双创体制机制。成立由党委书记、

南京师范大学科技园

校长担任组长的大学生创新创业工作领导小组，机构、人员、场地、经费保障到位。校院两级均将创新创业工作作为一把手工程强力推进。二是推进双创教育改革，优化双创育人体系。完善双创课程体系，设置 2～4 个创新创业课程学分和 2～4 个创新创业实践学分，面向全校开设 37 门双创必修课程，10 门“专创融合”示范课程。制定《本科生创新创业实践成果和学分认定办法》，设立学分转换与弹性学制。实施“大学生创新创业训练计划”、“雄鹰”创业实践计划、“研究生创新工程”等。按照“选聘与培养相结合、校内与校外相结合、专职与兼职相结合”的原则打造“三位一体”的创新创业师资队伍。31 名产业教授、10 名独角兽企业家等一批专家受聘创业专家导师。三是建设双创实践平台，深化校内外创新实践。构建以学院创新实验教学平台为基础，校内平台为龙头，校外实践基地、大学生产业园为提升的三级实践体系。建设了包括科创基地与孵化基地在内的大学生创新创业中心，在多个学院设立创新创业实验室等双创公共平台。以技术研发、创新实践为导向，在政府部门、企事业单位先后建设研究生工作站 113 个。在南京师范大学科技园栖霞园区内设立 2 200 平方米的“南师合伙人”大学生创业项目孵化园。与苏州、常州、镇江等地政府合作建设具有创新创业孵化功能的南京师范大学地方研究院。与苏宁、南瑞等数十家单位签订双创教育合作协议。四是加强双创指导服务，提供全方位链式服务。每年开设 4 期创新创业训练营，近三年参加培训人数达 4 743 人次。为优秀项目提供免费办公场地、免费企业注册服务，帮助优秀项目引入风险投资。持续开展研究生科技文化月、大学生四创节、创意工作坊、创客嘉年华、双创成果展示周等活动，形成氛围浓郁的双创文化品牌。

学校所获创新创业荣誉

学校创新创业工作会议

二、经验特色

（一）发挥人文优势，奏响思政强音，搭建南师文化与公益特色双创平台

学校将人文学科优势融入创新创业教育全过程，将思政教育与双创教育有机融合。一方面在先锋党校、优秀学子宣讲团、信仰公开课等思政品牌活动中融入双创教育的理念和要求；

另一方面将双创教育与课程思政建设相结合，使创新创业实践成为思政工作开展的重要阵地。

① 立德树人，建设学生“四创”特色空间。学校新媒体产品生产运营中心——“MY 工作室”，有共产党员 9 人，专设党员工作站，推出新媒体产品《青年说党史 献礼十九大》《青年解读十九大报告》等，全网累计点击量超千万次，深受青年人喜爱。该工作室已成为学生专业学习的实践平台、创意萌发的实现平台和立志创业的实训平台，也成为党员、团员思想教育的重要阵地。

② 弘扬价值，打造南师公益创新品牌。依托文化创意平台，成功培育孵化多个公益创业项目。“嘤鸣读书会”项目三年来共举办读书活动 196 期，影响了超过 7 万名青年，曾获联合国开发计划署年度特别奖等多项荣誉。此外，“不再‘菇’独”“八卦洲芦蒿经济扶持项目”“有备无患”等 12 个公益创业项目实现成功运作，产生了良好的思想引领、教育示范与辐射拉动作用。在 2019 年教育部思政司、中央网信办联合主办的第三届“全国大学生网络文化节”中，我校学子的公益广告、动漫作品等获国家级奖项 12 个，其中一等奖 3 个，一等奖获奖数量位居全国高校第一，总获奖数量位居全国高校第二。

（二）优势学科推动，教育实践跟进，唱响高校人才培养创新创业的主旋律

学校注重发挥优势学科在全校大学生创新创业教育方面起到的示范作用、吸聚作用和提升作用，带动全校整体创新创业教育的持续发展。

① 优势引领，一流学科推动双创实践。积极配合、主动融入，努力促进校地融合发展。地理科学学院、电气与自动化工程学院分别与栖霞区人民政府、玄武区人民政府就地理信息领域、智能装备领域共建新型研发机构，入选江苏双创人才计划、南京 321 计划的教授们结合优势学科如地理信息、数字加密、智能旅游、遥测遥感、阻燃材料等，带领学生共同研发，将成果转化落地。学生依托学科优势创新成果明显。学校近三年，第一作者为学生的专利数达 70 项。在中国高等教育学会发布的《中国高校创新人才培养暨学科竞赛评估结果》中，我校位列全国师范院校第三。

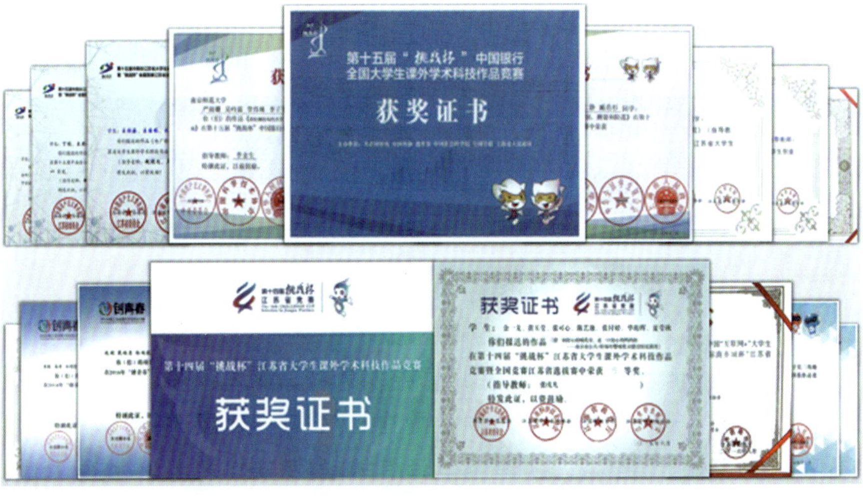

学生所获创新创业竞赛荣誉

② 厚生育才，凸显“南师教育”创新探索。依托南京师范大学立德树人协同创新中心等高水平科研平台，深化师范生双创教育改革探索。连续承办江苏省教育硕士创新能力大赛，举行“匠心独具”教具设计大赛、师范生教学技能创新大赛等一系列赛事。将优质教育文化资源转化为市场价值，服务地方经济社会发展，建设南京师范大学文化创意产业园，打造以出版传媒文化为特色的高水平创意产业集聚区。发挥学前教育学、心理学等学科优势，为“孩子王”等独角兽企业提供科研、人才支撑。助力毕业生卜江的家校互联APP“晓黑板”项目建设，平台用户量超2 000万，覆盖学校5万多所，教师70万名。

（三）把握发展趋势，追踪优质企业，双一流对接独角兽推进创新创业合作

学校聚焦新经济领域与新兴行业，围绕这一创新创业的主阵地，深化学校创新创业教育改革，合作协同培育双创精英人才。

① 请客上门，千方百计引入独角兽企业。2018年举行“双一流与独角兽”——南京独角兽、瞪羚企业俱乐部走进南京师范大学活动，实现“双一流”高校与独角兽企业在平台对接层面的首次合作，得到在宁11所“双一流”高校和60余家独角兽、瞪羚企业的热烈响应。获中央统战部、工信部所评“优秀中国特色社会主义事业建设者”，五星控股董事长汪建国等10名独角兽企业家受聘创新创业导师。世和基因、小视科技等8家独角兽企业挂牌成为大学生就业创业实践实习基地。学校不仅为12所“双一流”高校与独角兽企业牵线，也为江苏省高校招就中心与南京独角兽俱乐部签订人才交流协议牵线，受到各界充分好评。

② 满天星火，把学生的创新实践植入沃土。学校围绕一流本科人才培养目标，强化实训、实践、实习协同育人，提升学生创新创业能力。以学业成长、专业成才为核心抓好校内外专业实训平台和基地建设，以思政教育、志愿服务为核心抓好“三下乡”社会实践工作，以职业方向和就业创业能力为核心抓好就业实习工作，形成四年培养期间的交叉覆盖。近两年持续打造“青春躬行”大学生实习项目品牌，向2 000家以上新兴行业的高增长企业、优质上市公司发出邀约，集中优选苏宁、AO史密斯、南钢等大型企业，以及地平线、旷视科技等业界顶级人工智能企业的实习岗位推送给广大本科生和研究生，受到学生和社会各界的热烈欢迎。

双一流与独角兽活动

优化四项机制 强化五个平台 深化三大体系 打造链式创新创业教育体系

——浙江工业大学

一、学校概况

浙江工业大学是浙江省和教育部共建的综合性省属重点大学，是国家首批“2011 计划”入选高校，是浙江省首批 5 所“省重点建设高校”之一。

学校现有 66 个本科招生专业，学科涵盖哲学、经济学、法学、教育学、文学、理学、工学、农学、医学、管理学、艺术学等 11 大门类；有 6 个博士后流动站，9 个一级学科博士学位授权点，29 个一级学科硕士学位授权点；具有工商管理硕士、材料与化工硕士等 19 种专业学位授予权。

学校现有专任教师 2 211 人，正高级职称 497 人，副高级职称 988 人。拥有中国工程院院士 3 人、国家杰出青年基金获得者 6 人、长江学者奖励计划入选者 3 人、国家“万人计划”入选者 10 人、国家级有突出贡献中青年专家 10 人、国家级教学名师 3 人、国家优秀青年基金获得者 4 人、人社部“百千万人才工程”入选者 10 人，教育部创新团队 2 个，国家级教学团队 2 个，浙江省特级专家 9 人。学校现有普通全日制本科学生 18 965 人，在读各类研究生 9 647 人，留学生 980 人。

学校深入贯彻落实国家“双创”战略部署，坚持“创新引领创业，创业推动创新”人才培养理念，实施“优化四项机制，强化五个平台，深化三大体系”举措，打造“创新创业教育＋创新训练＋创业实践＋基金扶持＋政校企联动培养”创新创业生态圈，全面提升大学生的创新精神、创业意识和就业创业竞争力。

三年来，学校本科生以第一作者发表论文 275 篇，授权专利 206 项；在 2014—2018 年全国普通高校竞赛排行结果（本科）中，我校高居全国高校第 19 名，在地方高校中位列第 2 名。王健等五位同学入选 2018 福布斯中国“30 位 30 岁以下”精英榜，根据中国校友会网 2018 年公布数据，学校位列中国高校富豪校友排行榜第 21 位。

学校在 2016 年被认定为“全国高校实践育人创新创业基地”；2017 年被认定为“深化创新创业教育改革示范高校”和浙江省首批省级双创示范基地（唯一高校）；学校创新创业教育成果《虚实融合创新创业教育模式改革与实践》获 2018 年国家教学成果二等奖；我校创新创业成果先后得到中央电视台、《浙江日报》、浙江电视台、《中国教育报》、新华网等多家社会媒体报道 140 篇，《焦点访谈》专题报道我校学生创业项目。

二、学校创新创业工作典型特色

学校以构建全新的创新创业生态体系为依托，在创新创业的培养模式、教育体系、支撑体系、指导服务体系等方面做了有益的探索与实践。

（一）人才培养理念由单向引领向双向互动转变：提出“创新引领创业、创业推动创新”培养理念

学校结合“学科强、科研体量大、专利成果丰富”的校本特色，提出了“创新引领创业、创业推动创新”的培养理念，既内在阐明了“创新”“创业”的科学内涵，强调创新的应用属性和创业的引领方向，高层次的创业是以创新为基础；又外在明确了创业反哺创新的作用，创业过程中产生的人、财、物等资源是推动产生高质量的创新成果的重要基础。本理念将“创新”“创业”融为一个综合的教育系统，充分促进专业教育与创新创业教育有机融合，形成与社会互动、特色鲜明的创新创业人才培养循环体系，将创新创业教育融入人才培养全过程。

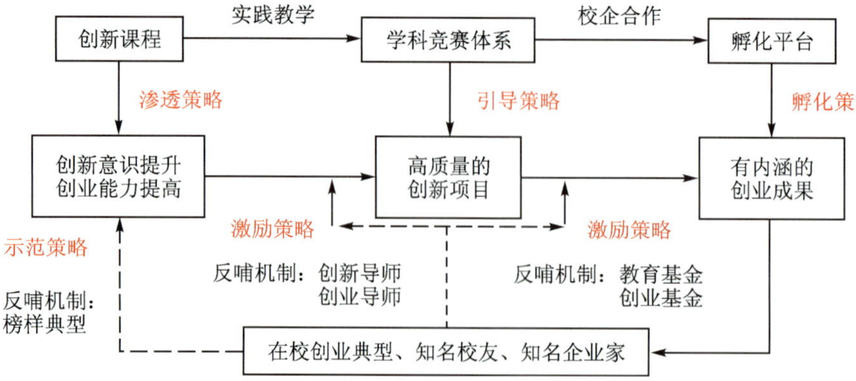

浙江工业大学创新创业循环体系图

（二）工作协调机制由“多对多”分散落实向“多对一”协同开展转变：设立独立建制的创业学院

2015 年 9 月成立创新创业教育领导小组全面统筹“双创”教育改革，设立独立建制、实体化运作、具备机关职能部门和专业学院双重职能的创业学院，建立了“领导小组指导一多部门协同决策-创业学院为主协调一各学院具体实施”的新机制，改变了以往创新创业教育职能分散、多头领导的格局，有效提升了工作效率。创业学院坚持“创新引领创业，创业推动创新”的发展理念，以培养学生创业意识、创业精神和创业能力为总目标，依托“高校＋政府＋企业”三位一体的合作模式，打造“人才培养＋成果转化＋资源拓展”三位一体的办学功能，汇聚全校创新创业资源，为推进学校创新创业教育改革的打造试验田和创造突破口，构建齐备的学生创业通道，建成体现高校特色的初创孵化基地，培养具有创新精神、创业意识和创业能力的高素质创新创业型人才。

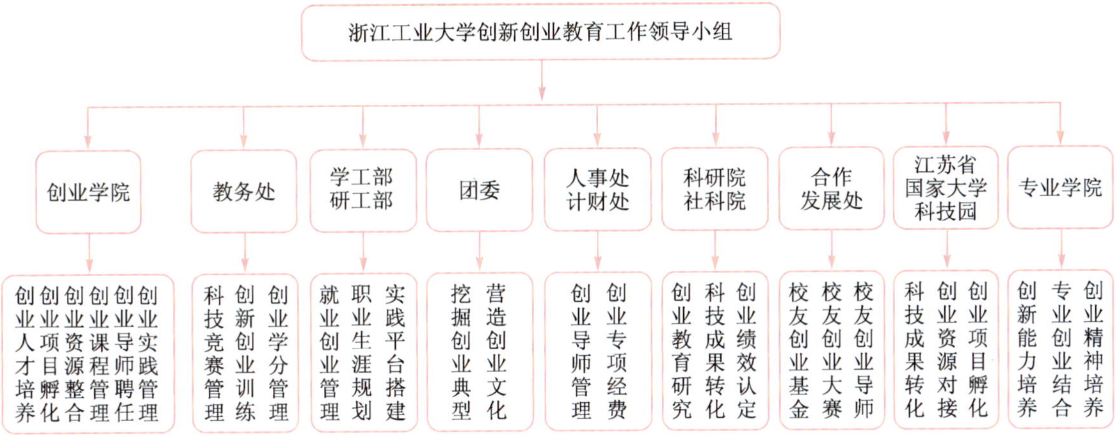

浙江工业大学创新创业教育协作体系

（三）创业支撑体系由独立配置向系统协同转变：搭建“六平台”的创业资源支撑系统

学校通过由以下六大平台构成的创业支持体系，整合和优化创新创业资源要素，为学生创新创业发展提供全方位的支持。

① 创业教育与专业教育内生融合的课程平台：形成以“创业基础与实务”为代表的创新创业教育课程群。

② “专业化＋职业化”的创新创业导师平台：形成以全国万名创新创业导师王辉、郭羽等知名校友为代表的创新创业导师库。

③ “基础性、专业性、综合性”三层次的实践平台：形成以“国家一省一校三级协同创新实验平台”多元培养、以“全国大学生创新创业训练计划一互联网＋创业大赛等高水平学科竞赛一运河杯课外学术科技立项”三级联动创新创业实践体系。

④ “众创空间＋孵化器＋加速器”三联通孵化平台：形成了校内创新工坊（300 平方米）、创

新创业中心（2 030平方米）的众创空间，校外以创业苗圃和富阳、瑞安创新创业研究院创业孵化器（5 000平方米）和加速器（10 000平方米）的孵化平台。

⑤“创新基金＋创业基金”的基金平台：设立创新基金49项，总额710万元；设立创业基金2项，总规模10亿元，已到位4亿元。

⑥“网站＋微信＋APP”的多元网络平台：形成了学校实践竞赛网、创业学院网站、在线学习平台、网络众创空间、“工创谷”、“创新创业中心”等公众号组成的创新创业网络平台。

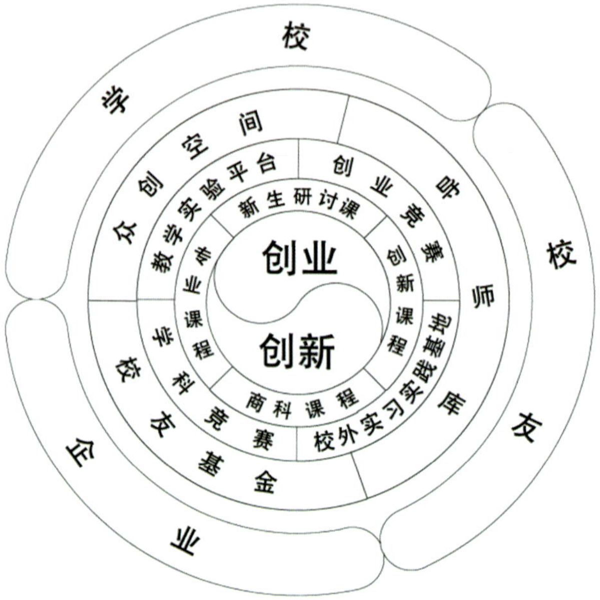

浙江工业大学创业教育支撑体系

（四）双创办学资源由学校为主向“校政企”协同转变：合作共建创新创业研究院

学校先后与浙江省30多个市、县（市、区）建立科技全面合作关系，在省内建立技术转移中心累计达到44个，与1180多家企业共建了联合研发中心，并在省内布点建设地方创新创业研究院15家，为6 000余家企事业单位提供技术服务。2016年9月，我校与富阳区政府、富春硅谷合作共建杭州市富阳区浙工大银湖创新创业研究院，依托我校的人才和科研优势，开展人才培养、创新创业资源整合和创业项目孵化等，打造集“人才培养＋成果转化＋资源整合”三大功能的“工创谷”创新创业集聚区。研究院由企业免费提供7 000平方米的“众创空间”，政府提供每年500万元运行经费和政策支持，学校提供管理团队、创新指导、创业孵化，并且三方共建4 000万元创业基金用于创业项目孵化。截至2018年底，研究院已入驻在校师生创业项目70项，其中20个项目入选了杭州市富阳区高层次人才“5110”计划，共获得政府创业资助6 000万元，建设院士工作站1个，获评杭州市级众创空间、杭州市中小微企业创新创业基地等称号。

（五）教育资源与办学成果由学校独享向多校联合共享转变：牵头建立浙江省高校创业学院联盟

2016年7月，由我校发起成立了浙江省高校创业学院联盟，并被推选为理事长单位。目

浙江工业大学创新创业研究院

前，联盟共有 95 所高校创业学院参与。先后建设了浙江省高校创新创业教育实践基地（未来科技城、大创小镇、温州浙南科技城），协同推进了高校和地方政府在创业项目、创业资源、科研成果转化等多方面的共享合作；先后组织开展浙江省高校“万人百场”创业活动月、高校创新创业教育课程微课比赛、创业教育教材建设研讨会，推动了各高校创业教育内涵发展；先后完成浙江省高校创业学院基础数据平台、浙江省高校创业教育网络平台等公共信息服务平台建设，实现高校创业教育资源共享、协同推进；先后举办浙江省高校创业学院建设论坛、全国创新创业教育西湖论坛等广泛性的创业学院建设研究交流活动，为创新创业教育改革浙江经验建设做出重要贡献。

浙江省高校创业学院联盟

弘扬“宁波帮”精神 深化教育教学改革 努力打造创新创业人才培养的“宁大模式”

——宁波大学

宁波大学是首批国家“双一流”世界一流学科建设高校，教育部、浙江省、国家海洋局和宁波市共建的浙江省首批重点建设高校。学校以“培养具有社会责任感、创新精神、创业意识、创造能力的高素质人才”为人才培养目标，由“宁波帮”人士捐建，继承和发扬“爱国爱校，创新创业”的“宁波帮”精神。学校创新创业教育改革启动早、模式新、成果丰。学校形成的高度统筹、齐抓共管的工作保障体系，分层分类、融合递进的人才培养模式，校地协同、常态长效的实践教学格局以及思政引领、文创融合的指导服务模式为学校双一流人才的培养提供了有力支撑。

2001 年，学校实施创新型人才培养改革；2005 年，成立创业指导中心；2009 年，成为全国 30 所创业教育人才培养模式创新实验区之一；2010 年，开设阳明创新班，探索培养高素质研究型人才；2013 年，被教育部评为“全国毕业生就业典型经验高校”；2015 年，率先成立创新创业学院；2016 年，开设创业班，探索创业精英人才培养，同年学校在“中国大学创业竞争力排行榜”中排名第 21 位，在非“985”高校中排名第 2 位；2017 年获评教育部“国家首批深化创新创业教育改革示范高校”和“全国高校实践育人创新创业基地”；在“地方高校创新创业人才‘融合递进式’培养体系的研究与实践”中获评 2018 年“国家级教学成果二等奖”；在四届“互联网＋”大学生创新创业大赛中累计获国家级金奖 5 项、银奖 9 项，连续三年蝉联“先进集体奖”，在“挑战杯”赛事中连续六年获得“优胜杯”。创新创业人才培养的“宁大模式”得到了社会广泛关注，

《中国教育报》头版头条报道学校创新创业人才培养特色，其经验和模式辐射全省乃至全国高校，已成为我国地方高校创新创业人才培养实践的优秀典型。

学校获得各项国家级双创荣誉

一、强化组织领导，夯实工作机制，形成高度统筹、齐抓共管的工作保障体系

① 实施"一把手工程"，将创新创业人才培养作为学校发展的"十年大计"。学校把创新创业教育纳入学校"十三五"规划，并作为"双一流"建设和省重点高校建设的重要内容。学校将创新创业人才的培养作为学校办学特色。学校实施"一把手工程"，早在 2007 年成立以校长为组长的大学生创新创业训练工作领导小组，每学期召开创新创业工作会议，制定工作目标，部署实施方案，将创新创业工作放在服务学校发展战略全局的高度统筹推进上。

② 成立创新创业学院，通过"五大机构协同"和"校院两级联动"系统推进双创工作。学校于 2015 年成立创新创业学院，出台《宁波大学创新创业学院建设方案》，由校长担任院长，整合教务处、学生处、团委、研究生院、商学院等部门（学院）力量，构建"五大机构协同"和"校院两级联动"的工作机制。

③ 动员凝聚全校之力，为创新创业教育改革提供全方位保障。在人员保障方面，设有 21 个校级专职创业指导服务人员。在场地保障方面，在学院建立 14 个创新创业驱动中心，总面积 2 万平方米；在学校建立"宁波大学 1986 创梦园"，占地 4 000 多平方米，可实体入驻70 多家学生创业企业；在校外与镇海区共建大学生创业园，总共享面积达 2.2 万平方米。在经费保障方面，学校每年经费投入稳步增长。学校还与校友共同设立规模 1 亿元的"白鹭林 1 号"创新创业基金支持双创工作。

宁波大学校长沈满洪为创新创业学院五大中心授牌

二、扎根课堂教学，强化师资队伍，形成分层分类、全面融合的人才培养模式

① 瞄准人才培养质量，形成融入 OBE 理念的双创人才培养方案。学校把提高创新创业人才培养质量作为创新创业教育改革的出发点和落脚点，根据“学生中心、产出导向、持续改进”的 OBE 理念，优化课程结构，整合教学内容，建立课程与毕业要求的支撑关系矩阵。同时，根据学校人才培养定位和创新创业教育目标要求，促进专业教育与创新创业教育有机融合，形成与社会互动、特色鲜明的创新创业人才培养方案，将创新创业教育融入人才培养全过程。

② 建设双创必修课程，构建全面覆盖、分类培养的双创教育课程体系。对不同类型的学生，开设分类递进式课程内容。面向全体学生开设双创教育通识课程，包括 2 学分必修理论课、28 门通识选修课和 4 学分必修实践课（为此提供 400 多项实践项目供学生选择）；面向有双创意向的学生开设百余门创新创业模块课程；对有创新意向的学生开设创新性开放实验，每年提供 300 多项实验项目，结合专业开展课题研究；面向具有创新创业特长的学生，开设创新班和创业班“3 阶段＋4 模块”特色课程，创业班学生真实创业实践率达到 100％。

③ 推行探究式教学方法，全面推动创新创业教务教学管理改革。学校积极在本科生中推进探究式课程建设、翻转课堂等教学实践改革，目前学校共组织 10 批示范课程建设，形成 145 门示范建设课程，推行 367 项校级教改项目的探究式教学改革。制定《宁波大学关于切实加强学生学业指导和管理的实施意见》，鼓励多种形式的课堂考核方式；实施弹性学制，允许学生保留学籍休学创业；在创业班设立 16 个学分，可顶替通识选修一般课程、毕业实习及毕业设计（论文）学分。

④ 创新师资培养机制，建立专兼结合、专创融通的双创师资队伍。通过多渠道培养专创融通的教师队伍。明确教师的育人职责，把指导学生创新创业作为每个教师必须履行的教育职责，在聘期考核任务中严格明确；着力提升教师双创指导水平，实施“博士教授进企业”计划，

宁波大学创新创业学院首期创业班开班仪式

每年选派 300 多人次深入企业开展科研攻关；理顺科研成果转化机制，鼓励教师参与创业实践；建企业家导师库、青年创业导师库，聘请了 409 名实践经验丰富的知名企业家担任校外双创导师，指导学生开展双创实践。

三、拓展第二课堂，搭建实践平台，形成校地协同、常态长效的实践教学格局

① 打造“实验中心＋实验项目”的创新实验开放平台。学校有建制的教学实验室共35 个，其中国家实验教学示范中心 2 个、国家虚拟仿真实验教学中心 1 个，省级高校实验教学示范中心 11 个。学校出台《宁波大学实验室开放管理办法》《宁波大学创新性开放实验项目建设管理办法》等文件，面向全校学生开放各级各类实验室、实训室、计算机房、创新实践基地等。学校专门培育开设创新性开放实验项目。

② 推行“全员覆盖＋分类施行”的双创实践训练平台。学校 2007 年起实施“大学生创新创业训练计划”，规定每位学生修满 4 个创新创业学分才能毕业。“计划”包含创新训练、创业训练、学科竞赛等 5 个方面共 300 多个项目，学生参加学科竞赛、科研训练、工商注册等创新创业实践，经过认定后，均可获得相应的创新创业学分，计入成绩档案和学生总学分。

③ 构建“创新驱动＋分层递进”的双创成果培育平台。学校构建了“创新培育→学科竞赛→创业培育”的递进式实训体系。在创新培育方面，每年设立院、校、省、国家四级课题 1 200 余项，资助额度近 200 万元，每年形成 300 多项创新成果，参与人数超过 60％。在学科竞赛方面，每年选拔 600 多支团队参加“互联网＋”“挑战杯”等 50 多项学科竞赛，参与人数超过 40％。在创业培育方面，实施“创业种子计划”，每年组建近 300 支创业种子团队开展创业仿真训练，参与人数超过 20％。学生毕业一年后创业率接近 5％。

④ 建立“产教融合＋递进培养”的创业项目孵化平台。为实现创业项目落地孵化，根据创业团队的创意、初创、成长的三个阶段，搭建了学院驱动中心→学校创业园→地方产业园的递

2018 年第四届中国“互联网+”创新创业大赛宁波大学参赛团队

进式创业孵化平台。在学院层面，围绕学科专业特色建立 14 个创新创业驱动中心，每年选拔 700 余个符合产业需求且具有良好市场前景的创新创业项目。在学校层面，2006 年成立大学生创业园，每年培育优质学生创业项目和公司百余个。在地方合作层面，共建 1986 云创小镇和镇海大学生创业园等 25 个加速器，借助地方孵化平台在产业资源、导师辅导、创业政策等方面的优势，帮助创业项目实现迅速落地。

四、培养双创精英，激活双创文化，形成思政引领、文创融合的指导服务模式

① 开办“单独选拔，分类培养”的创新创业精英班级。学校创新人才培养的模式，结合专业和学科，设立阳明创新班、创业班、海洋创新班等各类创新创业人才培养特区，对创新创业人才进行分类培养。阳明创新班致力于培养德才兼备、勇于探索，富有创新精神的高素质研究型人才，目前，阳明创新班已毕业 181 人，人均获得省级以上学科竞赛奖项 3.65 次。创业班已培养学生 101 人，创业实践率达 100%，创业率达 50%以上。

② 建设“红色筑梦，德育为本”的双创思政宣传体系。学校积极建设推进思政教育与创新创业融合。第一，确立了“红绿蓝”三色引领的思政双创项目平台，分别培育以红色基因传承为特色的红色项目、践行绿色发展理念的绿色项目以及与海洋强省关联的蓝色项目。第二，努力形成“红色筑梦”创业环境新生态，建立 20 家“红色筑梦”创业教育基地，将创新创业成果与宁波周边革命老区、山区和海岛进行对接。第三，搭建思政活动平台，依托党员引领等活动，树立党员创业先锋模范，成立“红领创”公益帮帮团，举办创业公益服务活动。

③ 推动“爱国爱校，创新创业”的校园文化建设工程。学校搭建了软硬并重的校园文化活动平台和环境平台。在活动平台方面，搭建“宁波帮”文化节、研究生学术节、电脑节、创业活动月等一系列创新创业精品活动平台。在文化环境方面，学校将感恩文化与双创课程融合，共同构建“感恩传承”课程体系，由校领导担任宣讲员的“宁波帮与宁波大学”讲师团每年开展入学

宁波大学承办第四届浙江省"互联网+"大学生创新创业大赛
"青年红色筑梦之旅"暨"百校双创进千村"活动在余姚横坎头村举行

第一课；同时，学校着力打造感恩文化校园景观，整体规划楼名、路名、湖名，建设校史馆和感恩文化园，强化"宁波帮"精神的环境育人作用。

构建“五维一体”创新创业教育生态 培养新时代“创新型、复合型、应用型”人才

——安徽师范大学

安徽师范大学是安徽建校最早的高等学府，是安徽省人民政府与教育部共建高校、国家“中西部高校基础能力建设工程”项目建设高校、全国首批十所试点部校共建新闻学院单位和安徽省“地方高水平大学”项目建设高校。建校90多年来，坚持以服务经济社会发展为己任，大力弘扬“厚重朴实、至善致远、追求卓越、自强不息”的“师大精神”，落实立德树人根本任务，累计为国家和社会培养了近30万名全日制高等专门人才，为安徽省属高校之最，被誉为安徽高等教育的“母体”和基础教育的“母机”。

学校高度重视创新创业教育，坚持以学生为根、以育人为本，将其贯穿到人才培养全过程，有效构建了“顶层设计、教学改革、队伍建设、平台搭建、过程指导”的“五维一体”创新创业教育生态，形成了“三创理念引领、四级平台支撑、五个融合促进、六送举措扶持”的“3456”创业生态，为区域经济社会发展提供了有力的人才支撑、智力支撑和创新支撑。学校始终聚焦教师教育与创新创业教育的互融互促，着力打造双创教育的师范特色，致力于新时代教师的创新能力培养和综合素质提升，广大毕业生在各行各业中崭露头角，形成了“人才培养的安徽师范大学现象”。

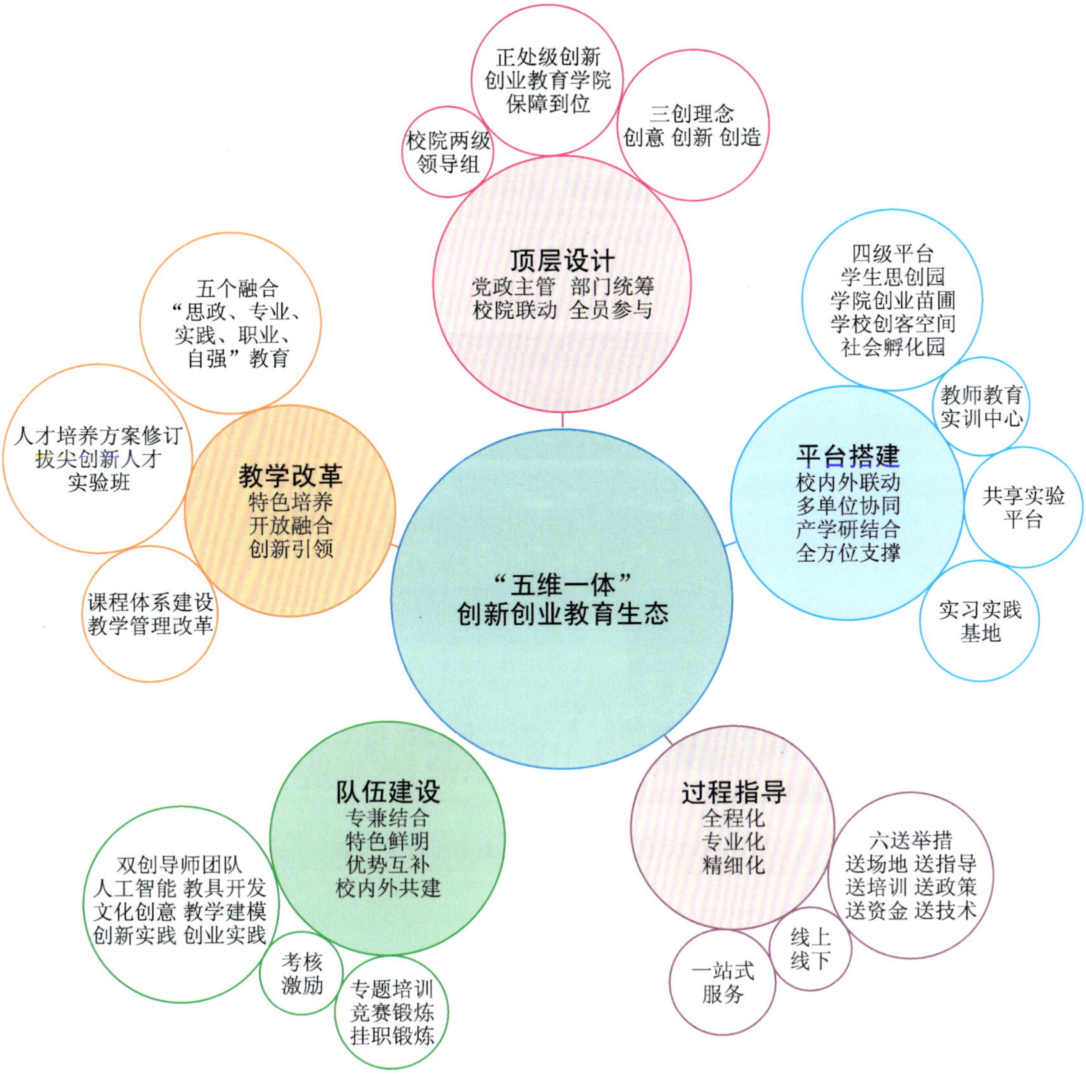

“五维一体”创新创业教育生态

一、主要举措

（一）抓顶层设计，健全“双创”体制机制

学校落实“一把手”工程，设立校院两级创新创业教育工作领导组，成立正处级建制的创新创业教育学院，保障有力。将创新创业教育作为学校人才培养模式改革的突破口，纳入每年学校党政工作要点，深入推进教学、科研、实践、社会服务协同育人。

（二）抓教学改革，提升“双创”教育质量

学校根据人才培养定位和创新创业教育目标的要求修订了人才培养方案，把创新创业教育融入人才培养全过程，实现创新创业教育进课程、进课堂、进实训、进竞赛，推动通识教育与

专业教育、创新创业教育和社会责任感教育深度融合。围绕创新创业“思维、能力、实践”3 个维度，打造拔尖创新人才实验班，小班化教学、个性化培养，努力提升学生的创新精神和专业素养。强化创新创业教学管理，推行创新创业学分转换制度和弹性学制。优化创新创业课程体系，面向全体学生开设 2 个学分创业必修课和 2 个学分创新思维与创业训练系列选修课。引入 MOOCs 平台开设创新创业教育精品课程，选课学生累计达 30 000 余人次。“创业基础”“管理沟通”“企业战略管理”等自主建设课程获批安徽省级质量工程大规模在线开放课程示范项目。

学校承办“创青春”安徽省大学生创业大赛

（三）抓队伍建设，夯实“双创”育人基础

打造专业化师资队伍，聘任校内双创导师 208 人，110 人次拥有各类就业创业职业资格证书。入选全国万名创新创业导师人才库 1 人、全国首席职业指导师 1 人、省级“筑梦”创业导师百人团 1 人；7 人获安徽省高校教师创业指导课程教学大赛金奖，2 人获银奖，学校连续四届获最佳组织奖。选聘校外兼职导师 80 人，共同组建人工智能、教具研发、文化创意、数学建模、创业实践、创新实践等 6 支创新创业导师团队，形成了专兼结合、特色明显、优势互补、校内外共建的高素质教师队伍和团队。

（四）抓平台搭建，拓展“双创”活动载体

学校全面开放校内 30 多个省级以上高端科研平台，构建多维协同的“双创”实践平台集群，实现专业教育和双创教育协同发展。遵循企业成长规律和创业孵化规律，搭建“学生—学院—学校—社会”四级递进的创业实践平台链条。构建“学校＋学院”创新创业实践实训教学体系，对有创业意向的学生开展校级创业模拟实训活动，开办院级创业意识培训班、创新创业培训班，着力培养学生的创业意识和实战能力。建立“学校＋社会”协同合作的创新创业教育实践机制，出台就业创业导师聘任管理办法，邀请创业导师与创业学生结对帮扶指导。依托部门、学院、社团 3 个主体，着力打造科技创新、创业交流、创业大赛 3 大系列活动，组织学生参加

创新创业大赛和创新创业训练项目，学生覆盖率达到 80％以上。

校园双创活动“创业沙拉”气氛火爆

（五）抓过程指导，完善“双创”服务体系

设计开发“创在师大”创新创业教育专题网站，充分运用易班、微博和微信等新媒体手段，多层次全方位宣传创新创业政策和创新创业典型，为学生提供线上咨询、培训与指导。落实创新创业教育引领下“四个课堂”联动的培养计划方案，构建校院两级、涵盖从创业意愿筛选到包装孵化的全流程线上线下一体的指导服务体系，打造融政策支持、机构辅导、资源对接全流程的创新创业教育生态链。

二、特色做法

（一）教师教育与“双创”教育互融互促，打造“双创”教育师范特色

近年来，学校积极落实国家创新驱动发展战略，依托学校传统学科专业优势，将立德树人与创新创业教育紧密结合，深化教育教学改革，创新人才培养机制，积极构建师范特色的创新创业教育体系。

一是坚持价值引领，确立互融互促育人理念。师范专业强调以德为先，学校将德育融入“双创”教育，将“双创”教育贯穿于人才培养过程中，以“双创”教育“培养人”“完善人”“促进人”的全面发展，培养学生成为创新思维的引领者、传播者和启迪者。

二是深化教育改革，实施互融互促育人举措。学校以人才培养方案修订为契机，设立教师教育特色通识课程模块，拓宽培养口径；设立领导力课程模块，提升学生的管理能力；设立跨学科专业选修模块，拓宽学生的创新思维；鼓励学生用学术论文、专利、竞赛等成果获取学分，推进创新实践；以专业教育引领二、三课堂，为创新创业能力培养奠定扎实基础。建设创业孵化基地和教师教育实训中心两大实践平台，致力于新时代创新型教师职前和职后培养，强化学生

创新创业能力培养。

三是构建协同育人共生体，助推互融互促新发展。构建学校与政府、高校、中小学和其他企事业单位的协同育人共生体，打造创新实验区。依托省教师教育协同创新中心和教师教育合作委员会，打造全省教师教育理论与实践研究高地。依托附属学校优质教育资源，成立教育集团，打造集团化办学新标杆。

教师教育创新实践交流

（二）实施"3456"工程，构建大学生创业生态链

学校坚持将创新创业教育融入人才培养的全过程，打造"3456"工程，构建集理念引领、平台支撑、教育促进、项目扶持为一体的大学生创业生态链，在校园内掀起了大学生创新创业热潮。

一是坚持以"三创理念"引领创业。着力用创意、创新、创造的理念引领和带动大学生创业。通过双创课程的教学和培训，在创意端激发学生产生新思想；依托高端科研平台和实验室组织学科竞赛，在创新端促进学生开展新行动；以"双创"品牌活动和孵化基地为载体，在创造端推进学生转化新成果。

二是坚持以"四级平台"支撑创业。搭建"学生思创区—学院创业苗圃—学校创客空间—社会创业孵化园"四级递进的创业实践平台链条。学生思创区注重创业意识激发，学院创业苗圃注重创业种苗培育，学校创客空间注重创业项目扶持，社会创业孵化园注重市场运作帮扶。

三是坚持以"五个融合"促进创业。始终将"双创"教育融入学校立德树人体系，作为推进"三全育人"综合改革的重要一环。坚持与思想政治教育融合，着力培养坚定的政治信仰和强烈的社会责任感。坚持与专业教育融合，着力在专业学习和实验实训中培养创新思维和能力。坚持与实践教育融合，着力培养创新精神和实践能力。坚持与职业教育融合，把"双创"浸润在学生职业发展规划之中。坚持与自强教育融合，培养学生自强、独立、诚信、勤劳等优良品质。

四是坚持以"六送举措"扶持创业。通过"送场地、送指导、送培训、送政策、送资金、送技术"跟踪扶持创业项目，为初创企业的成长保驾护航。每年遴选15～20个学生创业项目入驻校内创客空间或校外创业孵化园，配备导师跟队指导。吸收创业学生参与创业模拟实训班，为其梳理学校和驻地政策。择优给予创业项目启动资金支持和融资帮助，依托学校科研平台为创业项目免费提供产品检测、研发、试验等技术支持和服务。

副省长王翠凤一行慰问指导我校创业团队

三、工作成效

近三年，学校的本科毕业生初次就业率均稳居安徽省属高校前列，就业创业质量稳步提升。学校被教育部授予“全国毕业生就业典型经验高校”“全国高校毕业生就业工作先进集体”称号，被省人民政府评为“全省就业工作先进集体”，连续 6 年荣获“全省高校毕业生就业工作标兵单位”。

学校被批准为首批“安徽省普通高校大学生创新创业教育示范校”“安徽省首批省级创业学院”“安徽省首批创业模拟实训定点培训机构”，获批团中央“第二课堂”成绩单试点高校。近三年，学校获批国家级大学生创新创业训练计划项目的数量均位居全国师范类高校前两名，涌现出中国青少年科技创新奖获得者、小平科技创新团队、创业先锋安徽省“三八红旗手”等诸多创新创业学生典型。

学校深度融入和贡献区域经济社会发展，凝练形成纳米功能分子材料、电子信息、人工智能、环境评价、旅游规划等一批社会服务优势领域，建成安徽文化研究院、长江流域生态研究院等一批重点智库、工程实验室、工程技术中心和院士工作站，精准对接和服务芜湖市及周边区域汽车、水泥、新材料、电子电器、旅游等支柱产业发展。中央电视台、新华网、《人民日报》等国家级媒体报道我校创新创业工作达 300 余篇次，创业教育典型做法“3456 工程”获省领导批示并被要求在全省推广学习，有力地发挥了示范带头作用。

坚持守正出新
培养卓越“双创”人才

——福建师范大学

一、学校概况

福建师范大学是福建高等教育的发祥地，也是我国建校最早的师范大学之一，肇始于1907 年清朝帝师陈宝琛先生创办的福建优级师范学堂。经过 112 年的传承创新，学校构建起了一流文科、高水平理科、有特色工科的学科体系，已发展成为一所人文底蕴深厚、学科门类齐全、师资力量雄厚、办学质量较高、对外交流活跃的综合性大学，现有本科专业 85 个，全日制普通本科学生 2.3 万多人，各类研究生 7 000 多人，先后被确定为教育部与福建省人民政府共建高校和福建省一流大学建设高校。

福建师范大学历来有着重视创新创业的优良传统，从福建优级师范学堂“温故知新”所倡导的求新精神，到福建协和大学“研究高深学问、以应社会需求”所倡导的探索精神，再到福建师范学院“向科学进军”所倡导的科学精神……引领着一代代师大人矢志创新创业。2015 年以来，学校把创新创业工作定位为未来发展竞争力的关键，坚持守正出新，将涵养“双创”文化、激发创新活力和强化创业能力融入学校工作全局，培养卓越“双创”人才。

二、典型特色

(一) 具体措施

1. 构建“双创”人才培养全链模式

学校于 2016 年、2017 年连续两年在本科人才培养方案的修订中部署“双创”教育，在所有专业中建立创新创业课程模块，设立创新创业学分，促进学生将专业知识能力体系与社会发展需要融为一体，提升知识快速转化、开展自主创业、组合创业或岗位创业的能力。构建起“1(通识教育课程模块中必修的‘创新创业基础’通识课程)＋1(专业基础课程、专业主干课程模块中必修的学科前沿动态和研究方法的创新类课程)＋*N*(创新创业教育公共选修课、慕课等课程群)”的雁阵创新创业课程体系，面向全体学生开设“通识＋嵌入”课程，使创新创业教育如“盐”一般浸入专业教育之“水”中，实现在课堂教学的日常化中养成，总体上实现了“双创”教育全程化、全面化。

2018 年 1 月开始，学校在每学期的教学周中划出 1～2 周时间，设立“个性化培养周”，近一半学生实现跨学院、跨专业选课，切实打破学院、学科、专业壁垒，使学生在个性彰显中创新、创业、创造。

个性化培养周课程“学好几招即兴伴奏，你也可以成为弹唱高手”

2. 立足师范教育，着力培养“双创”教育未来之师

学校布局未来教师成长需要，以培养具有创新创业创造精神的大国良师为己任，积极探索“教师教育＋创新创业”的师范专业人才培养新模式，着力培养具有创新创业精神和相应教学能力的基础教育师资队伍，为“双创”教育向基础教育延伸做了前瞻性的人力准备。加大对基础教育领域创新创业优秀成果的奖励力度，举办基础教育创意课程(产品)设计大赛，鼓励学生设计主题多样、内容丰富的基础教育校本创意课程，把创新创业教育延伸到中小学和学前教育。

3. 以思政教育和地域文化精华点燃学生爱拼会赢的激情

学校是"南方坚持马克思主义的重要阵地",始终注重引导学生不仅读精专业书,更要读深国情书,把创新创业的眼光从关注自身转向关心社会,主动用所学所长服务国家战略需求和经济社会发展,为社会和民众谋福祉,融入创新创业大潮。着力将"晋江精神""闽商精神""海丝精神"融入校园"双创"文化培育,以"内外协同"培养学生的开放眼界,以"内外兼修"塑造学生的精神品格。

(二)工作方式

① 抓组织领导。学校先后成立创新创业教育工作领导小组、毕业生就业创业工作领导小组、大学生创新创业园建设工作领导小组,全面推动创新创业教育与研究平台、创新创业实训实践支撑平台、创业扶持与项目孵化平台3大支撑平台建设。2016年9月,成立学校创新创业指导中心,挂靠学生工作处。2017年12月,成立创新创业工作领导小组,由校党委书记和校长共同担任组长。2019年1月,将创新创业指导中心升级为创新创业学院,院长由分管的校党委副书记担任;学院内设综合办公室、课程建设办公室、创新训练办公室、创新创业园建设办公室,配备专兼职工作人员,使各办公室既能依托背靠的职能部门资源优势开展工作,又能产生合力推动"双创"工作。

学校创新创业工作推进会

② 抓机制建设。学校把健全运行机制作为落实"双创"工作的关键,构建"学校统筹、学院主抓、部门配合、协调联动、全员参与"的"双创"工作格局。学校与二级单位签订《目标管理责任书》,将"双创"工作作为评价本单位事业发展情况的重要指标,每年开展考核工作并对二级单位"双创"情况予以赋分,使"双创"工作在二级单位得到有效落实。出台《高水平创新创业竞赛奖励办法(暂行)》,对指导学生在高水平创新创业竞赛上获奖的教师给予主持科研项目和发表成果认定,对在中国"互联网+"大学生创新创业大赛上获得金奖的给予20万元的奖励,并在现有专业技术职务等级基础上,破格聘任高一级职务。

③ 抓条件保障。学校自2014年开始建设大学生创业孵化基地,现已建成10 000多平方米的省级创业孵化基地,获批为福建省首批省级大学生创新创业示范园。园区建设以"站前

沿，创造美”为目标，推动学生站在学科前沿、学术前沿、时代前沿，在“大众创业、万众创新”的浪潮中体验创造之美，创造美的生活。在地点的选取上，我们本着一切便利学生的角度，采取链条式布局，紧贴学生实际需求进行建设，形成了“一园多片区”的格局。2018 年起，学校还对学生党团活动室进行功能改造升级，打造 24 小时“创新创业小屋”。

④ 抓精准服务。学校建立了“一二三四”指导服务体系。“一”是基于育人导向，以培养社会岗位的创造者为目标。“二”是依托学科优势，重点培育科技成果转化项目和文化创意产业项目。“三”是精准服务不同类型的大学生创新创业实践需求，对在传统产业运用成熟商业模式进行创业的生存型创业项目给予奖励和技能指导，对以创新的商业模式在传统产业进行创业的发展型创业项目予以支持和引导，对拥有核心技术竞争力产品或服务的创新型创业项目进行重点帮扶。“四”是注重梯队建设，让有创业意愿的大学生都接受创业培训，让准备创业的大学生都得到创业指导，让已创业的大学生都享受到创业扶持，市场创投资金支持优秀创新创业项目高速成长。

（三）育人成效

一是赛事获丰收。2015 年，学校在福建省省属高校中率先取得“挑战杯”全国大学生课外学术科技作品竞赛决赛特等奖；2018 年，实现福建高校在“创青春”创业实践挑战赛中金奖零的突破；连续 5 年荣获“挑战杯”全国大学生课外科技作品竞赛、“创青春”全国大学生创业大赛金奖。在四届中国“互联网＋”大学生创新创业大赛决赛中，获得银奖 1 项、铜奖 8 项。此外，学生还获得首届“中国青年 APP 大赛”应用类唯一的一等奖、国际遗传工程机器大赛金奖等高级别奖项。

学生荣获 2018 年国际基因工程机器大赛金奖

二是创客竞涌现。“生化精细工业科技创新团队”获得大学生“小平科技创新团队”称号；“中国大学生自强之星”陈威创办的福州蓝鲨信息技术有限公司获得社会资本的连续投资；第十二届“中国大学生年度人物”丁中贤、福建省首届“最美学生”陈钰心，共同拿下“挑战杯”大学生课外学术科技作品竞赛特等奖；获得5所世界百强大学研究生录取函的孙凌沁，是中国“互联网＋”大学生创新创业大赛铜奖团队的核心人物。

三是项目进市场。蒋子婧在校期间成立了不闲工作室，毕业前受到投资人的青睐，成为专职音乐人；应向阳参与了智能快件箱行业标准的制定，登上福布斯“中国30位30岁以下创业者”榜单，被福建省政府评为“双创之星”；兰文雄创办的北京天才推手教育科技有限公司，致力于打造最有影响力的中国高考数学教育品牌；邱炳辉创办的厦门匠客信息科技有限公司推出全球首款堆叠式可编程教育机器人。

学生创业公司的产品：塔克机器人

构建四大体系
培养“三型”人才

——江西中医药大学

一、学校概况

江西中医药大学创建于 1959 年，是以中医药为主体，多学科协调发展、产学研结合办学特色鲜明的地方本科院校，也是国家中医药管理局与江西省人民政府共建高校、博士学位授权单位。学校占地面积为 2 308 亩，有各类在校生 2 万余人，设有二级教学院（部）15 个、直属附属医院 4 所、非直属附属医院 9 所，有国家级科研平台 3 个、省部级科研平台 41 个。

自办学以来，学校高度重视创新创业工作，创新创业意识树立早、行动快、措施实、成效好。始终坚持以“为国家改革发展服务、为中医药事业发展服务、为地方经济发展和社会全面进步服务”的办学宗旨，积极践行“惟学 惟人 求强 求精”的校训精神，把立德树人作为根本任务，于 2001 年在全国率先提出培养实践型、创新型、创业型人才（简称“三型”人才）的目标，为地方经济发展和行业进步培养了大批中医药人才，被誉为高校产学研结合办学的一面旗帜。

学校创办并发展的国家高新技术企业江中集团，品牌价值 207 亿元。学校累计为企业提供技术服务 200 余项，研发中药及其相关产品 70 余个，其中有 16 个品种实现了单品种年销售额超亿元，获国家发改委颁授“国家高技术产业化十年成就奖”。学校还先后被授牌为“中国大学生 iCAN 创新创业实践教育基地”“全国大学生 KAB 创业教育基地”“全国第二批深化创新

学校全景

创业教育改革示范高校”“江西省大学生创新创业示范基地”“江西省第二批大众创业、万众创新示范基地”。近三年，学生参加全国“互联网＋”大学生创新创业大赛共获得国赛银奖 2 项、铜奖 7 项，省赛金奖 9 项、银奖 14 项。

二、典型特色

特色一：创新创业教育改革思路清晰

近年来，学校主动响应“大众创业、万众创新”战略，不断完善产学研结合，培养“三型”人才模式，形成了“一个目标、两项融合、三方协同”的创新创业教育改革思路，即以培养“三型”人才为目标，以促进创新教育与创业教育相融合、专业教育与创新创业教育相融合为手段，以构建学校—企业—政府三方协同合作的创新创业生态系统为重点，着力建设管理、教育、实践、帮扶

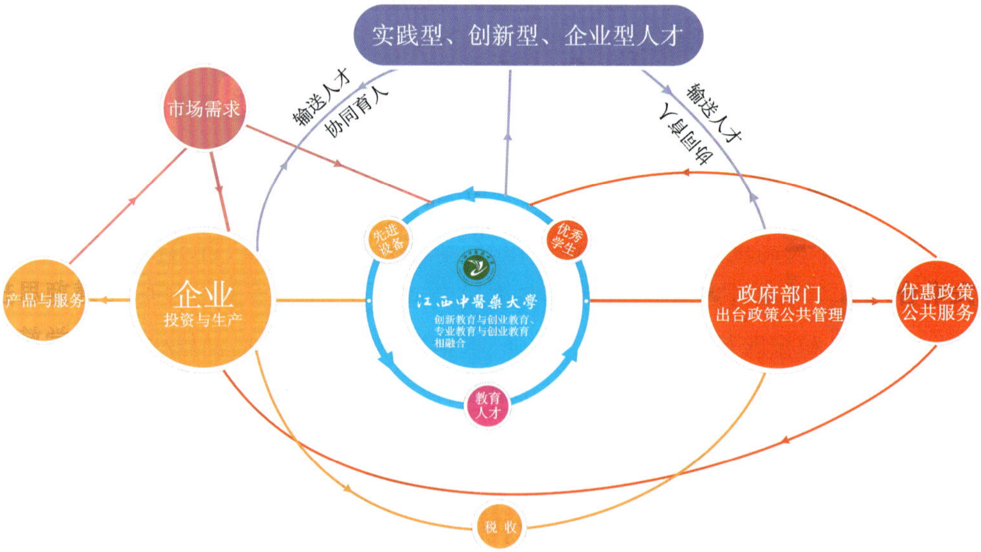

学校创新创业教育改革思路图

等四大体系，不断完善管理运行、考评激励、融合发展、协同育人、跟踪帮扶等“五个机制”，积极推进管理规范化、教育普及化、培育项目化、平台基地化、指导专业化、服务全程化等“六化工程”，深入开展了一系列创新创业教育改革与实践。

特色二：四大体系支撑创新创业教育改革

① 筑牢基础，构建“全员式”教育管理体系，完善考评激励机制，实现管理规范化。学校明确将创新创业教育列为“十三五”期间的主要工作任务之一，并将其写入《江西中医药大学“十三五”发展规划》。把实施创新创业教育改革作为“一把手工程”来抓，成立了创新创业教育工作领导小组，并将创新创业教育写入人才培养方案，设置 4 个创新创业学分。独立设置了创新创业学院（正处级），制定了各职能部门及二级学院负责人例会制度。先后出台了《江西中医药大学支持和鼓励专业技术人员创新创业暂行办法》等相关文件 11 项。形成了主要领导亲自抓、分管领导配合抓、部门学院主动抓、项目导师直接抓，全员参与创新创业工作的浓厚氛围，也保证了创新创业教育改革科学化、常态化、规范化地开展。

定期召开创新创业教育工作领导小组会议

② 科学设计，构建“渐进式”教育教学体系，完善融合发展机制，实现教育普及化。学校制定了“前期趋同、强化基础，后期分化、因材施教”的创新创业能力培养计划，在低年级以普及教育为主，通过线上线下“双创”课程学习以及创业讲堂、实验训练、创新创业竞赛、“青年红色筑梦之旅”等活动，重点激发学生的创新创业意识；在中高年级以提升能力和促进实践为主，通过开展大创训练计划、模拟实训、项目路演、创新工程集训营、“小总裁”实验班等专题培训，重点培育学生的创新创业能力。近三年，培育大学生创新创业团队骨干 1 000 余人，创新创业教育活动覆盖学生 2 万余人次。

③ 协同育人，构建“链条式”实践平台体系，完善协同育人机制，实现平台基地化。学校按

积极开展"青年红色筑梦之旅"等教育实践活动

照"统一规划、开放共享"的思路，推动校内外资源整合，构建了"一园三地四中心"的创新创业教育格局，即以大学生创新创业园为主，辐射湾里区新经济产业园、江西科骏增强现实产业园、江西国信药谷等校外基地，涵盖校内创新创业教育中心、传承中心、创新中心和实践中心。同时，依托校办企业、产学研合作单位等建立了一批大学生创新创业实践教育基地，积极参与中国(南昌)中医药科创城建设。此外，学校在每个二级学院都建有创新创业教育工作室，实现了"一院一室"的目标。学生有了好的创意、好的创新思维时，先安排在各学院工作室进行打磨；相对成熟的项目经过遴选后入驻大学生创新创业园进行孵化；孵化较为成功的项目，推荐进驻校外基地，直接进入市场经营。

④ 多方联动，构建"全程式"指导帮扶体系，完善跟踪帮扶机制，实现指导专业化。一是出台制度，帮助"创客"找项目。学校制定了《江西中医药大学促进科研成果转化管理办法》，鼓励教师向学生优先转让科研成果、带动学生创业。同时，学校鼓励教师将自己的科研资源向本科生开放，近百位教授通过学术前沿讲堂、国家基金讲堂面向学生介绍自己的最新科研成果及进展，吸引学生加入科研团队。二是跟踪帮扶，指导"创客"做项目。学校建有专兼职师资队伍，其中，3人入选全国万名优秀创新创业导师人才库。导师定期为师生"创客"提供项目论证、公司注册、财务管理、法律咨询等一条龙服务；并对在校、离校开展创新创业的学生，进行跟踪指导服务。三是政策扶持，鼓励"创客"勇实践。学校为大学生"创客"免费提供场地，免费配置办公设备，免费提供水电资源。同时设立创新创业教育基金，为自主创业学生提供无息借款和无偿资助，并出台奖励办法，对表现突出的师生和单位给予奖励，其中，对国家级创新创业大赛获奖的团队，分别给予金奖10万元、银奖8万元、铜奖5万元的奖励。

特色三：产学研结合培养"三型"人才

① 创办中药科研实践班，着重培养学生的创新创业能力。打破通常的中药专业教学框架，在第5学期让学生集中做科研，引导学生将社会调研、专业领域信息数据整理、行业发展分析、案例剖析等纳入课程学习内容，采取"学研交替式"模式，使学生在"学习—实践—再学习—

积极组织学生参加“互联网+”等各类创新创业大赛

再实践”中提升解决未知问题的能力、科研积累的能力、挖掘行业资源的能力、创新创业的能力，让教师在指导学生的过程中提升带教和教育教学水平。每年拿出专项资金，在学生中立项创新研究课题，支持学生开展创业训练计划，鼓励学生带着科研成果在第 8 学期走出课堂，在实践活动中梳理出体现专业背景、符合市场需求、适合自身发展实际的专业拓展方向和创新创业方向，强化人才培养过程。

目前，该模式已在计算机、药学等专业中普及推广，建立健全了理论教学与实践学习、分散与集中、专业学习与科研实践、基础素质与专业素质相结合的“四结合”培养机制。

② 创办践行“惟学、惟人、求强、求精”校训精神的“双惟”实践班，着重培养学生的创新创业思想。以第二课堂为中心，遵循“教无类、学为先、重激励、育特长、促实践、有思想”的理念，强化培养学生的“以奉献精神和服务意识为主的思想素质，以意志力为主的心理素质，着眼于实践应用的跨学科学习能力以及终身学习的学习习惯，基于创造性地提出、分析、解决问题的思维能力”。通过提升学生的基础素质，培育学生的创新精神、创业意识和创新创业能力。

③ 面向市场，依托政府和企业，创办特色班级，坚持产学研与人才培养深度融合。在将“双惟”实践班、科研实践班等众多教改成果固化到新版人才培养方案的同时，积极与政府、企业合作培养高素质人才。以市场为导向，坚持“产”为目标、“学”为基础、“研”为手段，适时调整学校专业结构，实行订单式培养，创办以地方政府、企业名称命名的班级。鼓励地方政府和企业参与制定培养方案、课程设置、教材编写、课程讲授及成绩评定等环节，共同出资建立创新创业基金，构建校地、校企协同育人新模式。引导学生走出课堂、走进实训室、走入企业，将实践教学与产品研发、课题研究等工作相结合，不断提升技术技能水平，夯实学生创新创业发展的基础；辅助学生依托专业社会服务平台、专业技能与创新创业竞赛、创业孵化等平台走出校园、走向社会，加强专业实践与创新创业的综合体验，形成“专业技能+科技创新+社会服务+素质拓展”的综合体验链。

以生为本 三深三合 三融三创
打造“双创”教育校政企共融范式

——宜春学院

一、学校概况

宜春学院的前身是1958年创办的宜春大学。2000年，经教育部批准，由原宜春师专、宜春医专、宜春农专、宜春市职工业余大学合并升格而成。在60年的办学历程中，学校传承优秀历史积淀，同时掌握时代发展脉动，坚持对接经济社会发展需求，致力培养高素质应用型人才，形成了“厚德、尚能、博学、笃行”的校训精神和“地方性、应用性、开放性”的办学理念。

学校创新创业教育工作起步较早。早在2005年就开展了创业训练活动；2007年成立了大学生就业创业指导服务中心；2008年率省内高校之先第一个成立了具有法人资质的大学生创业孵化中心，并与市相关部门共建了大学生创业实训中心、创业学院、就业和社会保障事务所等创新创业实践平台；2015年成立了正处级建制的创新创业学院，着力推进大学生创新创业教育全程化、全链条培养；2019年获批“全国创业孵化示范基地”、全国创新创业典型经验高校。

二、学校创新创业工作特色

近年来，学校积极响应国家创新驱动发展战略和“大众创业、万众创新”的战略部署，将推进创新创业教育改革作为学校建设有特色、高水平的地方应用型大学的重要内容，坚定“五有”应用型人才培养目标（即有坚定的理想信念、有系统的理论知识、有较强的实践能力、有良好的人文素养、有创新创业精神），以生为本、德创相融、协同育人，教育、管理、服务并力发展，从而形成了“三主体、三课堂、三层次”创新创业教育模式，实现对所有学生进行创新创业意识的全覆盖培养，对三分之一有创业意愿的学生进行技能的进阶提升，对部分怀揣创业梦想的学生进行重点扶持，成效显著。

特色一：校政企三主体协同育人，共创“三深三合”服务模式

“三深”：一是深度合作，共同打造“双创”平台。学校坚持开放办学，借势借力积极推进与政府、行业、企业的合作，共同打造大学生创新创业平台基地。基地总面积14 448平方米，功能齐全、服务完善。其中，“笃行创新工场”面向新工科，突出学科交叉融合；“跨境电商众创空间”主要助推产业贸易项目落地；“天工创客空间”作为大学生创新发明的梦工厂，侧重培养创客人才；“尚能众创空间”则以师生共创为主；“大学生创业孵化中心”主要针对具有工商营业执照的项目进行孵化；“青年文化艺术创意创业孵化园”为学校双创教育最高形态，主要面向市场孵化文化艺术创意创业类项目。二是深层对接，共同推进六进校园。学校与市人社部门联合开展了就业岗位、创业贷款、创业培训、创业孵化、创业项目、创业宣传等“六进高校”服务活动，举办了“讲一个创业故事给你听”创业典型报告会、就业局长校园行、毕业生工业园区行、创业项目推介会和“实习＋就业”供需洽谈等活动，以及互派干部挂职兼职，加深了工作联系、互动融合。三是深入服务，共同促进创新创业和产业发展。政府部门、企事业单位提前介入和对接学校就业创业教育和服务工作，联合开展了大学生职业生涯规划大赛、未来职场精英素质拓展营、“互联网＋”和“创翼”创新创业大赛、大学生就业创业训练营、赣西高校大学生创新创业特训营等各类活动，延伸服务链条，搭建促进桥梁。学校联合省教育厅、江西广播电视台连续三年举办“江西省‘互联网＋’大学生创新创业大赛指导公开课”活动，聘请国家级创业大赛评委导师授课，使其成为江西省创新创业指导“金课”，影响广泛。学校主动服务地方产业发展，通过共建创新创业实践基地和示范园、选派博士挂职锻炼、开展技术服务、担任企业顾问、推荐毕业生到基层就业创业等方式，切实帮助解决实际问题。

“三合”：一是政策汇合，形成合力。学校与政府联动，建立大学生就业创业“一键通”服务平台，将各类招考、“三支一扶”、“村官”选拔、应征入伍、就业政策、就业指导、招聘等信息有效整合，联合发布宣传；争取政府创业贷款在学校先行试点，较好解决了大学生创业启动资金不足的问题。二是资源整合，集成联动。学校与市教育、人社、科技、商务等部门多方联动，先后建立了就业创业指导服务中心、创业孵化中心、创业实训中心、创业学院、就业和社会保障事务所、共青团创新创业基地和巾帼创新创业基地等服务平台，为大学生提供集教育、实训、扶持、孵化于一体的多层次、全流程服务。三是多面融合，共促发展。学校主动融入宜春市创建国家创业城市工作中，紧密配合有关部门开展调查研究和实践探讨，2017年获批国家发改委立项课题1项。为了引导大学生更加关注现代服务产业发展，吸引企业更加关注和扶持大学生创新创业，学校受江西省教育厅、商务厅委托，携手地方政府连续承办六届“江西省大学生服务外

2017—2019 年连续三年举办"江西省'互联网+'大学生创新创业大赛指导公开课"

包创新创业大赛"，打造了江西省高校 IT 类竞赛第一品牌，影响较大。

特色二：专业融入、训赛融合、德创融通三课堂有机衔接，推进教育教学改革

对接需求，优化课程体系设计。一是以普识创业概念、树立创新意识、激发创业热情为主，全面推进通识教育课程建设，夯实理论基础；二是结合专业特色，各专业至少开设 1 门与专业相关的创新创业课程，或系列专题教学，或在多门专业课程中设置"双创"单元模块，促进专创融合；三是专设创新实践活动模块和创新创业学分，并通过第二课堂成绩单制度实施学分认定，引导学生积极参加课外创新创业活动；四是加快创新教育优质课程信息化建设，依托"超星泛雅""智慧树"等平台，引进一批优质慕课、视频公开课，实现线上线下贯通培养。

校企协同，创新人才培养模式。注重与行业企业的"媒合"，以"双创"实践引擎驱动，协同推进人才培养模式改革和"冠名班"订单式培养。学校携手慧科、达内、3D 动力集团等以实施"卓越工程师计划"为抓手，探索建立"三同五双"协同育人机制，获得江西省高校教学成果一等奖。

知行合一，强化实践教学。根据能力培养层次性和渐进性的特点，学校四年一贯全程设计，构建了以学科基础为基本、专业技能为主体、创新创业教育为特色的"三层次、三模块、三课堂"的实践教学体系，现建有创新创业教育实践平台 57 个，其中国家级大学生校外实践教育基地 1 个、省级人才培养模式创新实验区 2 个、省级高校实验教学示范中心 3 个；同时巧借校友资源，为学生创新创业实践提供锻炼平台，近三年新增校外实践教学基地 86 个。

训赛融合，促教促学促创。学校设立"大学生能力建设项目""大学生创新创业训练计划项目"，开展了"一院一赛"项目、创新人才培养暨学科竞赛项目、大学生科技创新与职业技能竞赛等项目培育，并依托多学科、综合性优势，鼓励学生跨学科专业组建团队，逐步形成了校、省、国

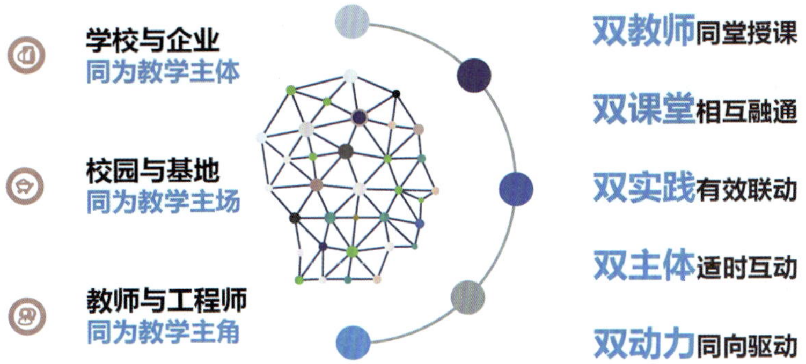

“三同五双”协同育人机制示意图

家三级本科生创新创业训练项目体系。近年来，2 000 余人次主持或参与项目 438 项，累计 12 000 余人次学生参加“互联网＋”“挑战杯”等创新创业竞赛，2 500 余人次学生获省部级以上奖项 1 674 项。

大学生在创客空间进行科技创新实践

德创融通，突出“双创”文化建设。学校坚持立德树人，突出社会主义核心价值观教育，以大爱育人为特色，强调将创新创业教育理念渗透到思想、环境和典型之中，进行“德教”、“境教”和“身教”，注重在创新创业实践中养成学生的德性与智慧。一是充分发挥地方红色文化资源的精神力量，组建德育团队，成立青马工作室和思创大咖组织，促进德创深度融合，为学生发展的行稳致远保驾护航。二是强化环境育人之功能，用校训命名“双创”平台，打造“双创”文化品牌。三是以学府讲坛、校友讲坛、创新创业大讲堂、沁湖讲堂为平台，邀请优秀校友、行业精英与学生进行面对面交流，激发学生的创新创业热情。

特色三：创客课程、创客训练、创客实践三层次递进融通，构建创客教育模式

分阶渐进，优化设计项目体系和教学目标。理工、文传、美设等学院依据现代工业（艺术）产品创新链的需求，以加德纳多元智能理论和多尔后现代课程观为指导，按照创客人才的认知水平和能力发展规律设置多元化教学内容，分创意、设计、研发和创新四个层级设计创客项目，

从开发思维、扎实基础、厚实专业到创新实践发展，分阶渐进达成教学目标。

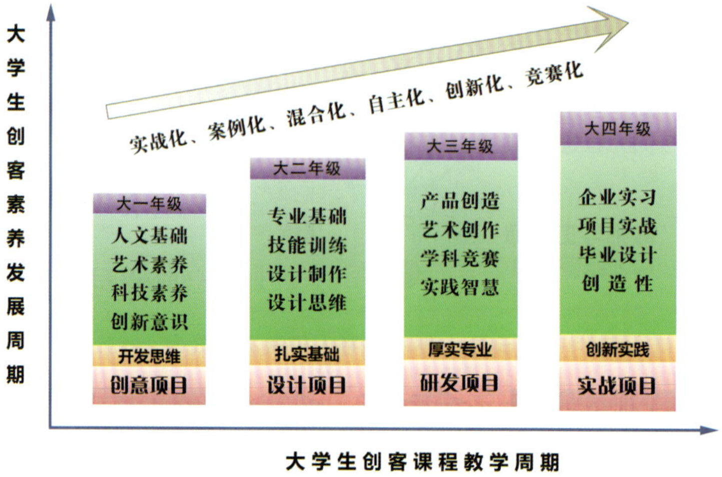

创客课程教学模式示意图

非线化教学，课堂组织和考核方式灵活。采用核心项目学习与实践方式串联课程知识点，强化多科知识的勾连，通过案例分析、情景教学、作品分享等形式，引导学生自主学习和互助学习。考核则采取“项目过程性评价与作品总结性评价”“学习过程评价与核心素养评价”“师生评价、业界评价与社会评价”相结合的复合评价方式。

交叉融合，多方联动开展训练和实践。跨学科组建创客学习团队和导师团队，管理创客项目，实现创意激发、创新实务、创业培育，如新闻传播学＋艺术＋文学＋经济学＋机械以及电气信息类等专业的组合。同时，学校挖掘自身潜力，与政府、行业、企业一起，攻坚克难拓建平台。近年来，学生创意、创作、研发产品 200 余款，其中 79 项发明、实用新型专利获得授权。其中获批 3 项发明授权专利的“机械式立体自行车库”获选参加了 2018 年全国大学生创新创业年会展示。

学生发明作品获选参加 2018 年全国大学生创新创业年会展示

协同创新 学科创业 生态创赢

——青岛科技大学

一、学校概况

青岛科技大学是国家“111 计划”立项建设单位、山东省属重点建设大学和山东省应用基础型人才培养特色名校，被教育部评估为“本科教学工作水平评估优秀高校”和“全国毕业生就业典型经验高校”，被社会赞誉为“中国橡胶工业的黄埔”。学校现有青岛、高密、济南三地五校区，校舍面积 92 万平方米，教职工 2 600 余人，其中院士 2 人、双聘院士 11 人，有 5 个博士学位授权一级学科、5 个博士后科研流动站、22 个硕士学位授权一级学科、15 个硕士专业学位类别，设有 76 个本科专业，有在校生 36 000 余人。学校形成了以材料科学与工程、化学工程与技术、动力工程及工程热物理等为代表的多个优势特色学科群，其中化学、材料科学、工程学等 3 个学科进入全球 ESI 学科排名前 1%。学校始终坚持走政产学研融合之路，通过科研成果转化或提供核心技术支撑而上市的公司已经达到了 7 家，连续两次被评为“山东省产学研合作创新突出贡献高校”。

学校坚持将创新创业教育贯穿人才培养全过程，形成了“协同创新 学科创业 生态创赢”的创新创业工作特色体系，构建了“创业思维训练＋大赛实践培养＋创业精准服务”生态链条。创新创业典型经验被《新闻联播》《焦点访谈》、国务院研究室《决策参考》、《人民日报》、《光明日

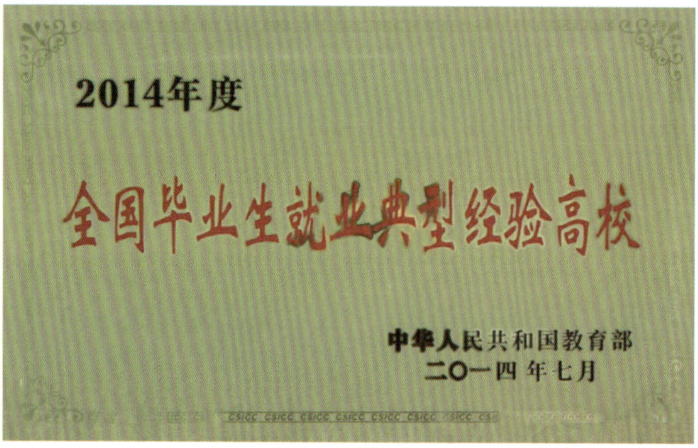

学校获评“全国毕业生就业典型经验高校”

报》等媒体深度报道。《国家教育行政学院学报》2018 年第一期刊发我校党委书记、校长马连湘署名文章，对我校开展大学生创新创业教育的经验进行了深入报道。多名创业典型获评“科技部中国火炬创业导师”“全国大学生创业典型人物”“山东大学生十大创业之星”等荣誉称号。学校坚持创新引领创业，创业带动高质量就业，毕业生就业数量和就业质量连续多年位列山东省属本科高校前茅，2018 年获评山东省就业工作先进集体，被省政府表彰，形成了被社会广为赞誉的创新创业“青科大模式”。

山东省领导实地考察学校国家橡胶与轮胎工程技术研究中心

二、学校创新创业工作典型特色

（一）协同创新，培养学生的创新思维与创业意识

1. 优化培养方案，创新创业教育贯穿人才培养全过程

学校结合山东省应用基础型人才培养特色名校与学分制改革，修订人才培养方案，新增创

新实践学分，将创新创业教育贯穿于人才培养的全过程。

学校还依托特色学科优势，成立大数据学院、智能制造学院、微电子学院、机器人学院等 4 个新型学院，开设工商管理（创新与创业方向）辅修专业，依托“英才培养计划”“卓越工程师教育培养计划”“工程教育专业认证”等载体，四年不断线培养学生创新思维和创业意识。

2. 建设“1＋*X*”课程体系，创新创业教育与专业教育有机融合

学校以促进创新创业教育与专业教育有机融合为切入点，建设“1＋*X*”课程体系，“1”是“创新创业基础”，“*X*”是“专业和创新创业融合”课。目前学校已面向全体学生建成涵盖“创新创业基础”等 3 门 6 个学分的基础必修课，“创业管理”等 294 门专业必修课，“创新方法与创新设计”等 131 门选修课的创新创业课程群；获批 2019 年全国高校就业创业特色教材课题立项 1 项，“创新创业思维构建与方法论”获批全国就业中心 2018 年创业类慕课建设课题立项，3 门课程在国家级在线课程平台“中国大学 MOOC”上线运行，31 门课程入选山东省在线课程联盟平台。

3. 内育外引相结合，加强师资队伍创新创业教学能力建设

学校坚持引育结合，组建了由创新创业教育专家、行业专家、成功企业家、杰出校友、风险投资人等 296 人组成的创新创业师资队伍。其中，1 人入选“全国万名创新创业导师人才库”，56 人入选“省创新创业教育导师库”；聘请创新创业教指委委员张海霞等为学校客座教授。

加强师资队伍建设，通过教师实践锻炼、人才引进、业务培训、团队立项、学习考察等途径，提升教师创新创业教育的意识和能力。先后组织了“双创”师资内训班、校内 KAB 创新创业师资培训班，培训师资 200 余人，57 人次参加全国、全省各类创新创业培训，均取得相应资格证书。

（二）学科创业，提升学生创新精神与创业能力

1. 全覆盖的创新创业实践培养

① 学生全覆盖。学校设置科技创新奖学金，构建“一院一赛”“一专业一赛”的学科竞赛格局，同时引导学生参加“互联网＋”“挑战杯”“创青春”等各类国家、省、市级权威赛事，不仅覆盖了在校生，而且将毕业五年内的毕业生也纳入了该范围，形成了“赛学相促、赛教相促、赛业相促”的学科竞赛实践机制。

② 教师全覆盖。深化人事制度分配改革，将创新创业全面纳入教师评价体系，并在职称评审、职务晋级、工作量计算等方面充分体现。鼓励教师带领学生参加创业实践，营造了专业课老师、实验工程技术人员、行政管理人员等人人参与、人人关心的氛围。

2. 三到位的创新创业精准服务

学校依托一流学科优势，支持大学生借助教师科研成果、自身专业知识等资源优势，注册学科性公司进行学科创业，或者参与到教师学科性公司进行创新创业实践；探索出“项目＋公司＋创业人”的学科性公司孵化路线，并从三个方面进行精准服务。

① 政策到位。学校出台了《青岛科技大学深化创新创业教育改革实施方案》等一系列文件制度 20 余个，涵盖了创新创业资金配备、平台管理、各类比赛支持等。整合政府、企业、高

我校学子荣获第十届全国大学生化工设计竞赛一等奖

校、科研院所的各方资源，建立了集教学、导师、平台、网络、文化“五位一体”的创新创业指导服务体系，提供政策咨询、技术指导、项目开发、跟踪扶持等“一条龙”服务和代办工商注册等手续的“一站式”服务，为创新创业工作的开展提供了保障。

我校两名创客同时入选“青岛创客 TOP 榜”十佳创客

② 平台到位。学校先后被评为国家级“高校学生科技创业实习基地”和国家级“众创空间”，获中国产学研合作创新奖，被评为“低碳山东行业领军单位”、首批“山东省大学生创业孵化示范基地”、“山东省大学生创业教育示范院校”等，还加入了中国高校创新创业教育联盟、中国高等教育学会创新创业教育分会、中国高等学校创新创业学院联盟、全国大学生创新创业实践联盟，并在校内建设了特有的“空间＋苗圃＋基地＋园区”的递进式实践平台，可以满足不同学生在不同时期的需求。其中，14 个校级“创客空间”是学生创意培养转化区，3 个“创业苗圃”是学生学科创业初创试水区，3 个“创业孵化基地”是学生学科创业孵化区，2 个“创业园区”是学生创新创业成长加速器，各类校内创新创业专门场所 25 000 余平方米。“在青科大创业，与

500 强为邻”“敲敲邻居的门，生意送上门”成为青岛科技大学学科创业“创客”们口口相传的佳话。

青岛科技大学国家大学科技园

③ 专业服务到位。申请山东省“双创教育中央教室”落户学校，提供专业创业教育；申请成为青岛市“大学生创业海鸥行动集训基地”，提供专业创业培训，同时申请创业补贴、小额担保贷款、岗位开发补贴等资金支持。委托橡胶谷、大学科技园等专业机构，为创业学生提供专业服务。

目前，学校累计支持教师依托核心技术自主孵化了 20 余家企业，在校学生注册并实现良性运营的学科性公司已达到 120 余个，由学校提供核心技术支撑已经成功上市的公司达到了 7 家。“学科性”创新创业文化氛围日益浓厚，“学科性公司”这一概念已被政府作为“官方用语”固化下来。

三、生态创赢，培植学生创新创业基因

通过构建良好的创新创业生态，为学生培育创新创业精神、开展创新创业实践提供支持和保障。

1. 纳入人才培养体系

全面修订人才培养方案，建立跨学院、跨学科、跨专业交叉培养创新创业人才新机制，建立“四层次、八模块”创新创业实践实训教学体系，充分利用课内、课外、社会三个课堂，使实践教学贯穿人才培养全过程。创新创业教育实现育人全覆盖、全过程、全学科。

2. 健全组织实施体系

成立创新创业教育工作领导小组，由校长担任组长、分管副校长担任副组长。成立创新创业学院，专门负责全校大学生创新创业工作。学生处（就业中心）、教务处、科技处、财务处、校

团委、研究生院等部门密切配合、齐抓共管。出台校企融合协同育人的指导意见和相关文件，鼓励工程认证专业和校企合作专业率先将企业资源、企业项目引入课堂教学环节，共同建立校企联合能力培养中心(ATC)。与珠海欧比特公司联合发射"青科大一号"卫星，用于大数据学科建设；与地方政府、社会、行业、企业，建立实体研究院、实验室，进行合作办学等。

3. 厚植文化引领体系

厚植创新创业文化，就是构筑"大众创业、万众创新"的沃土，让"双创"成为一种自觉习惯。学校始终注重创新创业文化的培育，无论是校训、校风，还是"科大精神""橡胶品格""五有理念"，都蕴含了创新创业的要素。加上多年形成的政产学研融合模式，支持学生积极参加老师的科研项目，既鼓励创新，又宽容失败，引领青年学生积极创业、理性创业，打造了蕴含科大家风的创新创业文化。通过学校7个上市公司的创业经历、15项国家科研大奖创新实践以及学生身边的创新创业典型案例，激励大学生让锐意创新、踊跃创业成为实际行动。

文化引领 三“台”联动
构建中医药院校创新创业教育新模式

——山东中医药大学

一、学校概况

山东中医药大学创建于 1958 年，是全国重点建设中医院校、山东省省属重点高校、山东省应用基础型人才培养特色名校。学校在山东省省属高校中拥有国家级重点学科最多，首批获得硕士、博士学位授权，首批设立博士后科研流动站，首批成为国家“973”项目首席承担单位。学校有 30 个本科专业、3 个博士学位授权一级学科、15 个二级学科、9 个硕士学位授权一级学科、46 个硕士二级学科；中医学、中药学学科入选山东省一流学科。学校现有教职医护员工 3 400 余人，其中博士生导师 174 人、硕士生导师 683 人、国家“国医大师”3 人、“全国高校黄大年式教师团队”1 个。学校现有在校生 21 000 余人，其中研究生 3 000 余人。历经 60 余载，学校现已发展成为以中医药学科为主，特色鲜明、优势突出、多学科协调发展的高水平中医药综合性大学，为健康中国和中医药产业发展培养了一大批高素质、应用型、创新型中医药人才。

自国家“双创”战略实施以来，学校将创新创业工作提升到发展战略高度，围绕服务健康中国和中医药产业发展，以培养高素质应用型、创新型中医药人才为目标，坚持中医药文化引领，坚持抓好教学质量“金讲台”，建好大学生创新创业三大实践“高平台”，用好“双创”竞赛“大舞台”，多措并举地打造了三“台”联动的大学生创新创业教育工作新模式，推动创新创业教育改革取得了新成效。中国工程院院士、原中国中医科学院院长张伯礼教授对我校创新创业工作给予了高度评价，认为我校“对全国高等中医药院校有示范引领作用”。

二、文化引领，增强中医药创新创业使命和担当

学校深入挖掘中医药文化中的创新创业元素，坚持将中医药文化和中医药事业发展融入大学生创新创业价值观教育中，实现中医药文化的创造性转化和创新性发展。

① 依托社团开展各类中医药创新创业品牌活动，筑牢中医药创新创业文化基底。学校共拥有各类大学生创新创业社团 12 个，每年组织开展创业沙龙、创业训练营等形式多样的“双创”主题活动 20 余次，活跃了校园创新创业氛围。学校每年举办中医药创意设计大赛、“砺行杯”研究生创新创意创业设计大赛等创新创业赛事 10 余种，覆盖全学历层次在校生，在广大学生中形成了勇于创新、敢于创业的价值导向。

② 依托大学生创业孵化基地，打造中医药创新创业文化阵地。学校将大学生创业孵化基地打造成中医药创新创业精英的聚集地，遴选优秀大学生创新创业项目入驻大学生创业孵化基地，充分发挥创业典型的宣传带动作用，引领大学生创新创业文化；同时聘请一批中医药创业成功人士、优秀校友担任大学生创业导师，定期分享创新创业经验，并指导学生立足专业创新创业，解决学生创业难题。

③ 承办各类中医药创新创业高端论坛、峰会及大赛，抢占中医药创新创业文化高地。近几年，学校先后承办了首届全国中医药高等院校大学生创新创业教育论坛、首届中医药院校人工智能大学生创新创业大赛、第十届全国中医药博士生学术论坛等，在学生中形成强烈反响，增强了学生为中医药事业发展而创新创业的使命感和责任感。

大学生创业沙龙

三、抓好一个"金讲台"，夯实创新创业基底

① 聚焦专创融合，构建教学实践一体的课程体系。把创新创业教育融入人才培养全过程，构建适应中医药创新型人才培养的课程体系，做到创新创业教育进方案、进课堂、进教材、进实践，在课堂教学和实训实践中出创意、出创新、出发明、出人才。坚持分层施教和分类施教，将创新创业课程融入通识课程、专业课程和实践课程，做到人才培养方案中有特色创新创业课程，专业核心课程中有创新创业内容，实现创新创业教育精准育人。

学校共面向全体学生开发建设了一批涵盖中医药研究方法、学科前沿、创业实践、企业管理、财税管理等的专创融合和创新创业教育课程140门，建设和引进"创造性思维与创新方法""创新创业大赛赛前特训""创业管理实战"等创新创业在线课程16门，为学生在线学习、模拟实战、创业体验提供条件保障，取得了良好的教学效果。编写《大学生创新创业》《创业基础》《医药市场营销学》《中医药科研基本思路与方法》等18种创新创业类教材。选取学校优秀创业校友事迹，编写具有针对性、实效性和吸引力的案例库。

② 内培外引，打造三支高素质专业化师资队伍。成立创新教育教研室和创业教育教研室，广泛引入多学科背景任课教师资源，培育了一支拥有创业咨询师、创业指导师和职业指导师资格的双师型教师队伍；推动全员育人，遴选泰山学者、中医药名家、科研名师等110人作为大学生创新创业项目指导老师，鼓励师生共创，推动科研成果转化；利用社会和校友资源，建设了以企业家、投资人、中医药专家为主体的创业导师队伍，深度参与学生创新创业过程，目前共有来自社会各界的大学生创业导师38人。

③ 聚焦高阶思维能力培养，开展教育教学改革。在临床医学专业课中推行对分课堂、RTS教学法、PBL教学、项目式教学等多种形式的探究式教学方法，提高创新思维能力；在"创业基础"课程中推进TBL教学模式和以赛代考的课程考核评价方式改革，通过引入专业教师、创新创业教师、企业家、投资人等多元评价主体，在班级、学院和学校三级考核评价中，将学生课堂模拟创业带入广阔的创业实战中，实现大学生创业项目课堂孵化。

四、建好三个"高平台"，立稳创新创业柱梁

① 创新训练平台。依托学校特色优势学科、专业和实验中心资源，组建了覆盖医、药、文、理四个学科门类的16个创新教育训练平台和1个虚拟仿真实验教学平台，通过设置创新课程和创新训练项目，提升学生的创新意识和能力。

② 校地企合作平台。建立广泛的中医药行业校企合作，引企入教、引企入创。与山东省工商联女企业家商会、山东阿普堂创业服务有限公司等单位合作搭建校企合作实训平台57个，实现资源互补、协同育人；与浪潮集团合作，就中医药信息化人才和中医药大数据人才开展校企联合培养，协同育人。开展广泛的校地、校际合作，发起成立长清大学科技园"双创"

联盟，与 10 余所大学、济南市和长清区 10 余个政府部门建立广泛合作关系，为学生创业实践提供政策咨询、工商注册、财税法培训等，公益扶持大学生创业。

③ 特色大学生创业孵化平台。学校建成了 5 300 平方米、可以同时容纳 120 个创业项目、400 余人办公的大学生创业孵化基地。基地以中医药文化为引领，依托行业发展，聚集和高效配置中医药创新创业资源，完善政策扶持、科研成果转化、产业对接、企业人才"双孵化"和投融资服务五大功能体系，形成可复制、可推广的中医药专业孵化器建设服务新模式，先后被评为山东省大学生创业孵化示范基地、山东省备案众创空间，济南市"泉城众创空间"、科技企业孵化器等。基地重点扶持在中医医疗服务、特色康复、健康养老、养生保健、中药栽培、新药研发和中药加工等中医药产业链条上的创新创业项目；鼓励学生将大数据、云计算、人工智能等新技术运用到创新创业项目中，推动中医药产业与文化传播、信息技术、健康管理、旅游和电子商务等的深度融合。大学生创业孵化基地自建成以来，共有 114 个大学生创业公司（项目）入驻，80％以上为"中医药＋"产业，研发中医药类产品 150 余种，培育孵化出年产值逾千万的大学生创业项目 2 个、百万以上的大学生创业项目 4 个，实现"中医药＋"产业聚合效应。

大学生创业孵化基地创新创业场景中心

五、用好一个"大舞台"，实现创新创业赛事价值最大化

学校打造了以"互联网＋"大学生创新创业大赛、"创青春"和"挑战杯"为首的从创意到创新再到创业的大学生创新创业赛事体系，构建了主题突出、层次递进的创新创业竞赛体系，做到"双创"赛事覆盖全学历层次、全专业、创新创业全过程。以赛促改，推动了《本科学生学科竞赛管理办法》和《山东中医药大学"互联网＋"大学生创新创业大赛管理与奖励办法（试行）》等规章制度的出台。以赛促创，充分发挥"双创"赛事的载体和纽带作用，整合校内外资源，实现赛事价值最大化。大赛之前，学校通过全面发动，层层部署，广泛发动学生参与，引领创新创业价值观；大赛期间，通过组织各类训练营、培训会和创业沙龙活动等，引导学生合理组建团队、

产生创意项目；邀请专家对创业实践项目进行指导，提升创业项目市场竞争力；大赛后期，通过为项目配备创业导师、对接投融资服务机构、设立创业基金、对接产业需求、提供创业孵化场地等方式，持续、深入地为创业项目提供服务，促进初创项目快速成长。

“双创”大赛促进了学校与社会资源的对接，目前已经有 10 家企业和投资服务机构进入学校赛事服务平台，为 3 个大学生创业项目提供投融资逾千万元。近三年，学校在“互联网＋”“创青春”等各类大学生创新创业大赛中，获省级二等奖以上奖励 110 余项，连续三年获全国大学生服务外包创新创业大赛一等奖，在第四届中国“互联网＋”大学生创新创业大赛全国总决赛中勇夺金奖，成为自大赛举办以来首次获得金奖的中医药院校。

第四届中国“互联网＋”大学生创新创业大赛表彰大会

学校先后被评为山东省创业教育示范院校、山东省创新创业典型经验高校和山东省就业工作先进集体。创新创业教育改革获得山东省教学成果一等奖 2 项、二等奖 2 项。学校创新创业成果和典型经验被《中国教育报》、《中国中医药报》、新浪网等媒体报道 30 余次。

铸魂“一懂两爱”
培育“双创”人才

——河南农业大学

河南农业大学有着百余年办学历史，是国家“2011 计划”首批 14 家牵头高校之一，农业部、国家林业局与省政府共建高校，河南省唯一一所两次获教育部本科教学工作水平评估优秀等次高校。学校建有文化路、龙子湖和许昌新区三个校区，全日制在校生 3 万余人，下设 20 个学院，覆盖农、工、理、经等 10 大学科门类。学校在职教职员工 2 100 余人，其中教授、副教授等高级专业技术职务 757 人，中国工程院院士 1 人，国家杰出青年科学基金获得者 2 人，教育部“长江学者”特聘教授 2 人，国家“万人计划”入选者 8 人。学校建有 7 个国际和国家研究平台，70 个省部级研究平台。

学校紧紧围绕立德树人根本任务，突出农业高校优势特色，以培养懂农业、爱农村、爱农民的“双创”人才为目标，以传承和发展创新创业文化、培养和提升创新创业能力、服务和推动创新创业实践为主线，构建“三元融合”培养方案、“三级施教”课程设置、“三维发力”支撑机制、“三驾齐驱”队伍建设的“四个三”的双创教育体系，大力实施激发金点子、孵化金种子、扶持真金子“三金”计划，全链条服务学生创新创业，成效显著：获评“全国深化创新创业教育改革示范高校”、“全国高校就业工作 50 强”单位、省“就业创业工作先进单位”等多项荣誉。涌现出养猪大王、全省首富秦英林，“中国青年五四奖章”获得者、德行丰民种植专业合作社理事长王灵光等一批双创典型。

学校创新创业工作的经验特色总结如下：

一、高站位、正主干，建立健全“四个一”双创长效机制

党的十九大报告提出要“培养造就一支懂农业、爱农村、爱农民的‘三农’工作队伍”。我校明确提出“一懂两爱”双创人才培养目标，建立健全“四个一”双创长效机制，形成引导大学生学农爱农培育现代农业双创人才的办学特色。

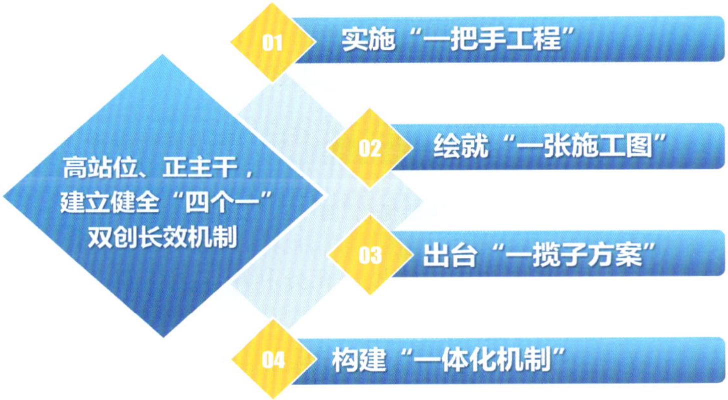

高站位、正主干，建立健全“四个一”双创长效机制

① 实施“一把手工程”。学校成立由书记、校长任组长，分管副书记、副校长任副组长，就业、创业、教务、学生、团委、科技、财务等部门及各学院主要负责人为成员的就业创业工作领导小组，统筹研究、安排部署全校创新创业工作。

② 绘就“一张施工图”。学校把创新创业工作纳入“十三五”发展规划，明确提出要深入推进创新创业教育改革，构建有利于提升创新思维、创新能力和国际视野的课程体系。

③ 出台“一揽子方案”。制定完备的创新创业管理制度，出台《大学生创业引领计划实施方案》等系列文件，对双创管理服务人员配备、进修培训、设备投入等方面予以倾斜。

④ 构建“一体化机制”。学校从机构、场地、队伍、经费等方面构建双创一体化长效机制。先后成立全省第一个大学生创新创业中心、全省第一批大学生创新创业园、大学生创新创业学院等机构，并设立创新教育和创业指导服务工作专项经费，支持大学生创新创业。

二、强教育、牢根基，持续优化“四个三”双创教育体系

① 出台“三元融合”培养方案。出台《关于修订本科人才培养方案的指导意见》。着力打造专业教育与创新创业教育融合、第一课堂与第二课堂融合、产学研融合的“三元融合”人才培养方案。

② 构建“三级施教”课程体系。一是开设理论课程。面向全校学生开设“创业基础”必修课和“创造学”等公共选修课。二是开设特色课程。各学院融合专业特色，引进行业及企业优

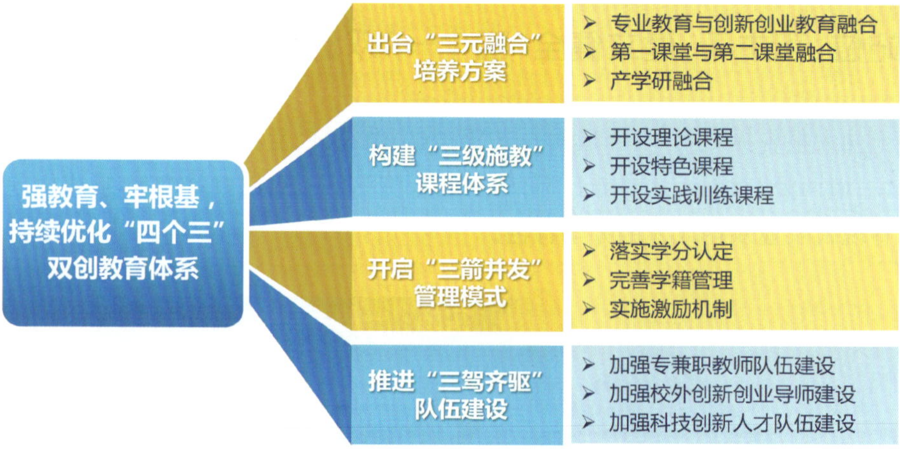

强教育、牢根基，持续优化“四个三”双创教育体系

质资源参与专业创新课程。三是开设实践课程。充分利用实践实训基地，通过“创业精英班”等形式强化实践训练。

③ 开启“三箭并发”管理模式。一是出台《本科学生创新学分认定实施办法》，落实双创学分审核认定。二是出台《本科生学籍学历管理实施细则》，推进弹性学制，允许休学创业的学生保留学籍完成创业实践，完善创新创业学分累计和转换制度。三是探索奖励基金、项目基金、双创奖学金等多重奖励机制。

④ 推进“三驾齐驱”队伍建设。一是加强专兼职教师队伍建设。建立了 110 名双创课程专兼职教师队伍，通过专题培训、专家报告、集中备课、分组研讨等形式提高双创教师业务能力。二是加强校外创新创业导师建设。选聘牧原股份董事长秦英林等 100 余名优秀企业家和创业校友担任创新创业导师。三是加强科技创新人才队伍建设。打造一批具有影响力的学术创新团队，通过构筑科教融合载体，吸纳学生参与到教学科研中，培养学生创新思维。

三、重实践、厚沃土，持续提升“三个多”双创保障能力

① 扎实推进农创空间建设。学校拥有 14 800 平方米的校级创业指导服务工作专用场地。农创空间按由浅入深的多重功能分为创意空间、初创空间、成长空间和项目工作室。近年来，通过农创大讲堂、农创沙龙等系列活动，提高入园学生的创新意识和创业能力。

② 搭建多维度实践平台。充分发挥校内科研实验平台、校外实践基地、校地合作平台“三圈阵地”作用，搭建完善多圈层创新创业实践实训教学平台体系。利用“2011 计划”协同创新中心等研究平台，培养学生创新精神和创造能力；建立 266 个校外实习实训基地、41 个创业孵化基地，支持学生开展创新创业实践活动；与南阳、许昌、信阳等地方政府签订战略合作协议，构筑校地协同育人载体。

③ 开展多渠道实践训练。通过氛围营造、平台支撑、激励保障，实施激发金点子、孵化金

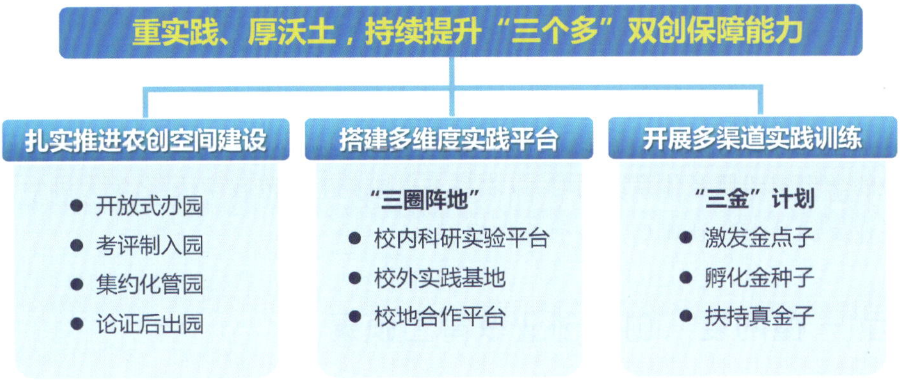

重实践、厚沃土，持续提升“三个多”双创保障能力

种子、扶持真金子的“三金计划”训练。通过开展“创·赢未来”主题活动，举办农创训练营、农创沙龙、“一院一品”创客秀等，激发大学生创新创业的“金点子”。通过“互联网+”等赛事平台、农创空间平台和科研平台等，孵化学生创新创业的“金种子”。通过建立“三金”引领项目库，选择优秀项目入库进入转化跑道，与中小微企业服务中心结合，促进项目对接、落地转化、知识产权交易、项目融资，培养扶持走向市场的“真金子”。

教育部专家与“猪猪暇”项目(互联网+国赛银奖)团队成员交流

四、细管理、茂枝叶，精准服务学生创新创业工作

① 构建全链条指导服务体系。积极联合政府、企业、媒体等，对已经开展创业实践及正在创业的学生提供项目咨询、评价、评估推介以及企业注册、税务登记、政策支持等有针对性、全链条的指导和“一站式”服务。

② 提供全覆盖信息服务体系。通过大学生就业创业信息网、“农大学工”微信公众号、微

博等集政策宣传、成果展示、典型推送、信息服务于一体的信息推送平台，做好线上宣传推广活动。

③ 打造全要素文化传承体系。积极引导学生参加社会实践活动，形成独具特色的“一台、一网、一线、一挂、一送”（科技点播台、科教服务网、科技“110”热线、学生挂职村副主任、送科技文化下乡）的学生实践服务体系。同时，以农科杰出毕业生典范教学法、名家大讲堂、知名校友报告会、企业家课堂等起到典型示范引领作用。

五、践行“一懂两爱”，创新创业教育出硕果

践行“一懂两爱”，创新创业教育出硕果

① 就业创业质量有提升。积极引导学生开展基于专业和基于创新的创业活动，创业学生比例持续提高，形成以创业带动就业的良好态势，实现就业质量和就业率“双高”的目标，毕业生就业率多年保持在全省高校前列。

② 双创大赛有成效。3 年来，在“互联网＋”“创青春”“挑战杯”大赛中获奖数量位居全省高校前 3 名，其中国家级奖励 24 项，省级奖励 96 项，获省“挑战杯”1 次、“优胜杯”2 次，连续 3 年获省优秀组织单位。在数学建模、农业机器人等各类创新创业大赛中获奖 351 项，其中国家奖励 75 项。

③ 创新创业有典型。学校有优良的创新创业基因，毕业生中涌现出中国工程院院士张改平、吴孔明，美国农学会院士马保罗，国家杰出青年王道文、李大伟，长江学者汤继华，国家科技进步奖获得者郭天财、康相涛、范国强、陈彦惠等一大批杰出科技人才；以及养猪大王、全省首富秦英林，中国青年五四奖章获得者、德行丰民种植专业合作社理事长王灵光，新三板上市企业 CEO 王洋洋，全国就业创业优秀个人温振等一批创新创业典型。

④ 理论研究有成果。近年来，学校在人才培养方面先后获 7 项国家级教学成果奖。其中，《农林高校创新创业教育体系研究与实践》《加强创业素质教育 培养农村创业人才》获国家

级教学成果二等奖;《坚持立德树人根本任务 构建‘五位一体’实践育人体系》获全国高校思想政治工作精品项目;获省级创新创业课题 15 个,发表创新创业论文 60 余篇,出版创新创业类著作 7 部。

⑤ 服务农业有贡献。学校连续 10 年获国家科技奖 19 项。2017 年,植物学与动物学、农业科学两大主干学科进入 ESI 全球排名前 1%。学校通过人才和科技支撑了全省粮食产量十五连丰、连续 10 年超千亿斤,为服务现代农业和区域经济社会发展做出积极贡献,多次获农业部表彰和省政府粮食丰产奖。

⑥ 社会反响有强音。学校获“全国深化创新创业教育改革示范高校”、“全国高校就业工作 50 强”单位、省“就业创业工作先进单位”、省“大学生创业教育示范学校”、省“首批大学生创业实践示范基地”、省“首批大众创业万众创新基地”、省“农业大数据双创基地”等称号;培养了全省大学生创业指导名师 1 人、全省大众创业导师 1 人;有 3 人获全省大学生创新创业标兵,获奖人数位居全省第一;学校先后应邀在教育部大学生基层立业座谈会、农业部全国农业工作会议等会议上介绍双创教育经验;《人民日报》《光明日报》《中国教育报》等主流媒体多次对学校双创工作进行报道。

传承老区红色基因 构建"八全四育人"体系 大力培养勇于筑梦追梦的高素质应用型人才

——信阳师范学院

一、学校概况

信阳师范学院是一所以教师教育为主体，文、史、理、工、经、管、法、教、艺、农等多学科协调发展、特色鲜明的省属本科高校。学校创建于 1975 年，是我国改革开放后河南省创办的第一所本科高校，时名开封师范学院(今河南大学)信阳分院。1978 年经国务院批准为本科建制并改为现名，1998 年经国务院学位委员会批准为硕士学位授权单位，2017 年获批河南省"十三五"博士学位授权立项建设单位。

学校占地 2 260 亩，全日制在校本科生 2.4 万余人，硕士研究生近千人。设有 81 个本科专业，15 个硕士学位授权一级学科，8 种硕士专业学位授权类别，与闽南师范大学、中国林业科学院等单位联合培养博士生。学校拥有双聘院士 1 人，学部委员 1 人，国家"万人计划"教学名师 1 人，享受国务院特殊津贴专家 4 人。2007 年教育部本科教学工作水平评估中被评为优秀等次。先后荣获国家级教学成果一等奖 2 项，二等奖 3 项。在全国第四轮学科评估中，马克思主义理论和数学 2 个学科进入榜单。在全国首次专业学位水平评估中，教育硕士获得 C－。

学校坚持以习近平新时代中国特色社会主义思想为指导，深入贯彻落实全国教育大会精神，始终坚守为党育人、为国育才的初心与使命，紧紧围绕立德树人根本任务，着眼于培养德智体美劳全面发展的社会主义建设者和接班人，把大学生思想政治教育与专业教育结合起来，把创新创业教育融入素质教育各环节、人才培养全过程，完善科教结合、产教融合、校企合作协同育人机制，着力培养学生创新精神和实践能力，构建了“八全”（全覆盖、全融入、全过程、全融合、全方位、全链条、全天候、全场景）“四育人”（价值观、教书、实践、服务）创新创业育人体系，紧密结合服务地方经济发展的职能和使命，主动对接大别山老区振兴和精准脱贫战略，在服务区域和国家发展战略方面取得了突出成绩。学校获批国家级大学生校外实践教育基地 1 个，国家级众创空间备案 1 个，学校荣获“全国普通高校毕业生就业工作先进集体”。

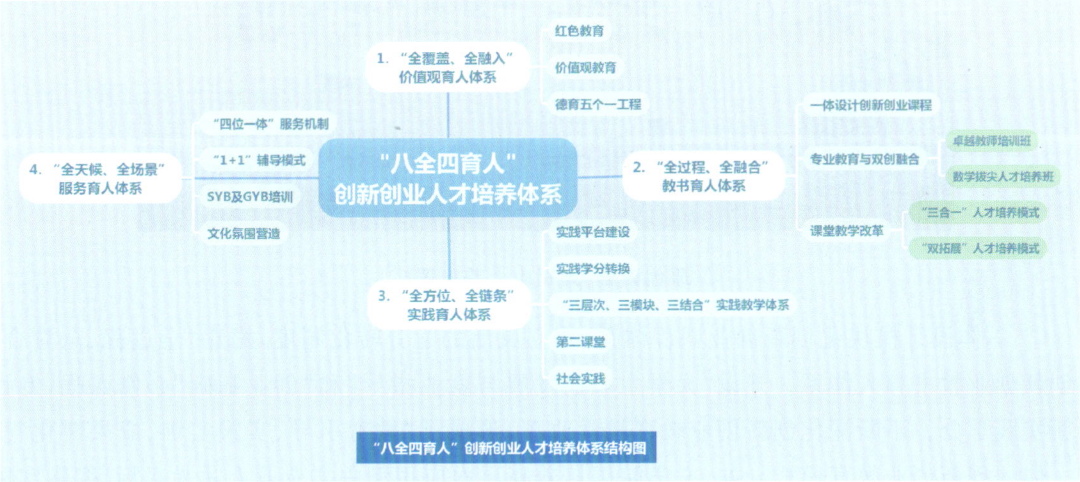

“八全四育人”创新创业人才培养体系结构图

二、创新创业工作特色做法

（一）抓好顶层设计，保障引领创新创业工作

学校确立了培养“厚基础、宽口径、强实践、重创新”的高素质应用型人才的人才培养目标，进一步完善学生创新创业和就业工作机制与评价体系，坚持实施“一把手”工程，建立完善的组织机构，确保创新创业工作“四到位”，从完善体制机制等方面强化创新创业保障工作，构建了健全有力的创新创业保障机制。

（二）抓实教书育人，深化创新创业教育教学改革

① 挖掘大别山革命老区丰富的红色教育资源，构建“全覆盖、全融入”的核心价值观育人体系。利用大别山地区革命历史文化这座“红色富矿”，把革命传统教育与创新创业教育结合起来，形成了由“视”（参观革命遗址、博物馆、纪念馆）“听”（听报告和革命故事）“唱”（唱革命歌曲）“读”（读红色经典）“走”（重走长征路）、“研”（红色文化研究）构成的立体化红色育人模式。结合专业教育传承红色引领本源，实现红色资源融入专业教育。如，传媒专业寓教于“微”，把精彩的核心价值观故事制作成“微故事”“微视频”“微电影”，让师生随时随地接受教育和熏陶。

由师生拍摄录制的纪录片《十岁的夏天》2016年获得北京大学生电影节最佳剪辑奖，2017年先后获得希腊国际纪录片电影节唯一"中国梦"奖、入围第74届威尼斯国际电影节聚焦中国单元、洛杉矶华语电影节竞赛单元入围影片、第19届华盛顿独立电影节入围影片。

原创话剧《大别山上苍松翠》

② 一体设计模块化创新创业课程体系，建立灵活的学分转化制度，构建"全过程、全融合"的创新创业教书育人体系。开设"大学生职业发展与就业指导"和"创业基础"必修课程，专设创新实践学分。不断深化创新创业教育教学改革，形成了"教育引导、实践实训、成果孵化"三位一体的创新创业教育模式。如，文学院以培养高层次应用型中文专业人才为目标，探索实施知识+能力"双拓展"人才培养模式，设立汉语言文学专业创意写作方向，成立"国内第一个本科创意写作班"，致力于在本科层次培养创作型人才。出台《"第二课堂成绩单"学分认定实施办法》，对学生思想成长、社会实践、志愿公益、创新创业、文艺体育、工作履历、技能特长等八个方面全面认证，形成了贯穿学生四年学习生涯的第二课堂育人体系。修订《普通本科学生实践创新学分认定与管理办法》，建立创新创业学分积累与转换制度，学生开展创新创业实践可获得2～6个学分；修订《学分制学籍管理办法》，实行弹性学制，学生开展创业实践，可以按照程序保留学籍，最长可以放宽修学年限至8年；制定《教学改革立项项目管理办法》，单列创新创业教学改革项目，单列就业指导序列职称评审，鼓励教师积极开展创新创业教育教学改革，以分组讨论、人人参与、项目带动等形式提升创新创业课的教学效果。

（三）抓牢平台建设，大力开展创新创业实践活动

整合校内外资源，建成了一批集群式、开放性创新创业实践平台，构建"课堂融入、创新提升、项目带动、服务引领"的"全融入、全链条"大学生创新创业实践育人体系，支持学生学以致用，通过实践实现教与学相统一，知与行相和一，理论与实践相归一。

① 对接大别山振兴战略，构建大学生社会实践共同体。2015年，国务院批复《大别山革命老区振兴发展规划》，学校及时牵头成立由河南、湖北和安徽共21所高校组成的"大别山革命老区高校联盟"，整合大别山老区社会资源，建立社会实践共同体，创新协同育人模式，适应人才培养"供给侧"改革。利用信阳茶产业基地，设立茶学专业，建立河南省茶树生物学重点实验

室；将作物学、畜牧学和生态学等多学科有机融合，建立“大别山农业生物资源保护与利用”省级优势特色学科群，成立大别山农业生物资源保护与利用河南省工程技术研究中心、水稻分子育种河南省工程研究中心等多个科研平台；与林业科学院合作成立大别山种群生态模拟与控制重点实验室及院士工作站；与河南羚锐制药股份公司共建国家级大学生管理学实践教育基地，先后建设国家级“南湖创星众创空间”（电子类专业化众创空间）、省级“谭山众创空间”（综合类众创空间）、省级大学生创新创业孵化园、因仑电子创新工作室等 89 个校内外创新创业实践场所，形成了校内外结合、专业特色鲜明的创新实践实训基地集群，为大学生创新创业实践提供了有力的平台支撑。

国家级众创空间

② 对接大别山精准脱贫战略，推动大学生创新创业实践。学校联合省科技厅、省科协与信阳市政府签署支持信阳市实施脱贫攻坚计划战略合作协议，成立信阳发展研究院，充分发挥学校科学研究和智力支持作用，更好地服务于信阳脱贫攻坚和经济社会发展，服务于大别山区的振兴发展和区域治理。联合中国科学院精准扶贫评估研究中心成立“河南省精准扶贫与乡村振兴软科学研究基地”，组织师生全方位为大别山老区乡村振兴与精准扶贫政策制定和乡村社会经济发展提供智力支持和科技支持。两年多来，8 个师生团队为老区做规划项目 54 项，为老区美丽乡村建设提供了有力的智力支持，为专业实践提供了完备的应用平台。高军波博士被聘为国家精准扶贫工作成效第三方评估专家，带领师生团队先后承担了 6 省共 18 个县的精准扶贫工作成效第三方评估任务，完成了甘肃省、陕西省 3 个县的贫困县摘帽退出第三方评估任务，评估报告作为党中央、国务院考核当地省政府精准扶贫工作成效的重要依据，为各地推进精准扶贫工作提供了重要参考，受到国务院的表彰。

③ 对接青年红色筑梦之旅，实现青年学生创新创业梦想。引导师生为祖国把自己的创新创业梦融入帮扶苏区人民脱贫致富的行动中，实现广大青年学子红色筑梦之旅。驻村第一书记李向阳指导学生创办的金瓜奇果农业科技有限公司，帮扶贫困户成立栝楼种植合作社，借助互联网＋，开展农产品种植技术开发推广、产品深加工出售等服务，累计帮扶 103 家贫困户种

植栝楼面积突破200亩，户均增收近7 000元。该项目荣获2018年第四届全国移动互联网创新大赛一等奖。毕业生朱志恒成立信阳启航信息科技有限公司，已取得3项国家授权发明专利，28项软件著作权，2018年取得高新技术企业证书。与学校建筑节能材料河南省协同中心、信阳林志世纪高新技术发展有限公司共同组建绿色智慧建筑物联网重点实验室，结合保护大别山濒危动植物方面，为河南省黄缘闭壳龟保护中心设计精细化管控体系，对国家级保护动物黄缘闭壳龟的生存和孵化提供智能监控；联合生命科学学院为濒危植物铁皮石斛定制智能生长环境；围绕服务信阳茶叶产业，在信阳市吴家店镇建成茶叶育苗智慧实验大棚，一期实施8个大棚，近3 000平方米，每个大棚育苗约4万株，产值近70万元，提质增收效果明显。

金瓜奇果扶贫农业项目

(四) 抓好体系建设，全程指导服务学生创新创业

学校聚焦服务学生的本职，着力提高服务学生创新创业的能力和水平，建立了条件完备、服务周全的“一站式”创新创业指导服务体系，形成了“全方位、全场景”的创新创业服务育人体系。

① 建立“四位一体”和“1+1”辅导指导服务体系。建立以谭山众创空间为引领、学院“微创空间”为主体的“1+N”创客空间集群；聘请创业成功优秀校友、企业家、社会成功人士担任兼职创业导师，打造学生、教师、学校、企业“四位一体”的创新创业服务机制，实现了分类和分层次服务目的。

② 创业辅导培训形式多样。开设“校友大讲堂”“创客沙龙”等创新创业专题讲座，对学生创业进行全方位指导；依托SYB及GYB创业培训提升学生创业能力，培训毕业生3 000余人；利用众创空间为学生创业提供培训、综合孵化、融资洽谈等服务和指导，利用“微创空间”为学生提供专业实训和创新实践。

③ 创新创业文化氛围浓厚。秉承“用深厚的校园文化打造创新的灵魂”的宗旨，通过“校友大讲堂”、“贤林讲坛”、“创业沙龙”、科技文化艺术节等创新创业校园文化活动，营造了浓厚的创新创业氛围。2017年，学校荣获教育部高校校园“创业文化建设优秀成果奖”。

“两融入 一贯穿”深化创新创业教育

——湖北理工学院

湖北理工学院是一所以工为主、工理结合、发展迅速的地方应用型普通本科高校。学校以习近平新时代中国特色社会主义思想为指导，落实立德树人根本任务，立足应用型办学定位，创新应用型人才培养理念、路径和方法，凸显创新创业教育在应用型人才培养质量提升中的作用，办学质量和育人质量明显提升。

学校 2010 年启动创新创业教育，经历了学生自创、师生同创、产教领创等三个发展阶段，确立了“两融入、一贯穿”的创新创业教育总体思路，探索了“六位一体、师生同创”的创新创业人才培养模式，构建了“五业融合、产教领创”的创新创业教育体系，建成了全要素、全链条、全生态、全公益的创业孵化基地，取得了具有较高推广应用价值的成果和经验。

一、将创新创业教育融入思想政治教育，融入专业教育，贯穿人才培养全过程

（一）实践模式

学校将培育创新精神与思想政治教育、提升创业能力与专业教育深度有机融合，首创 9P 专创融结合、专创融合生成性教学体系，从认知—方法—问题—目标—项目—合作—实践—产品—呈现九个层次，落实在培养方案—课程—课堂—实践全教学环节，贯穿创新创业教育贯穿

人才培养全过程。

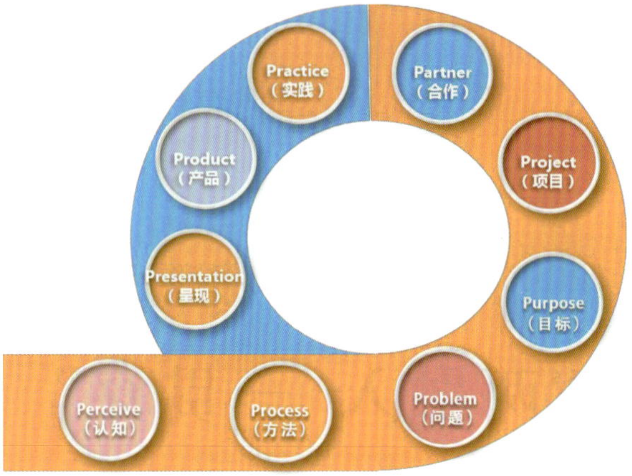

9P专创融结合、专创融合生成性教学体系

（二）关键措施

① 建立长效机制。将创新创业工作列为"一把手工程"，成立创新创业工作领导小组和大学生创新创业教育指导委员会，成立创新创业学院，由分管副校长兼任院长，设立专职常务副院长。

② 优化培养方案。人才培养方案由"通识教育＋专业教育＋创新创业教育＋素质拓展"四大模块构成，创新创业教育模块中创新创业通识教育3个学分，专创融通学分不低于5学分，落实将思想价值引领融入创新创业教育，将创新创业教育融入专业教育，贯穿人才培养全过程。

③ 完善课程体系。建设"通识教育＋实践教育＋融合教育"课程体系。面向全体学生开设"大学生职业发展与创新创业基础"、"大学生就业创业指导"两门必修课，自建"功能性化工材料创新创业"等5门专创融通、思创融通课程，引进"创业思维与创业逻辑"等20余门在线开放课程，面向有创业意愿的学生开设SYB、KAB等课程。

④ 改革教学方法。投入近千万元建设智慧教室，为创新创业教学采用翻转课堂、PBL等教学模式，应用讨论式、情景式、项目式等教学方法提供优质条件。把马克思主义的立场、观点、方法贯穿于创业教育之中，指导学生创业实践；用体现了马克思主义唯物辩证法的创业思维推进思政教学改革，培养学生的创新创业能力。探索人生化导向、故事化讲授、合作式学习、游戏化教学、情景化呈现的思创融合教学模式。

二、探索实践"六位一体、师生同创"创新创业教育模式，提升创新创业育人质量

（一）实践模式

构建组织体系、教学体系、师资体系、服务体系、项目体系、孵化体系互为一体的创新创业

教育模式，实现协同育人、师生“同创”。聚焦师生“同创”，驱动 IPAD 1.0 引擎模块，将创新创业教育（Instruct）作为重要抓手，以创新创业项目（Project）为支点，师生共同开展创新创业活动（Action），促使师生双创能力协同发展（Development）。

（二）关键措施

① 强化机制保障。学校从教师的职称评审、岗位设置、绩效考核，学生的学分认定、评优评先等方面对师生“同创”进行支持和激励，为师生“同创”给予制度保障，出台文件支持教师带领学生团队共同开展创新创业活动，鼓励师生共同开展科学研究、课题申报、知识产权申请，达到师生“同创”的目的。

② 着力提升能力。建立了创新创业课程群：一是面向全体学生的创新创业基础必修课和选修课，其中必修课 2 门，52 学时，选修课 20 门，386 学时；二是每个专业开设不少于 5 个学分的专创融合课程；三是面向有创业意愿的学生提供创业训练营课程。通过内培外引，培养百名校内创新创业教师和选聘百名校外创业导师的“双百”师资计划。

③ 打造服务平台。建成 12 000 平方米的校级大学生创新创业基地，为师生提供全要素、全链条、全生态、全公益的“拎包入住”一站式服务创新创业平台。开放各级实验室和实践平台，鼓励在教师指导下“游学”。建设创新创客工坊，为大学生提供产品试制车间。建设“一学院一基地一特色”的教学院级创新创业基地。

④ 创新实践模式。首创具有自身特色创新创业人才培养“双向成长”教育实践模式，在成果载体上，让学生结合专业知识，实施“作业—作品—产品—商品”转化，实现创新创业教育落地生根、开花结果。项目成长过程中同时实现个人创新创业能力（人品）成长，培养了创新意识、责任担当，实现了立德树人。

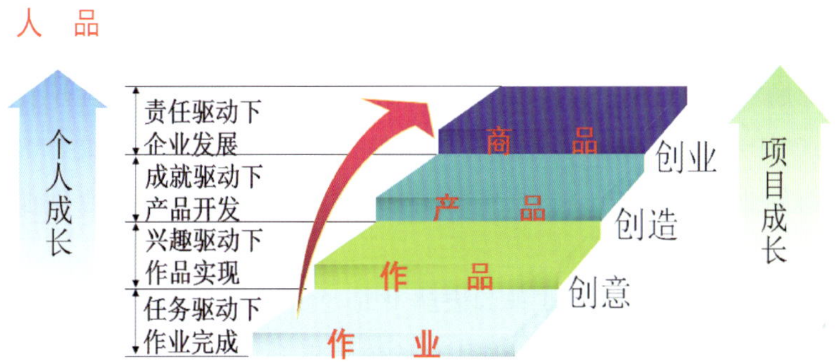

“双向成长”的“四品”创新创业实践成果体系

三、构建“五业融合、产教领创”创新创业教育体系，提升学校服务地方能力

（一）实践模式

构建对接产业、融入专业、贯穿学业、引领创业、带动就业的“五业融合、产教领创”创新创

业教育体系，驱动 IPAD 2.0 引擎模块，通过对接区域重点产业（Industry），搭建产教融合平台（Platform），应用（Apply）高校各类创新资源，驱动（Drive）高校、区域、企业协同创新，实现学校人才培养质量与地方经济社会协同发展。

（二）关键措施

① 强化机制保障。制定《关于进一步加强校企产学研工作的意见》《湖北理工学院青年教师进企业项目管理办法》《湖北理工学院企业科技特派员管理规定》等制度，为产教“领创”提供了机制保障。

② 拓展发展空间。铆住“绿色、矿冶、智能、虚拟”等学科与产业的扭结点，立足鄂东南，面向湖北，辐射全国，主动对接地方经济社会发展大战略，与省内外建成 30 多个校地、校产、校企合作的研究基地和实践平台，推进产教“领创”。

③ 提升能力服务。加强“双师型”师资队伍建设，创新应用型人才培养模式，提升学生的应用技术实践能力，实现“专业对接产业、课程跟踪企业、培养联合企业、建设融合企业、课题来源企业、人才服务企业”的目标。

四、春华秋实，学校创新创业教育成效彰显

（一）创新创业教育实效不断得到凸显

目前，学校创新创业基地入驻孵化企业（项目）183 个，其中教师项目 24 个，学生项目 159 个。创新创业基地培育了马可望、宋学攀等一批创业人才，孵化了湖北扬信化工有限公司、黄石盛通网络科技发展有限公司等一批企业。有 500 名毕业生在宜兴国家级环保科技工业园创业。

教师的研究课题“创新创业教育与专业教育融合的‘9P’课程设计与开发”已被教育部合作育人项目立项；《“IPAD2.0”创新创业教育体系的探索与实践》获得湖北省教学成果三等奖；承担省级以上创新创业研究项目 4 项；自编教材《大学生职业发展与就业创业指导》入选为普通高等教育“十二五”规划教材。

近 3 年，学生在各类学科竞赛中获得国家级奖项 200 余项、省级奖项 500 余项，获奖数量年均增幅达到 12%以上，奖项的“含金量”得到了较大提升；学生承担研究课题 60 余项、承担省级以上大学生创新创业训练计划项目近 200 项，获得专利 130 余项、软件著作权 30 余项。根据第三方跟踪调查显示，毕业生自主创业率高于全国非“211”本科平均水平，创新型、科技型创业占比 40%以上，毕业生创新创业能力总体满足度整体呈现上升趋势。

（二）创新创业教育经验持续得到肯定

2017 年 9 月，学校参加第三届全国互联网＋创新创业大赛选手受到国务院原副总理刘延东接见。2017 年 12 月湖北省本科高校大学生创业示范基地建设推进会在学校召开，学校探索实践具有地方本科高校特色的“六位一体、师生同创”创新创业人才培养模式在大会上进行

交流。2019 年 1 月，学校在首届全国大学生创新创业实践联盟年会暨第二届双创实践新技术高峰论坛上作经典案例交流。

学校创新创业基地先后被科技部认定为“国家级众创空间”、湖北省人民政府首批“省级双创示范基地”、省教育厅首批“湖北省大学生创业示范基地”、省人社厅首批“湖北省大学生创业孵化示范基地”、省科技厅“省级 3A 众创空间”和“省级科技企业孵化器”、省经信厅“小型微型企业创业创新示范基地”。大学生创新创业俱乐部被评为首批“湖北省优秀大学生创新创业俱乐部”。

（三）创新创业教育的社会影响不断得到彰显

学校创新创业工作被《人民日报》、中央电视台、中国新闻社、《中国教育报》、《湖北日报》等各级各类媒体报道百余次，报道创业典型人物 50 余人（次）。

2018 年 1 月《湖北日报》以《湖北理工学院大学生创新创业侧记：种下梦想待花开》为题报道了我校应用型创新创业人才培养的做法和成效。2018 年 11 月《湖北教育简报》刊发了《湖北理工学院“五转三提”凝练应用型人才培养特色》的典型做法。2019 年 1 月，《中国教育报》以《打造地方高校“双创”教育“升级版”》为题介绍了我校创新创业教育改革实践成效。

创新创业教育的起点和终点都是立德树人。学校将坚定不移地把深化创新创业教育改革作为提高人才培养质量、推进高等教育综合改革的突破口和重要抓手，紧紧围绕培养更多更好的创新者和创业者这个创新创业教育的核心命题，将创新创业教育推向新高度，将教育教学质量和人才培养质量推向新高度，为服务创新驱动发展战略和创新型国家建设做出应有的贡献。

使命引领 多方协同 深度融合 着力打造具有湘大特色的“双创”模式

——湘潭大学

一、学校概况

湘潭大学创办于1958年，是一代伟人毛泽东同志亲自倡办的综合性全国重点大学。1958年9月10日，毛泽东同志亲笔题写“湘潭大学”校名，并亲切嘱托“一定要把湘潭大学办好”。1974年，邓小平、李先念等中央领导同志批准湘潭大学复校。1978年，学校被国务院确定为全国16所文理工综合性重点大学之一。1981年，学校成为全国首批硕士学位授权单位。2018年9月6日，习近平总书记对学校作出重要批示，希望湘潭大学扎根伟人故里，努力把学校办得更好、更有特色。

学校是湖南省与教育部、湖南省与国家国防科工局共建高校，教育部和湖南省支持高水平大学和特色学科建设高校，设有研究生院和20个学院、教学部，与西班牙莱昂大学、乌干达麦克雷雷大学合作建有2所孔子学院。现有专任教师1 488人，各类全日制在校学生37 057人，其中硕士、博士研究生6 770人。现有一级学科博士点15个，一级学科硕士点31个。湘潭大学有“计算湘军”的美誉，化学、材料科学、工程学、数学四个学科ESI排名进入全球前1%，是全国流变力学、消费经济的学发源地，建有全国首家信用风险管理学院。

近年来，学校深入贯彻落实党中央、国务院关于“大众创业、万众创新”的重大战略部署，始终把提高人才培养质量作为深化创新创业教育改革的出发点和落脚点，注重将创新创业教育融入人才培养的全过程。学校牢记伟人嘱托和总书记关怀，扎根红色土地，坚持使命引领、多方协同、深度融合，充分发挥综合性大学优势，将创新创业打造成提升人才培养质量的新引擎，在实践中探索形成具有湘大特色的“双创”经验与模式。

二、创新创业工作典型特色

（一）坚持使命引领，增强“双创”驱动力

① 将红色基因根植于青年创新创业。学校充分发挥伟人故里的红色优势，在红色文化、传统文化的弘扬中注入创新创业元素，将创新创业教育与思想政治教育紧密结合。围绕红色文化、精准扶贫、非遗开发等开展创新创业教育，形成了“红色筑梦·精准扶贫”等为代表的一系列创新创业主题活动，培育出“红色筑梦团”“翼工坊”等一批优秀创新创业项目，以及“百湘果”“小蓝鲸”为代表的富有社会责任感的企业典型。

服务脱贫攻坚基地建设现场会

② 以时代需求引导青年创新创业。学校依托学科特色和地域优势，坚持目标需求导向，将创新创业教育与国家战略需求特别是地方经济社会发展需要相结合。工业设计师生团队承担的国家载人航天工程“空间站舱外服工业设计”项目，得到中国航天员中心领导和专家高度评价；师生团队共同开发的全自动莲子去芯机和开边机，助力地方经济发展，被中央电视台《我爱发明》栏目专题报道。

湘潭大学国家载人航天工程“空间站舱外服工业设计”指导教师团队

③ 用湘大精神激励青年创新创业。湘潭大学创办于1958年，1974年复校。学校60余年的发展历程，本身就是一部艰辛的创业史，也是一部伟大的精神传承史。学校坚持将湘大精神注入“立德”，以创新教育力促“树人”，将校情校史教育融入育人全过程，将“牢记使命，艰苦创业，追求卓越”的精神根植在每个湘大学子心里，内化为每个湘大创业者的人格品质。学生创业团队“风华”致力于挖掘校史文化，开发文创产品60余款，着力打造湘大文化产业经济。

全国大学生智能汽车竞赛（华南赛区）在我校举办

（二）坚持多方协同，提升“双创”整合度

① 共享：从“读专业”到“读大学”。学校形成了“学生不是在湘潭大学读某个专业，而是在某个专业读湘潭大学”的理念共识，发挥综合性大学教育资源多样性优势，培养综合素质高的创新创业人才。依托信息化教学平台，打破课程设置的专业、学科壁垒，以及主修与辅修、必修与选修的界限，让学生可以跨院系、跨专业及跨层次进行选课与学习，促进人才培养由学科单

一型向复合型方向转变。依托创新创业能力提升中心，面向全校学生举办创新创业训练营等活动，鼓励学生跨院系、跨专业组团开展创新创业实践，培养更多具有多学科运用能力、多视角思维模式的综合型创新创业人才。学校开设了数学类（韶峰班）、物理学（韶峰班）、材料类（师昌绪班）、经济学类（韶峰班）、法学（卓越班）、公共管理类（韶峰班）、化学类（韶峰班）等 7 个拔尖人才培养实验班，还在探索跨年级跨专业组建“创新创业实验班”，培养应用类高端人才。

教育部部长陈宝生来校考察指导创新创业工作

② 共通：从“相隔离”到“一盘棋”。学校成立了创新创业教育工作领导小组，并成立创新创业学院，形成学校统一领导、创新创业学院协同统筹、各职能部门齐抓共管的工作格局，从组织领导、工作协调、管理决策、咨询指导、检查督导、考核评价、制度保障等方面综合协调，有效推进创新创业工作的开展。创新创业学院院长由分管教学的副校长担任，设执行院长一名，招就处、教务处、研究生院、学工部、团委、工训中心、科技处、社科处、校友会等部门为副院长单位，统筹全校创新创业资源的配置及运行管理，上下“一条心”，全校“一盘棋”，形成了创新创业工作的强大合力。

③ 共赢：从“一公里”到“零距离”。学校秉承开放办学的理念，搭建“校地、校企、校友”全方位、立体式合作机制。与地方建立“共建、共享、共生、共荣”的关系，在搭建产学研合作平台、联合申报和攻关重大项目、建设智库团队等方面展开深入合作，相继成立“产业创新研究院”“院士创新产业园”“湘潭大学科技园”等，推动创新创业真正与地方对接起来、融为一体。不断深化与企业的合作，积极搭建专业与产业对接平台、创业项目与资本对接平台，推进创新创业落地生根，加速推进创新项目的产业化、市场化。“自动变速器可靠性提升及智能制造关键技术研究”项目突破三大核心技术，有效解决了企业的产品技术难题，带动产值近 300 亿元；“电梯云管家”项目获得 400 万元转化资金；学生 TI 实验室“太阳能绿色农业精准灌溉智能机器人”项目组与深圳小村机器人智能科技有限公司达成技术共享，共同研发安保系列机器人。与湖南力合星空孵化器管理有限公司、株洲校友会共建“双创”孵化基地，定期举办创业项目展示和项目路演，搭建平台让学生与创业大咖、校友企业家交流，让校友深度参与创新创业教育。

SLS(选择性激光烧结)之父许小曙做客“校友双创大讲坛”

(三)坚持深度融合,打造“双创”生态链

① 创新创业教育与综合改革相融合。学校加大改革力度,量身定做优惠政策,为创新创业营造良好大环境。出台《湘潭大学关于深化创新创业教育改革的实施方案》,从顶层设计层面提出了清晰的思路和指导意见。鼓励教师积极参与创新创业工作,将创新创业工作业绩作为专业技术职务评聘依据,“以第一指导老师身份指导学生参加国家级学科(专业)竞赛获得 3 届以上一等奖或 2 项以上特等奖”,与 1 个国家课题同等分量,并将相关工作贡献融入教师荣誉评价体系。在学籍管理方面,实行学分制和弹性学制,允许学生调整学业进程,学生可申请休学创业,期满可返校继续完成学业,同时支持参与创新创业的学生优先转入相关专业学习。在应届本科毕业生推荐免试攻读研究生制度中,将“学生创新创业成果”认定为直接选拔条件。

② 创新创业教育与课堂教学相融合。学校面向全体学生开设创新创业基础、就业创业指导以及创新创业研究方法、学科前沿等方面的必修课和选修课,逐步建立起“通识教育+专业教育”“必修+选修”的创新创业教育课程群。支持教师开展启发式、讨论式、参与式等教学方法改革,设立“研讨式教学法在课程教学中的运用”教改专项。近年学校立项启发式等教学方法改革项目 59 项,其中省部级 17 项,立项创新创业类教改项目 168 项,其中省级 86 项。注重对学生发现、分析、解决问题的能力和实践能力的考核,完善过程考核方式,加大平时课堂考核、作业考核、综合实践项目等学习过程考核的比重,积极探索开展非标准答案考试,实现对学生创新精神、创业意识和创新创业能力的综合评价。

③ 创新创业教育与实践育人相融合。学校建立了“创新训练中心+创新创业孵化基地+校外实习实践基地”的立体式实践平台,创设了工程认知、工程基础、先进制造技术、电工/电子、创新与研究、人文大类综合六大模块实训教学体系,搭建了融知识、能力、素质教育于一体的分层次、模块化的新型实践训练体系。强化资源开放与共享,支持本科生走进实验室和科研团队,构建“导师+博硕士+本科生”的导学机制。鼓励和支持创业类社团建设,先后推动成立湘潭大学创业者联盟、学生双创研究中心,基于社团大力培育创新创业生力军。深入开展主题文化活动,2011 年在湖南省内率先举办“大学生创新论坛”,积极举办“就业创业大讲坛”“创业

沙龙”等创新创业类活动，积极营造浓郁的创新创业氛围。

近年来，学校先后获“全国首批深化创新创业教育改革示范高校”“湖南省大众创业、万众创新示范基地”“湖南省高校大学生创新创业孵化示范基地”“湖南省大学生就业创业示范校”“湖南省普通高校毕业生就业工作‘一把手工程’督查优秀示范校”等荣誉称号。教育部部长陈宝生，湖南省省委书记杜家毫，湖南省省委副书记、省长许达哲等领导多次到校考察、调研，支持学校创新创业工作。2016 年、2017 年，教育部门户网站分别以《湘潭大学扎实推进创新创业教育改革》和《湘潭大学深入推进创新创业教育》为题对我校的创新创业教育工作进行了宣传报道。

突出价值引领 构建“双创”教育“两全四通”人才培养体系

——湖南师范大学

一、学校概况

湖南师范大学创建于 1938 年，位于历史文化名城长沙，是国家“211 工程”“双一流”建设高校，部省重点共建“双一流”建设高校，本科教学工作水平评估优秀高校，湖南省“世界一流学科建设高校”。学校现有 7 个校区，占地 2 744 余亩，建筑面积 125 余万平方米。主校区西偎麓山，东濒湘江，风光秀丽，是全国绿化“400 佳”单位之一。设有 24 个学院，本科招生专业 83 个，在校生 4 万余人，专任教师 1 850 余人；本科和研究生教育覆盖哲学、经济学、法学、教育学、文学、历史学、理学、工学、医学、管理学、艺术学等 11 大学科门类。

学校一直重视创新创业教育工作，把深化双创教育改革作为人才培养模式改革和一流本科教育建设的突破口。2004 年开设大学生就业指导课程，2007 年成为首批国家“大创计划”实施高校，2014 年被评为“国家级大创计划实施工作先进单位”，2017 年成为国家发改委双创示范基地重大项目承担高校，并被教育部评为全国第二批“深化创新创业教育改革示范高校”。学校充分发挥学科专业优势和教师教育特色，将双创工作与人才培养、科学研究、社会服务、文化传承与创新相结合，形成了“两全四通”创新创业教育模式和文化创新的双创特色，培养了一批创新创业人才和典型，经验得到《光明日报》、新华社、《中国教育报》、人民网、教育部门户网等媒体的宣传推广。

二、创新创业教育工作特色

(一)构建“两全四通”双创教育模式

学校通过德育、智育、体育、美育、劳育各个方面协调发展，课内课外、校内校外统筹设计、相互贯通、有机联系，培育学生的创新创业精神与能力，将创新创业教育覆盖人才培养全过程。通过采取“四通”措施，构建“两全”模式。

我校创新创业教育“两全四通”模式

① 齐抓共管：育人机构直通。成立以校长任组长，三个副校长齐抓共管的双创教育领导小组，并设创新创业教育办公室。构建教务处、招生与就业指导处、校团委、科技处、社科处、教师教学发展中心、财务处、资实处等部门日常运行、拓展工作和保障工作的“三环”协同的育人工作机制。

② 人才培养：通识专业联通。建立健全双创教育通识课程体系，强调双创教育融入专业教育。必修课“大学生就业指导与创新创业”采取线上线下相结合、理论与专业实践相结合的授课模式，确保实践性和指导性。开设创新创业课程 84 门，立项建设精品课程 18 门，涵盖线下精品、专创融合、专思创融合、在线开放四类，由点到面，双创精品课程群初显成效。2018 年开设本科拔尖创新人才“世承班”，遴选专业排名前 10%的 198 名学生，开设创新与创业、互联网+与高新技术等 8 个课程模块及 300 多门研究生课程，初步形成“一人一导师、一人一方案、一人一课题、一人一成果、一人一游学”的模式，有效推进优生优培。

③ 理论实践：课内课外互通。课内利用信息化手段改革教学方式，训练学生的创新思维与能力；加大创新性与综合性实验比例，提高动手与创新能力；课程考核采用多元化开放式，倡导无标准答案考核，把学生创新思维与能力的表现作为形成性评价、综合测评等的重要内容。课外鼓励学生发现问题与质疑问题，激发学生的学习兴趣，建立学分积累与转换制度，学生课

2018 年 4 月，学校举办第一届本科“世承班”开班仪式

外双创活动成果可认定 6 学分。在推免中设立创新创业专项，双创成果在保研中予以认定，近三年有 134 名学生因创新创业成绩优异获保研。

④ 全面发展：德智体美劳贯通。德育教育重在创新创业价值引领。成立全国高校首家社会主义核心价值观研究院、全省首家习近平新时代中国特色社会主义思想研究院，致力于习近平新时代中国特色社会主义思想“三进”，培养植根中国大地、奉献祖国的双创人才，将德育贯穿人才培养始终。智育教育重在创新创业能力提升。课堂教学注重创新思维训练，专业教育注重实践创新能力提升，每年举办各类创新竞赛 30 多项。体育教育重在创新创业精神锻造。以赛促训，体育教学激发体育热情，培养勇敢、自信、拼搏、协作、勇于超越的精神。2017 年、2019 年均获全国大学生田径运动会团体总分第一名。美育教育重在创新创业情操培育。成立美育中心，提高学生审美和人文素养，培养学生以审美的态度对待社会与生活，回应新时代对人才培养提出的高要求。劳育教育重在创新创业实践体验。学生通过创业实践体会劳动的光荣、崇高与伟大，通过劳动收获喜悦与果实。

（二）注重教学实践，搭建创新创业实践平台

强化资源共享，教学科研实训场地无障碍，学科专业无壁垒，各部门协同推进，以项目为依托、以竞赛为平台，加强实践能力培养，搭建创新创业实践大舞台。

① “平台＋项目”，发挥优质资源的作用。建立与政府、高校、中小学（企业）“三位一体”的双创教育实践合作机制。学校 94 个创新实践平台均面向学生开放，学生以项目入驻，配备导师，最大限度为双创训练提供物质条件和指导力量。形成了校、省、国三级本硕双阶实践训练体系，学校被评为国家级“大学生创新创业训练计划实施工作先进单位”。

② “交叉＋协同”，适应科技创新的趋势。鼓励多学科交叉，跨专业组团，多单位合作，打破学科专业壁垒，突破机制体制围墙，寻找科技创新的增长点和产业链。发挥“综合性师范大学”办学优势，采取学科交叉融合模式，打造生物医药、资源循环与精细利用、文化创意与设计服务创新创业公共技术服务平台，培育新兴科学技术，推动科技成果转化，完善专业技术服务功能，获批国家发改委“双创示范基地”项目。

③ “互联网＋专业”，满足信息社会的需求。以创新开放思路对接移动互联网产业经济发展，形成“互联网＋教育”“互联网＋旅游”“互联网＋医学”等多个获奖和孵化项目。突出教师教育特色，成立我国第一个专门从事人工智能伦理研究的学术机构——人工智能道德决策研究院，更宽路径探索“互联网＋教育”。

④ “竞赛＋孵化”，提升创业项目的成功率。构建以整体推进、分类指导与个性化咨询相结合的两级指导服务体系。成立“青创指导中心”，对项目进行精准指导帮扶，引入创业导师交流辅导，协助对接外部资源推进项目落地。与岳麓山大学科技城、58 众创等多家孵化器达成合作，在项目培训、路演、扶持和落地对接等方面共享资源。2018 年获批“湖南省高校大学生创新创业孵化示范基地”，入驻毕业生企业和在孵学生企业 50 余家（项），年营业额达 3 000 万元。

学生参加第五届“互联网＋”湖南省大学生创新创业大赛，荣获
一等奖三项、二等奖一项、三等奖六项，获得“优秀组织奖”

（三）注重价值引领，以文化自信带动文化创新

学校创新创业教育重创新创业价值引领，通过对中华优秀传统文化、革命文化、社会主义先进文化的传承，以文化自信带动文化创新，产生了显著成效。

① 以践行社会主义核心价值观增强文化自信。成立社会主义核心价值观研究院、习近平新时代中国特色社会主义思想研究院，深入推进社会主义核心价值观和马克思主义中国化的最新成果——习近平新时代中国特色社会主义思想进教材、进课堂、进学生头脑，增强理论魅力、育人合力、落实效力。通过成立青年研习社开展“社会主义有点潮”读书沙龙、主题红色论坛、党史知识竞赛等，贯彻社会主义核心价值观，促使新时代理论成果进头脑，让大学生在受教育的过程中树立远大理想，创新思维方式，立足国情，脚踏实地为社会主义建设事业创造经济财富，创造社会价值。

② 以文化创新带动专业实践。在精准扶贫工作中携手绥宁县与长沙后湖国际艺术区，打造中国·绥宁（插柳）文化艺术园，融艺术品展览与交易、艺术家度假与创作、艺术生写生与实践、游客休闲与观光于一体，让贫困户实现家门口创业就业，实现扶贫工作从治标向治本转变，

陈宝生教育部长考察我校道德文化研究院立德树人研究成果

插柳村被评为全省五星级旅游景区。师生团队利用专业优势为插柳村设计村徽、谱写村歌、制作“插柳八景”明信片、宣传片、组建文艺队、进行产业培训，带动专业实践的同时创新扶贫模式，真正实现精准扶贫。将中华民族传统文化与创新实践相结合，学校承担国家艺术基金项目原创民族歌剧《爱莲说》的创编演出，将传统“爱廉养德”思想主旨和精神内涵用高雅艺术语言加以创新诠释传播，赢得社会各界赞誉；体院将专业创新与民族精神有机融合，在传统体育项目中体现创新思维与技巧，多次荣获国际龙狮赛冠军，为弘扬民族精神、推进健康中国做出表率，学校专业创新探索实践取得丰硕成果。

我校龙狮团在2018年国际龙狮公开赛获“舞龙自选套路”和“传统套路”2项冠军

③ 以文化创新带动产业发展。依托专业优势文创特色显著，在全国大学生广告艺术大赛中，学校三次获“优秀院校奖”，获奖项目被企业采纳；学生自主创业成立的公司在湖南股交所挂牌，休学创业的陈禹贤成为省工商联青商常委，被评为“省青春创新者”，褚伟康创办的湘超体育第一年营业额就超百万元，杨博文开创的考研线上培训新模式年营业额破2 000万元，音乐学院参与区域文化艺术建设，几乎包揽了省市宣传、文化和教育部门的重大演出任务。学校先后跟长沙、衡阳、常德等市区签订校地合作协议，以文化智力资源服务当地产业发展。

融合公益教育 立足区域产业
打造国际化创新创业教育体系

——汕头大学

汕头大学是教育部、广东省、李嘉诚基金会三方共建的高等院校，为广东省高等教育体制机制改革实验示范校。学校建立"创新创业教育—创新创业实践—孵化企业"三位一体的创新创业培育链，整合高校、政府、企业、行业协会等多方资源，打造国际化创新创业教育体系。

现将我校创新创业工作典型特色汇报如下：

一、融入国际创新创业要素，打造国际化创新创业人才高地

（一）对标国际创新创业人才培养标准

对标国际创新创业人才培养标准，提升创新创业人才培养质量。学校引入国际工程人才培养理念 CDIO，进行工程教育改革，被教育部认定为"CDIO 工程教育试点工作组"组长单位。商学院全部本科专业通过 EFMD(欧洲管理发展基金会)官方认证。

（二）发挥侨乡资源优势

香港实业家李嘉诚先生向学校捐款总额超过 100 亿港币，在教学硬件、师资引进、境外交流等方面都提供了大力支持，提升了创新人才培养质量。泰国华人青年商会、中国香港潮属社团总会、中国香港潮州商会等华侨社团，也支持学生创新创业，帮助对接境外市场与技术资源。

(三)引入以色列创新创业教育资源

充分利用与以色列理工学院合作办学的契机,引入以色列创新创业教育资源。以色列理工学院麦特尔教授开设“以价值为基础的创新”作为全校选修课。学校还组织学生赴美国、新加坡、以色列等国家,学习了解物联网、媒体等领域前沿技术。

麦特尔教授开设全校选修课“以价值为基础的创新”

(四)“引进来”与“走出去”相结合开展创新创业培训

邀请境外专家莅临举办讲座。邀请美国伯克利大学创业与技术中心创始主任 Ikhlaq Sidhu 教授、佛罗里达大西洋大学 Daniel Raviv 教授、印度理工学院教授 Dhrubes Biswas 等外国专家学者,与学生分享创新创业经验。

组织学生赴境外进行创新创业交流学习,如参加新加坡国际管理学院“创新与创业”研修培训课程、奥克兰大学暑期项目等。

(五)探索国际化创新创业实践模式

各专业结合自身特点,组织学生赴境外开展专业创新实践活动,如长江新闻与传播学院选派学生赴海外实习,报道“美国总统大选”“南非世界杯”等重大事件。2017 届毕业生在校期间赴境外参加专业创新实践学生占该届毕业生的 77.93%。

另外,指导创新创业团队赴美国、中国香港等国家和地区参加国际性比赛。创业团队蝉联两届由中国香港科技大学举办的“百万富翁创业大赛”国际组冠军,获得 50 万港币的支持。商学院团队荣获由欧洲管理发展基金会官方认证的国际企业管理挑战赛全国一等奖。

广东三三智能科技有限公司荣获由中国香港科技大学举办的
第五届"百万富翁创业大赛"国际组冠军

二、推动创新创业教育与公益教育深度融合，应用创新成果服务社会发展

（一）建成一批创新创业类公益课程

学校为全国首个将公益课程列为必修课的高校，公益课程以课程为载体，引导学生在社会服务中进行专业创新实践。已经建成"走向海洋""脑瘫儿童关怀计划""公益创业"等一批创新创业类公益课程，指导学生应用海洋生物、临床医学、创业管理等专业创新成果服务社会。例如，"公益创业"通过组织学生宣传与推广有机茶理念，协助潮州市潮安区凤凰镇茶农打造 O2O 营销体系，助力凤凰茶产业转型升级。

（二）开展创新创业实践助力区域产业发展

以"青年红色筑梦之旅""三下乡"社会实践服务活动为主要抓手，围绕区域产业发展需求，开展创新创业实践。学校负责组织实施 2019 年广东省"健康中国小分队"，通过组织"水域环境保护""益行　关爱智障儿童"等项目，将创新创业成果应用到区域健康产业之中，提高区域健康水平。组织创新创业项目在暑期赴贫困老区汕头市潮南区雷岭镇，开展"三下乡"社会实践服务活动。创新创业项目通过产业调研、科技支农、资源对接等方式，助力当地荔枝产业转型升级。

同时，指导创新创业类社团服务区域发展。创新创业类学生社团，通过引入前沿技术、重塑商业模式、引导资源对接等方式，助力区域乡村振兴、污染防治等。"凤凰山茶叶推广""雷荔蜂行""瓷旧迎新"等 10 多个项目已经落地实施，帮助提高农民收入水平，推动区域产业转型。

三、以区域产业需求为导向，培育创新型企业

（一）基于区域产业需求成立研究院

学校根据区域发展战略与产业特点，成立了汕头市机器人与智能制造研究院、汕头市“一带一路”科技服务创新研究院、汕头轻工装备研究院、汕头大学海洋科学研究院、汕头市质量发展科学研究院等，将智能制造、轻工机械、海洋生物等领域的学科优势转化为产业创新优势，为创新型企业培育提供产业基础与技术支持。

（二）建立以潮汕非遗文化为主题文化创意产业园

建设文化创意产业园，在运营场地、项目指导、政策资源对接等方面，为推广潮汕非遗文化的创新型企业提供孵化支持。文化创业园产业园于 2018 被汕头市经信局认定为“小型微型创业企业孵化基地”，广东青柠文化创意有限公司、汕头市子曰文化传播有限公司、汕头市大木文化传播有限公司等基地孵化企业，以互联网媒介为手段，同非物质文化遗产传承人进行合作，进行剪纸、陶艺、木偶等潮汕非遗项目设计与运营。

汕头大学文化创意产业园场景图

（三）推动区域家族企业转型发展

创新型企业应用创新创业成果，推动区域家族企业转型发展。入园企业广东三三智能科技有限公司运用机器视觉和人工智能技术，为企业提供智能制造解决方案。汕头市红场文化传播有限公司利用 3D 动漫、新媒体等技术帮助区域玩具企业进行品牌推广。

教师以家族企业为研究对象，围绕继任者能力培养、代际传承、企业伦理等主题，开展研究。已经立项省部级课题 10 个，获资助资金共 170 多万元，如“家族企业的多元制度逻辑与长期导向战略研究”课题获得“2019 年度国家自然科学基金”项目资助，累计发表论文 19 篇，为家族企业转型发展提供理论支撑。

四、工作成效

（一）创新创业教育质量得到国内外广泛认同

汕头大学被誉为国内“CDIO 工程教育改革的引领者”，“工程教育改革的探索与实践”案例荣获全国教育改革创新特别奖。商学院全部本科专业通过欧洲管理发展基金会专业认证体系认证，成为亚洲地区首次通过 EPAS 认证的本科专业。

学校被教育部、省教育厅认定为“全国深化创新创业教育改革示范高校”“广东省大学生创新创业教育示范学校”学生创业园先后被科技部、人社厅、省经信委认定为“国家级众创空间”“广东省创业孵化示范基地”“广东省小型微型企业创业创新示范基地”。

“工程教育改革的探索与实践”案例荣获全国教育改革创新特别奖

（二）学生创业就业能力显著提升

近 3 年共孵化创业企业（团队）128 个，获得风险投资 4 500 多万元。广东三三智能科技有限公司、汕头市大柑智能科技有限公司被认定为国家高新技术企业。

学校近 3 年本科生初次就业率为 98.34%、98.04%、97.85%，均居广东省一本高校就业率首位。2018 届本科毕业生到世界 500 强和中国 500 强企业就业率为 17%。

（三）创新创业教育溢出示范效应显现

多家新闻媒体对我校创新创业教育经验进行宣传报道，如《南方日报》的《我们在新西兰学习创业》、南方网的《汕大创业团队蝉联“香港科技大学百万富翁创业大赛”国际组冠军》、搜狐网的《汕大 4 项目入选全国大学生创新创业年会》等报道，对我校在创新创业教育方面的经验进行了肯定与推广。

立足湾区谋发展 引智借力添活力
多措并举构筑“双创”人才新高地

——佛山科学技术学院

自 1958 年建校以来，佛山科学技术学院始终坚持社会主义办学方向，全面贯彻党的教育方针，坚持“立足地方、服务地方”的办学宗旨，坚持“育人为本、质量立校、人才强校、特色兴校”的办学理念，把“立德树人”作为学校的根本任务。近年来，学校以高水平理工科大学建设为契机，积极响应国家“大众创业、万众创新”的号召，不断深化创新人才培养机制改革，以培养基础扎实、精于实践、勇于创新、敢于创业的高素质应用型人才为己任，大力推进“双学院制”，构建起了环佛科院创新圈；积极主动融入粤港澳大湾区建设，率先成立粤港澳大湾区青年创新中心；全面实施“人人有专利、个个在转化、院院融产业”的办学思路，把培养学生的创新精神和创业能力作为人才培养的关键环节，将创新创业教育贯穿人才培养的全过程，开创了创新创业教育的新模式。

一、厚植“双创”沃土，助推湾区资源合力“集结号”

学校紧密结合粤港澳大湾区建设规划和省市创新驱动发展战略，在《粤港澳大湾区发展规划纲要》出台前，联合粤港澳三地官方及知名机构，于 2018 年 3 月率先创设“粤港澳大湾区青年创新中心”（以下简称“中心”），目前有理事单位 79 个，联合秘书处 7 个。“中心”通过“活动共融”“人才共通”“基地共建”“技术共用”的“四共”湾区融合新举措，成为湾区双创工作勇立潮头的排头兵。在 2019 年 3 月第二届理事会周年大会期间,“中心”获得香港特首办高度赞誉并致以贺函。

粤港澳大湾区青年创新中心第二届理事会周年大会

(一) 活动共融,打通境内外双创资源互渗的传输通道

“中心”协助教育部高教司深入港澳地区高校及青年团体,宣传发动并培育港澳青年积极参与中国“互联网+”大学生创新创业大赛,在第四届大赛中培育 7 个项目进入全国总决赛。举办粤港澳青年创新创业峰会、项目对接交流会、创新创业成果交流会、路演分享活动等 50 余场,增进了青年创新创业交流互动、共享共融。

(二) 人才共通,打造全面开放的人才服务互输链条

“中心”构建了佛山市、深圳市创新创业人才驿站,并与香港科学园达成合作意向,每年输送不少于 15 人到湾区城市群工作实习,弥补专业性人才短缺问题,为湾区产业发展、技术攻关、人才培养提供智力支持和便捷服务。

(三) 基地共建,开创互联互促的培育孵化新局面

“中心”推动了 9+2+N 城市群建设粤港澳大湾区创新创业孵化基地,与香港浩观“Cocoon”共建创新创业孵化器,与香港经济师学会、贝彻思国际大学香港创业学院等 12 个港澳机构建立创新创业战略合作,促使湾区城市群的创新创业团队根据项目需要找到合适的孵化基地以及寻找到合适的资源支持。港澳青年还可以通过“中心”多元开放平台到湾区城市群进行培育、落地、孵化。

(四) 技术共用,促进高端创新要素的自由流动与融合

“中心”成立了“佛山全球创新技术应用转化中心(香港分中心)”和“粤港澳大湾区创新技术应用转化中心”,打开佛山汇聚创新动力的新渠道,搭建起“全球技术+佛山制造”的转化路

与香港浩观"Cocoon"共建创新创业孵化器

径，促成15个项目落户佛山市禅城区，让新技术和新项目的发展找到合适的土壤和承载的产业。

二、深耕产教融合，助成"双学院制"协同育人"主旋律"

学校坚持"根植产业、服务产业、引领产业"的办学思路，与政府、龙头企业、重点产业和新兴行业合作建立28个产业学院，采用"课程共创""师资共培""项目共辅""资源共享"的"四共"产教融合新方法，全面开展互利共赢的"双学院制"双创人才共育新模式，获2018年国家级教学成果奖二等奖。

（一）校企课程共创，创建与地方产业紧密结合的双创课程体系

实施"双学院制"，企业全过程、全方位参与到创新创业人才培养方案制定、教材编写、课程建设、教学组织和质量评价等各个环节，打造"没有校门边界"的课程培育体系。增设行业、职业标准课程，增加须在企业完成的专业课程、实践环节及实验项目，提高学生创新创业实操能力。校企共建课程达41门，实验、实训、实践教学由26%增加到35%。

（二）校企师资共培，培养一批双创实践能力强的"双师型"教师

实施"双学院制"，学校与企业、行业实行"双聘"（双方互聘兼职教师、创业导师和兼职工程师、设计师等）和"双挂"（双方人才互换到对方所在单位挂职）。选派约200名中青年教师到产业学院开展产品研发、项目孵化、成果推广等实践能力锻炼，并允许老师离岗创业、兼职创业、在岗创业，教师的教学能力、技术研发能力和创新创业能力得到明显提升，近三年教师获省级以上科技成果奖39项。

（三）校企项目共辅，促成创新创业项目与产业需求无缝对接

实施"双学院制"，学校鼓励师生创新创业项目直接面向产业进行项目孵化、产品研发、技

术攻关和工艺改良，以"互联网+"大学生创新创业大赛、创新创业训练计划、"创青春"、"挑战杯"等大赛为载体，把创新创业项目放在产业学院，实打实地帮助学生解决项目"不落地"难题。如物理与光电工程学院的"半导体光学工程学院"，产业学院学生90%以上的论文、专利来自产业一线实际需求，2名学生在美国物理学顶级期刊发表SCI论文，培养了拥有11项专利的"专利达人"，培育了3家创业企业。

物理与光电工程学院"半导体光学工程学院"走进一线进行"荷枪实弹"训练

（四）校企资源共享，构建多元开放的"环佛科院创新圈"

实施"双学院制"，校企双方在创新创业资源的开发和共享上实现叠加效应，使资源配置最优化，社会效益最大化。学校以校内总部基地为主阵地，围绕佛山五区产业建立创新创业基地171个、产学研基地130个、联合实验室8个，获批广东省工程技术研究中心35个、产业技术创新联盟2个，"环佛科院创新圈"初现雏形。近三年培育高新企业182家；科技成果转化达128项；学校为地方经济服务总体情况全省排名连续5年高居第2名。

三、统筹三位一体，助鸣"三个课堂"实践孵化"协奏曲"

学校在实施普及化教育的基础上，着力加强对具有创业意愿、创业潜质以及着手开展创新创业学生的培养，通过"教育—实践—孵化"三个课堂的培养计划，以"分流培养、分类发展"的模式，促进创新创业理论与实践的融合贯通，激发学生的创意思维、培育学生的创新精神、植入了创业的种子。

（一）普及化双创教育，激发学生创新创业意愿

在每个专业人才培养方案中统一设置8学分、96学时的创新创业教育通识模块，外聘180名跨行业、跨专业的复合型创新创业导师充当"强力外援"参与到课堂教学中。结合不同专业的教学特点对不同兴趣学生采取"小班快跑"、多专业交叉融合、校企联合培养及全程项目驱动

模式，由教师利用已有的项目和成果，形成以学科带头人、实验室带头人为核心的教学模式，创办了“创新创业班”“卓越班”“老板班”等特色班，成效明显，三年来师生专利申请数从867件、1 618件到2 687件，呈井喷式增长。学校还对不同需求的学生实施分类发展，辅以“企业储备人才班”“大学生综合素质训练营”等由行业企业开设的培训课程，精准缩短学生专业素质和技能与行业企业对人才资源诉求的差距。各教学单位还可以在教学组织实施及双创教育学分获得途径拓展方面自主设计。

（二）“高校＋”开放实践模式，促进创新创业活动开展

学校充分利用校外资源，建立“高校＋政府、行业、企业、园区、高校”开放式创新创业实践实训模式。三年来，对全校学生开展普适性活动130余场，参与人次19 000余人；对有创新创业意愿学生，开展特色化活动60余场，参与人次12 000余人；对创业实践的学生开展个性化辅导活动50余场，参与人次9 800余人；向105 562人次学生开放实验2 196个，实验开放人时数达1 188 784次。学校还制定创新创业学分积累转化制度，鼓励学生以发明创造、技术开发、创业实践等方式获取学分。

（三）“1＋*N*”孵化加速平台，帮助创新创业项目发展壮大

学校以聚焦产业、服务产业、贴近产业为引领，构建“1＋*N*”校内总部基地＋专业园区孵化加速器，提升学生的创新创业实战能力及创业项目的孵化成活率。一方面，学校遴选一批项目入驻校内总部基地，使创新创业从可行性理论转化为实际行动；另一方面，为了促进创新创业项目成长，围绕佛山五区产业共建设8个孵化加速器，让成熟的创业项目转入到专业产业园区进行精准扶持，并携手佛山农商银行共建“创客支行”，通过“创业贷”“校企贷”切实帮助创业学生解决资金难困局，三年来扶助学生完成注册企业129家。

佛山科学技术学院、佛山农商银行共建“创客支行”

四、精勤育苗护果，助养双创成效芬芳“遍地花”

（一）就业质量优，创新创业效果好

三年来，学校初次就业率均在 97%以上，就业满意度一直保持在 99%左右，创业率均在 1.1%以上。学校先后荣获“2019 年度全国创新创业典型经验高校”、团中央“优秀中国青年创业社区（佛山站）”称号，获批科技部“国家级星创天地”、工信部“高校中小企业创业就业实践基地”等。选拔和培养了具有一定影响力的创新创业学科带头人，其中有 4 名教师获“全国优秀创新创业导师”称号。

（二）双创学生典型鲜明，创新创业氛围浓郁

学校涌现了一大批创新创业典型，如受到习近平总书记接见的十二届全国人大代表创业典型谢舒雯，受到胡春华副总理接见的创业典型林楚涛，在校创业典型李颖诗、彭月欣等。三年来学校学生获省级以上创新创业竞赛奖项从 187 项、247 项增长到 510 项，连年倍增，大幅度提升了大学生的创新创业能力。

重“金课”建设 强实践训练 构建“双创”教育生态

——广西师范大学

一、学校概况

广西师范大学地处国际旅游胜地、国家历史文化名城桂林，是教育部与广西壮族自治区人民政府共建高校、“中西部高校基础能力建设工程项目”高校。学校有王城、育才、雁山 3 个校区，校园面积 4 100 多亩，在职教职员工 2 400 多人，全日制本科生近 27 000 人，硕士生近 6 000 人，博士生 200 多人，各类留学生近 1 600 人，成人教育学生 2 万多人。学校已发展成为广西教师教育的“领头羊”、人文强桂的“主力军”、科技兴桂的“生力军”、广西国际教育的“排头兵”。目前，学校正全力推进“双一流”建设和综合改革，努力实现建设国内一流、国际知名、教师教育特色鲜明的国内高水平大学的目标。

学校紧紧围绕国家“双创”战略，深入贯彻落实全国、全区教育大会精神，坚持立德树人，以学生发展为中心，以课程建设为核心，打造高素质的教师队伍，建设高品质的实践平台，组织参与高水平的赛事活动，攻坚克难促发展，真抓实干创佳绩，逐步构建我校创新创业教育生态体系。学校被教育部评为“全国深化创新创业教育改革示范高校”、2019 年度全国创新创业典型经验高校 50 强，被中国高等教育学会创新创业教育分会评为“全国深化创新创业教育改革典型经验高校”。在第三、第四届中国“互联网+”大学生创新创业大赛中共获得 1 金 3 银 2 铜的好成绩。《中国教育报》《中国青年报》分别以《双创育人：如设计师思考，如创业者行动》《广西师大：双创育人有条生态链》为题对我校创新创业教育工作进行了专题报道。

二、创新创业教育典型特色

（一）抓“金课”建设，促教学改革，建设创新创业优质课程

1. 以课程建设为核心，构建“1＋X”创新创业课程体系

课程是人才培养的核心要素，我校面向全体学生，建立了“1＋X”创新创业课程体系，即“1”门创新创业基础必修课和“X”门创新创业类选修课。从 2016 级本科生开始开设了“创新创业基础”必修课，同时开出 20 门创新创业类选修课，每年覆盖选课学生 15 000 余人次。2018 年 9 月起，在留学生中开设创新创业课程，首期有来自俄罗斯、乌克兰、泰国、韩国等 9 个国家 31 名留学生选课，授课效果好。

创新创业课程一览表

序　号	课程名称	必修/选修	课时	开课时间
1	创新创业基础	必修	34	2016.09
2	大学生创新创业法律实务(全国共享混合式课程)	选修	18	2018.03
3	创业机会识别(留学生课程)	选修	36	2018.09
4	新媒体运营(线上课程)	选修	36	2019.03
5	创业基础	选修	36	2013.09
6	社会创业	选修	18	2014.03
7	初创企业法律及税务基础知识	选修	18	2014.09
8	创业团队组建及运营模拟	选修	18	2015.09
9	设计思维理念下的就业创业	选修	18	2015.09
10	微小企业管理学	选修	18	2015.09
11	微小型企业市场营销实务	选修	18	2016.03
12	大学生创新创业项目计划书撰写	选修	18	2016.03
13	微小型企业创业沙盘体验	选修	18	2016.03
14	创业项目路演实务	选修	18	2016.03
15	微小企业创业计划书的撰写	选修	18	2016.03
16	创业机会识别	选修	18	2016.03
17	设计思维与创新创业	选修	18	2016.09
18	公益创业概论	选修	18	2016.09
19	社会企业家培育与创业实践	选修	36	2017.09
20	创新创业大赛商业计划书	选修	18	2018.09

2. 以课堂教学为重心，互动体验式教学打造创新创业“金课”

课堂教学是“金课”的主阵地、主渠道、主战场，我校紧密围绕“金课”的高阶性、创新性和挑战度（“两性一度”）标准，在所有创新创业基础必修课、选修课课堂上采取“链接—呈现—体验—反思—应用”五步教学法，通过互动体验式教学、案例式教学，加深学生对新知识、新经验

的学习、理解，并应用到实际的创新创业活动中。中国青年网以《5 元创业大挑战，高校课堂布置花式作业，学生脑洞大开》为题报道了我校“双创”课程教学。互动体验式的课堂设计得到学生的一致好评，激发了学生的创新精神、创业意识和创造力，大大提升了学生的创新创业能力。

3. 以学生发展为中心，优化“线上+线下”创新创业教学资源

以学生发展为中心，是世界高等教育共同的理念。我校实行线上与线下课程开发相结合，优化创新创业教学资源，与优质资源合作，联合开发针对我校学生的“创新创业深度孵化系统”，立项了“创新创业基础”“公益创业”“新媒体运营”等 5 门在线课程建设，现有 3 门课程已在建设中，其中“大学生创新创业法律实务”作为广西第一门全国共享的混合式慕课在智慧树网上线，上线一学期有 80 余所高校 6 000 余人选课。

(二) 重师资培育，强科研能力，打造高素质教师队伍

1. 成立创新创业教研室，定期开展工作坊活动

教师队伍建设处于教育事业发展的优先战略地位，为推动我校创新创业教育改革，2016 年底我校成立了创新创业教研室，本着相互学习、相互促进、共同发展的目的，围绕创新创业“教什么”、“如何教”及创新创业教学法、专创融合等主题扎实开展工作坊活动，目前教研室已举行工作坊活动 33 期，逐渐形成“创新创业教育工作坊”品牌活动，面向区内外老师开展。并通过开展讲课比赛、示范课、公开课等活动，迅速提高了青年教师的教学能力。教研室从成立初期的 7 人发展到现在，共有参与授课的专兼职教师 53 人，其中专业教师 19 人。

依托创新创业教研室平台，打造“创新创业教育工作坊”品牌活动

2. 设立创新创业专项课题，加强师资科研能力建设

为了提升创新创业师资队伍教学改革研究的能力，学校自 2016 年起连续三年与广西人文社会科学发展研究中心联合专门设立了创新创业教学改革专项课题，其中《地方高校创新创业教育课程体系优化研究》《创新创业教育与专业教育深入融合研究》等 22 个项目获得厅级立

项。项目支持教师开展大学生创新创业的理论与实践研究，参与研究的教师已在核心期刊上发表多篇学术论文，参加了包括 IACMR 在内的多个学术会议。通过专项科研课题，不仅优化我校课程建设质量，也提升了师资科研能力，为构建创新创业教育生态体系提供师资保障。

3. 建立与国内知名的教育集团深度合作，提升师资国际化视野

学校与国内知名教育集团深度合作，打造师资队伍建设协同培养平台：与万学创世教育科技有限公司、子谦国际创业教育学院等签订战略合作协议，举办了创新创业教学法高峰论坛暨中国大学创业基础师资培训班、创新创业大赛指导师资研修班等培训活动；2018 年与 Enterprise Evolution UK（创展英国）合作召开高校创新创业教学研讨会暨专创融合创新创业师资培训活动。学校采用“请进来”与“走出去”相结合，共培训创新创业师资 274 人次，提升了创新创业师资队伍的教学能力与综合素质及国际化视野。

（三）拓实践平台，抓实践训练，培育创新创业人才

1. 强化创新创业实践基地建设，构建了“1＋*N*”创新创业孵化模式

学校在校内建有“1”个 3 000 平方米的雁山大学生创业园和 1 000 平方米的育才创客中心，并在二级学院建立 11 个院级创客空间，多层面助力学生创新创业“最后一公里”；在校外建有 11 个创新创业实践基地和 4 个创新创业合作基地，拓展学生创新创业实践平台。此外，我校在 2018 年评审了两批大学生创业孵化基金，为 18 个项目提供扶持基金共计 32 万元，并投入 90 万元打造虚拟创业全流程实验室和线上“双创”实训系统，实现创业导师、学生“创客”、企业家等实时有效沟通。

3 000 平方米的大学生创业园区

2. 创新性开展创新创业训练营，培养学生创新创业意识和能力

为系统性地训练大学生的创新创业能力，我校创新性开展了创新创业训练营活动，面向全校在校本科生与研究生招募，引入企业真实项目需求，分创新创业意识培养、创新创业方法训

练、创新创业实战演练三个阶段共108个课时开展学习，并在一学年完成结业。四期训练营已结营282名学员，孵化创业项目近100项，已注册并持续经营企业20余家，参与学校创新创业活动率100%，带动就业1 500余人。

（四）创造品牌，树立典型，实现“互联网+”大赛金奖的突破

1. 打造“创客马拉松”品牌活动，激发大学生创新创业能力

“创客马拉松”是我校借鉴新加坡全民活动“创业马拉松”首创的大学生创客活动。它将国际前沿的设计思维、精益创业等创新思维与方法论，引入活动的各个环节，让学生通过32小时的持续挑战，从身边的“痛点”出发，开发出一个有创意的解决方案并形成产品或项目，经过测试和迭代最终做出原型进行路演。我校在2017年、2018年连续两年分别承办了由广西教育厅主办的广西高校首届及第二届大学生“创客马拉松”活动，全区参与活动的高校50余所，师生200余人，活动得到参与师生的一致好评。自治区教育厅高教处李美清处长出席第二届大学生“创客马拉松”活动并发表了讲话，她鼓励参与学生用好这个创客活动品牌，激发创新创业活力，服务广西建设。

2018年12月，我校成功举办广西高校第二届大学生“创客马拉松”活动

2. 细心培育，精心打磨，组织参与大学生创新创业大赛

创新创业大赛作为创新创业教育改革的重要抓手，我校历来重视，通过“以赛代练”，激发大学生创造力，培养创新型、复合型、实践型人才。在组织参赛上，我校成立大赛宣讲团，并举办创新创业指导师资培训和创新创业大赛特训营等活动。2018年我校参与创新创业类赛事活动学生达10 000余人次。尤其是在第四届中国“互联网+”大学生创新创业大赛全国总决赛中共获得1金、1银、1铜，“趣弹音乐”项目为我区实现了国赛金奖的历史性突破。在第五届中国“互联网+”大学生创新创业大赛广西赛区总决赛中又获金奖12项、银奖17项、铜奖

20 项的好成绩。经过多年耕耘，打造了国赛金奖项目“趣弹音乐”创始人帅圳兴、广西净源环保有限公司创始人卢宇翔等一批创新创业明星。

第四届“互联网＋”大学生创新创业全国总决赛中，
校党委常委、副校长林春逸与我校参赛项目、指导老师集体合影

能源使命激发创新创业
铁人精神铸就一流人才

——西南石油大学

一、学校概况

西南石油大学作为四川省重点建设的特色高水平大学，拥有国家重点实验室、国家级大学科技园等各级各类科研实践平台164个，获省部级以上奖励227项，其中国家科技进步特等奖2项，2017年入选国家首批“双一流”世界一流学科建设高校，工程学、化学两个学科在基本科学指标数据库(ESI)中位列世界大学和科研机构的前1%。

2014年以来，学校将全面深化创新创业教育改革作为推进“双一流”建设和实现自身跨越式发展的重要抓手，提出了“能源使命激发创新创业，铁人精神铸就一流人才”的“双创”教育理念，在全国率先成立大学生创新创业中心(创新创业学院)，通过加强顶层设计、完善保障机制，构建了“布局、教育、实践、孵化、研究”链式工作模式，形成了“双创”教育改革的“西南石大方案”。学校先后获评“首批全国深化创新创业教育改革示范高校”“全国高校实践育人创新创业基地”等。2018年学校以1金、1银、4铜的优异成绩获“第四届中国‘互联网＋’大学生创新创业大赛先进集体奖”。

二、工作特色

(一) 特色理念:能源使命激发创新创业,铁人精神铸就一流人才

西南石油大学肩负国家能源安全的使命,60 多年来以培养我国能源高素质人才和工程技术人才为己任,形成了“为祖国加油,为民族争气”的西南石油大学精神。

新时代背景下,学校将当前的高等教育定义为创新创业教育,提出以建设高水平创新创业型能源大学为使命,以深化创新创业教育改革为人才培养改革突破口,将“艰苦创业”和“没有条件创造条件也要上”的铁人精神深度融入创新创业教育全过程,全面聚焦立德树人根本任务,以“中国特色、世界一流”为标准,探索出学校创新型人才培养的新机制、新路径,形成了“能源使命激发创新创业,铁人精神铸就一流人才”的“双创”教育理念,力争为我国能源建设培养更多一流人才。

“能源使命激发创新创业,铁人精神铸就一流人才”的特色“双创”教育理念与学校的大学精神一脉相承,推进学校跑出了全面深化创新创业教育改革的“加速度”。

(二) 特色教育:进阶分层,强化实践

1. 实施进阶式分层教育

学校通过修订人才培养方案和学位标准,把创新创业能力作为人才评价的重要指标,形成了行业特色鲜明的人才培养方案。

从 2015 级本科学生开始,学校通过“第二课堂”设置 8 个创新创业必修学分,含“创新能力、社会实践、职业能力、专业品牌”四个部分,实现了面向全体学生的创新创业“普及教育”。学校依托创新创业学院,建设“校中校”,通过开设“CEO 精英班”“创客实践班”等面向有创新

进阶式分层创新创业教育体系

创业意愿、有创业项目和已经创业的学生分别开展“重点教育”“精英教育”“实践教育”，实现个性化培养。学校聘请校外导师上课，着力培养学生的企业家精神和实战能力。

截至目前，学校累计建设创新创业类课程 120 余门，其中省部级精品课程 17 门。利用“西南石油大学课程中心”开展网络教学，与“百度 · 万学教育”联合打造“创业基础”等“线上＋线下”创新创业课程 49 门。组建了由校外知名专家、企业家、投资人等 180 余人组成的“大学生创新创业导师团”，实施建立“学业＋创业”双导师制，成效显著。2018 年各级各类创新创业课程选课学生达到 4.5 万人次。

2. 注重实践教育

学校将中国“互联网＋”大学生创新创业大赛作为学生实践的最大平台，连续 3 次承办四川省大赛，出台《中国“互联网＋”大学生创新创业大赛奖励办法》，鼓励师生同创。前四届大赛，学校以 5 120 个参赛项目位列参赛项目数全国第五。学校面向全体学生组织“青年红色筑梦之旅”实践活动，打造全校最大的思政课堂。学校由校领导牵头，成立了由双创中心、马克思主义学院等 8 个部门组成的领导小组，统筹实践活动，鼓励和支持学生到革命老区、到贫困地区进行就业创业实践，锻炼意志品质。2019 年暑假，全校 620 余支实践队，共计 7 900 余名学生参加活动，接受红色教育，用创新创业为乡村振兴和精准扶贫贡献自己的青春力量。

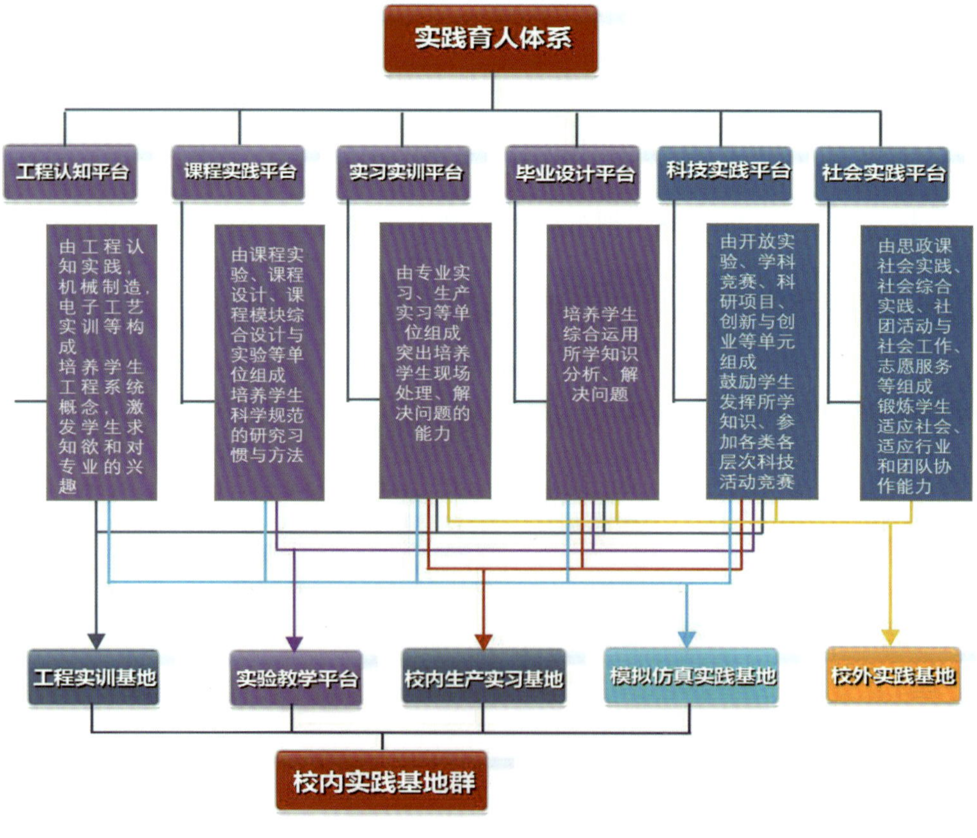

西南石油大学两课堂六平台实践育人体系

(三)特色机制:政行企校四位一体

学校深入推进与政府、行业、企业合作深度,构建了“政府提供保障、行业引领科技前沿、学校提供人才支撑、企业搭建实践平台”的四位一体的“双创”工作机制,实现了创新创业教育“政行企校联通、校内学院互通、文理工科互联、众创空间共享、学科交叉促进”的工作格局。

成都市市长罗强(右二)为校地共建的“环西南石油大学创新创业园”揭牌

① 开展校地合作,服务地方经济社会发展。学校与成都市共建占地 74.6 亩、总投资 17.47 亿元的“环西南石油大学创新创业园”,与成都市新都区共建“新都区创新创业学院”和“‘蜂云谷’创新创业中心”等,全力服务地方引智、引才,推进科技成果转化和毕业生高质量就业创业。

② 建立行业内校企深度合作平台,引领行业发展。学校牵头与中石油西南油气田分公司、宏华集团、石油大学(北京)等 23 家企业、行业高校成立“全国石油高校校企融合创新创业联盟”,搭建行业高校创新创业教育改革与校企联合推进科技成果转化的平台。与京博化工等企业共建 30 余个校企联合实验室,共同开展以企业需求为核心、以项目孵化为重点的科技攻关、技术服务、成果转化等合作,服务企业内部自创业,助推行业发展。

③ 成立“西南石油大学知识产权中心”,将其作为“产学研用”深度融合全链条的必备一环,服务师生科技成果转化,服务环西南石油大学创新创业园建设。同时,学校将知识产权中心作为校地、校企合作的平台和链接的窗口,推进以人才培养、成果转化为切入点的政行企校深度合作。

(四)特色成效:硕果累累,示范引领

1. 教育主管部门高度认可

2016 年以来,学校先后获评“首批全国深化创新创业教育改革示范高校”“全国高校实践育人创新创业基地”“国家级众创空间”等。2017 年 6 月,学校政行企校四位一体的“双创”育

人机制作为典型经验在第三届中国“互联网+”大学生创新创业大赛组织工作会上面向全国教育主管部门和全国高校进行了推介。2018 年 10 月，教育厅面向全省高校发出喜报，表彰学校在第四届中国“互联网+”大学生创新创业大赛中实现四川省属高校金奖零的突破。

2. 人才培养质量大幅提升

2016 年以来，学校 516 个项目获批国家和省级创新创业训练计划，7 个项目(论文)入围全国大学生创新创业年会，2 750 余人次获各类国家级竞赛奖项 310 余项。学生参与发表 SCI 论文 982 篇，申请实用新型专利 569 项，发明专利 767 项。

学生参与各类竞赛成绩优异。2018 年，学校位列全国高校学科竞赛排行榜第 32 位，荣膺第四届中国“互联网+”大学生创新创业“先进集体奖”，金奖项目负责人、在读博士邢云亮作为大赛主赛道唯一参赛代表受邀参加了教育部的新闻发布会。2019 年 1 月，邢云亮获评成都市创业者最高荣誉奖——“蓉漂之星”称号。

学校在校学生获成都市创业者最高荣誉奖——“蓉漂之星”称号

学校学生邢云亮(右二)参加“互联网+”大赛新闻发布会

学生扎根基层就业创业，彰显铁人精神。2018 届毕业生创业率为 3.29%，到县级及以下基层岗位就业的比例为 72%。2016 年以来，培育了 5 家省级高新技术后备企业，涌现了一批创业典型。学生创业企业累计融资 1.1 亿元人民币，创造就业岗位超过 2 400 个；学校创新创业实现科技成果转化 26 项。

3. 示范引领作用充分发挥

2016 年以来，教育部网站、《中国教育报》、《光明日报》、《中国劳动保障报》、《四川日报》等主流媒体先后 28 次报道学校的典型工作经验。2018 年，国内 113 家高校到校学习典型经验；学校 16 次派代表分赴全国进行工作交流发言……充分发挥了学校的示范引领作用。

创新引领　多元融合
努力探索地方高校创新创业教育改革新路子

——贵州工程应用技术学院

一、学校概况

贵州工程应用技术学院（原毕节学院）位于红军长征时期创建苏维埃人民政权的革命老区——贵州省毕节市，这里是 1988 年经国务院批准建立的第一个“开发扶贫生态建设”试验区，是新时代按照习近平总书记批示精神建设的“贯彻新发展理念示范区”。

贵州工程应用技术学院始建于 1938 年，前身为贵州省立毕节师范学校、毕节地区“五七”师范大学、毕节半耕半读师范学校、毕节师范专科学校、毕节师范高等专科学校，2005 年毕节师范高等专科学校与毕节教育学院合并组建毕节学院，2014 年更为现名，是毕节试验区唯一的普通本科高校，系教育部“对口支援西部高校”项目学校、国家百所产教融合应用型项目建设高校、教育部“科学工作能力提升计划（百千万工程）”首批项目试点院校、全国国防教育特色学校、全国大学生 KAB 创业教育基地、国家级专业技术人员继续教育基地、贵州省转型发展试点高校、贵州省教育综合改革试点高校、贵州省创新创业教育改革示范高校。学校占地面积 1 300 余亩，有来自全国 15 个省、区、市的全日制在校生 12 451 人，现有教职工 879 人，面向亚洲、非洲 8 个国家招收留学生。

学校自 2005 年升本以来，高度重视创新创业教育工作，将创新创业教育作为学校提高人才培养质量，凸显办学特色，增强服务地方经济社会发展能力的重要手段，积极探索地方本科院校人才培养新模式。作为贵州省首批转型发展试点高校，学校进一步明晰“地方性、应用型，以工为主，多科发展”的办学定位，在应用型高校建设过程中，高度重视创新创业人才培养，发挥学科门类齐全、地方经济快速发展、对口支援高校帮扶和试验区统一战线资源丰富的优势，立足实际、多元融合、主动作为，努力探索一条适合学校发展并对西部地方院校具有参考价值的创新创业教育改革新路子。

二、典型经验

学校创新创业教育工作从创新创业教育改革、实践育人平台建设及创新创业指导服务方面形成以下经验特色。

（一）构建“12345”创新创业教育体系，打出了一套符合地方高校创新创业教育发展的组合拳

学校紧密围绕“面向全体学生，面向全体教师，结合专业教育与文化素质拓展，将创新创业教育融入人才培养全过程”的创新创业教育核心内涵，构建“12345”的创新创业教育体系。经过三年的持续建设，基本形成了创新创业教育全校齐抓共管、部门分工协作、教师积极参与、学生全员覆盖、贯穿人才培养全过程的工作格局，大学生创新创业能力明显增强，人才培养质量显著提升。

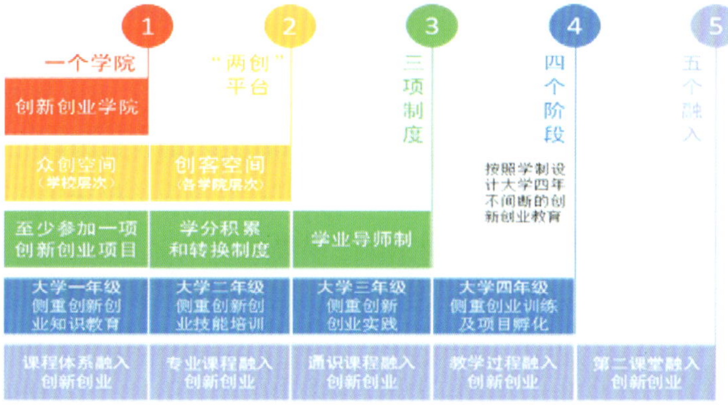

“12345”创新创业教育体系

——成立一个学院：创新创业学院。作为一个集管理、教学、实训、服务功能为一身的机构，注重整合各方、内引外联，科学规范推进创新创业教育改革工作。

——搭建“两创”平台：众创空间＋创客空间。学校层面搭建的流沧众创空间，现已为省级众创空间，是由 14 个学院（部）结合学科专业优势和利用实验室资源建设而成的微创空间，立体化地为在校学生和毕节市青年提供创业咨询、指导、培训等服务。两创平台的搭建为大学生创新创业实践、创新创业咨询指导服务提供保障，也为创新创业活动常态化开展提供保障。

在第三届全国"互联网＋"大学生创新创业大赛中，李章取同学
"基于精准扶贫的高寒地区中药材种植"项目获国家级铜奖

——实施三项制度：实施"一生一创新创业项目"制度、学分积累和转换制度、学业导师制度，着力构建"全员参与＋个性化指导"的创新创业教育生态。三项制度的实施在引导学生广泛参与创新创业活动、落实教师创新创业教育的主体责任方面发挥了巨大作用。

——贯穿四个阶段：实施大学四年不间断的创新创业教育，以"大学一年级侧重创新创业知识教育，大学二年级侧重创新创业能力培训，大学三年级侧重创新创业实践，大学四年级侧重创业训练及项目孵化"为主线，构建创新创业知识教育、技能培训、实践孵化依次递进的创新创业课程体系，并落实在人才培养方案中。

——坚持五个融入：学校把深化创新创业教育改革作为提高人才培养质量的出发点和落脚点，坚持将课程体系融入创新创业，专业课程融入创新创业，通识课程融入创新创业，教学过程融入创新创业，第二课堂融入创新创业。"五个融入"已经成为学校深化创新创业教育改革、推进教育教学综合改革、提高人才培养质量的指导思想。

近三年来，学校通过建设"12345"创新创业教育体系，基本实现了"创新创业教育教师全员参与、学生全员覆盖，贯穿人才培养全过程"，取得良好效果。创新创业训练计划项目立项数逐年快速递增：2015 年获国家级 7 项、省级 14 项；2016 年获国家级 18 项、省级 39 项；2017 年获国家级 42 项、省级 89 项；2018 年获国家级 49 项、省级 118 项，居全省高校之首。目前，在校生参与创新创业计划项目人数占全校在校生人数的 10％以上。在"互联网＋"全国大学生创新创业大赛、"挑战杯"课外科技学术作品大赛、全国大学生数学建模竞赛、全国 ACM－ICPC 程序设计大赛等创新创业大赛中，获省级以上奖项 300 余人次，组织百余支团队参加在第三届、第四届"互联网＋"全国大学生创新创业大赛，获得国家级铜奖 1 项、省级银奖 1 项，推送了 40 件作品参加第四届中国"互联网＋"大学生创新创业大赛"我的创新创业故事"暨微视频征集活动，6 件作品获视频类优秀奖（全国作品获奖 122 件）。

同时，学校培育指导创业团队 167 支，入驻众创空间、创业孵化园等平台的大学生创业项目(企业)106 家，涉及电商、教育、农特产、文化、“互联网＋”服务等行业，带动就业 500 余人，涌现出李章取、詹发超、蒋茂如等一大批优秀的创业青年，这些优秀大学生创业案例被贵州日报、乌蒙新报、毕节市电视台等多家媒体宣传报道。

大学生创业典范李章取和他的团队

(二)校政携手，探索了一条互通双赢、深度融合发展的创新创业教育新路子

为了进一步健全毕节市高校毕业生就业创业服务体系，探索服务和扶持高校毕业生就业创业的新途径，促进高校毕业生更加高质量地就业创业，充分发挥高等院校服务地方经济社会发展的作用，助推试验区脱贫攻坚，学校立足校园，面向全市，校政携手，共同打造了“54321”的创业就业合作模式。

“54321”的创业就业校政合作模式具体表述为：通过实施五项工程，达到四个目标，打造三大典型，实现两方共赢，探索一条路子。

——实施五项工程：2016 年，中共毕节市委全面深化改革领导小组下发《毕节市深化政校合作深化就业创业改革工作方案》(毕改领发〔2016〕8 号)，明确由毕节市人力资源和社会保障局、贵州工程应用技术学院携手，分别实施校政合作创业意识培养工程、校政合作创业能力提升工程、校政合作创业实践孵化工程、校政合作创业服务地方工程、校政合作创业理论研究工程，具体开展 12 个子项目建设(简称“512 工程”)。此项工程旨在搭建高校毕业生就业创业平台，促进高校毕业生就业创业，推动毕节市就业创业改革工作的深入开展。

——达到四个目标：分别是助力毕节试验区创业就业工作更上一个台阶，助力贵州工程应用技术学院转型发展，助力创业者通过系统服务提升创业成功率，助力各类人群实现较高质量稳定就业。

——建立三大机制：建立大学生创业就业联动机制，以线下专场招聘、线上信息共享(毕节就业云)、筹建毕节市人力资源产业园等为切入点，开展校政合作多层次、多渠道联动。建立大学生创业服务机制，发挥双方优势，通过政策共通、平台共建、资源共享等方式，实现创业服务

校政合作“512 工程”

一体化、专业化。建立大学生创新激励机制，以创业研究中心为载体，将高校智力资源快速转化为生产力，加速创新驱动，推进深度融合。

——实现两方共赢：实现地方经济社会发展和地方高校提质加速发展。

——探索一条路子：探索校政合作促进地方创业就业发展新路子。

目前，毕节市人力资源和社会保障局、贵州工程应用技术学院双方现已累计投入资金 800 万元用于创新创业软硬件设施改造和建设。已完成毕节市创业学院、毕节市大学生创业孵化园、毕节市 SIYB 创业培训中心、毕节市众创空间示范园、毕节市互联网＋青年创业产业园、毕节市就业创业能力培训中心、职业技能鉴定所、毕节市大学生就业创业服务平台等项目建设。

（三）同心同向，集聚了一股统一战线协同育人的创新创业强大合力

2015 年，毕节试验区统一战线深入贯彻落实中央统战工作会议精神和《中国共产党统一战线工作条例（试行）》精神、省委统战工作会议精神，全力把毕节试验区打造成统一战线服务改革发展示范区、多党合作示范区。学校借力统一战线，获得中华职教社的大力支持，2016 年 11 月，成立贵州省毕节市中华职教社贵州工程应用技术学院工作委员会，对接天津中德应用技术大学、天津职业师范大学、天津现代职业技术学院、天津大学和圆通公司等多家高校及企业进行交流合作，签订《天津中德应用技术大学与贵州工程应用技术学院合作协议书》等协议 10 余个，组织创新创业教师培训、研讨等会议 30 余次，获赠价值 500 余万元机械及软件设备用于创新创业训练平台建设。天津职业技术师范大学对学校 3D 打印、无人机技术创新创业项目给予技术指导。学校与清华大学浦华环保股份有限公司共同开展创新创业人才培养，共建创新创业工程技术训练中心。九三学社上海市委员会联络华中师范大学等上海 11 所高校在学校创新创业人才培养工作、创新创业师资队伍建设、科学研究等方面予以帮扶。协同育人机制平台的建设，促使学生创新创业取得突出成果。如 2016 年由学校创新创业团队设计的爬楼及平地行走机器获“齐鲁交通发展杯”第七届全国大学生机械创新设计大赛二等奖；近三年学校创新创业团队获得 2018 年中国工程机器人大赛暨国际公开赛全国三等奖等省级以上创

新创业奖项 106 项。

(四) 服务地方,形成了一个具有广泛影响力的创新创业支撑点

学校立足“12345”创新创业教育体系,面向毕节试验区,校政深度融合,共同推进创新创业教育改革,培养创新创业人才,践行习近平总书记对毕节试验区的重要批示,着力推进人力资源开发。2019 年 5 月学校与毕节市人力资源和社会保障局启动人力资源服务产业园项目,建设场地 6 000 平方米,投入经费 1 000 万元,全面推动地方人力资源服务向产业化方向发展。

学校还以节市大学生创业孵化园为平台,先后组织 3 万余名学生参加精准扶贫创新创业活动,将“双孢菇种植技术推广与示范”“半夏种植与推广”等创新创业项目实现科技项目转化,服务于脱贫攻坚。同时,学校整合毕节市创业者协会、毕节市信智职业技术培训学校等单位的资源,组建 100 余人的“创新创业专家辅导团队”,紧紧围绕“精准扶贫、乡村振兴、农村产业革命”三大核心,面向全市企事业单位、创业者、贫困户、劳动力提供创新创业服务、职业技能培训、实地考察辅导、资源整合共享等服务。学校还举办了毕节市“决战贫困·创赢毕节”全民创业大赛、毕节市“乡村厨师技能大比武”、毕节企业管理者论坛、信智就业扶贫工程、专家实地巡回辅导等活动,年度服务 650 余家企业,让学校教师走出去服务地方经济社会建设。学校针对地方经济社会发展的实际需求,策划组织了贫困劳动力(易地扶贫搬迁劳动力)职业技能培训、农民感恩励志教育、专业技术人员继续教育等培训,发挥高校教师专业技术优势,推动专业理论的市场化应用,年度培训辅导 1.6 万人次。

产业扶贫项目中药材半夏种植示范基地

贵州工程应用技术学院立足自身优势,在“大众创业,万众创新”的时代背景下,借力统一战线,以校政合作为突破口,积极担负高校服务地方经济社会发展的使命,在创新创业教育改革的路上走出了一条基于创新的创业道路,为地方高校转型发展提供了鲜活的案例。

传承百年云大精神 释放创新创业活力 着力培养担当民族复兴大任的时代新人

——云南大学

云南大学(简称“云大”)始终坚持立德树人根本任务,不断推进和深化创新创业教育改革。早在2006年,学校就提出“科研育人、实践育人、协同育人、文化育人”的人才培养理念,着力培养学生的创新思维、创新能力和创新精神。同年,在教育部本科教学工作水平评估中,19项二级指标全部评定为A,被教育部评为本科教学优秀学校。2016年,在教育部本科教学工作审核评估中,学校再次被教育部评为优秀。2017年,学校入选“全国首批深化创新创业教育改革示范高校”。2018年,学校被教育部批准为“三全育人”试点院校。学校先后获得全国毕业生就业典型经验高校50强(2014年)、全国大学生创新创业联盟云南唯一理事单位(2016年)、全国大学生创业示范园区(全国29家,2017年)等荣誉。

一、学校基本情况

云南大学始建于1922年,是祖国西南边疆创建最早的综合性大学之一。1946年,《不列颠百科全书》将云南大学列为中国在世界上最具影响的15所大学之一。1978年成为全国首批88所重点大学之一。改革开放以后,学校又先后成为首批国家“211工程”重点建设大学、西部大开发重点建设院校、省部共建高校,以及国家“中西部高校基础能力建设工程”“中西部高校提升综合实力工程”实施院校,2017年成为国家首批42所“世界一流大学”建设高校之一，2018 年成为“以部为主、部省合建”高校。

目前，学校下设 27 个学院、14 个研究机构、1 个公共课教学部、2 个独立学院及 1 个附属医院，设有研究生院。学校现有教职员工 2 971 人，其中专业技术岗位 2 497 人；全日制在校本科学生 16 976 人，硕士研究生 7 595 人，博士研究生 1 108 人；占地面积 4 363.64 亩，公用校舍建筑面积 100 余万平方米；教学、科研仪器设备及信息化设备资产总值 9.38 亿余元，图书馆藏书 370 余万册。

云南大学呈贡校区图书馆

学校现有本科专业 76 个，国家特色专业 12 个，拥有民族学、生态学、专门史、微生物学 4 个国家级重点学科，52 个省级重点学科；有 21 个一级学科博士学位授权，42 个一级学科硕士学位授权，22 个专业硕士学位授权。在教育部第四轮学科评估中，学校有 30 个学科进入全国前 70%，其中，A 类学科 2 个（民族学为 A+，生态学为 A-），B 类学科 14 个。化学、植物学与动物学学科进入全球 ESI 前 1%。目前，学校已形成以民族学、生态学、生物学、特色资源开发与环境保护，以及边疆问题和东南亚、南亚国际问题研究为优势特色，学科较为齐全，人才密集的综合性大学。近百年来，学校培养了大批各行各业创新创造领军人才和中坚力量，其中院士 37 人，国内外知名专家学者 35 人，副省级以上领导干部 30 人，地厅级干部 523 人，知名企业家 36 人，为国家经济社会发展和边疆稳定、民族繁荣、社会和谐做出了卓越贡献。

迈入新时代，学校以改革开放伟大精神为指导，扎实推进创新创业各项工作，围绕“学术+双创”重点选拔培养了一批有影响力的创新创业学术带头人，通过树标杆和立典型，培养了更多敢创会创的先进典型，产生了良好的经济社会效益。例如：张克勤教授团队开发了国内第一个获得农药三证的农药产品——“线虫必克”，为破解线虫防治的世界性难题提供解决方案。胡凤益教授团队研发的多年生稻系列品种和技术，已在全省 10 个州市进行种植应用，同时推广到国内 8 个省区以及南亚、东南亚部分地区，为国家粮食安全事业做出积极贡献。“骏腾学生创新团队”“光盘学生创新团队”先后入选全国“小平科技创新团队”（全国 50 家），陈鸿睿、王云、孙永斌等 3 名同学获全省青年创业最高奖项“青年创业省长奖”，何永群、雷骥获“中国大学生创业英雄 100 强”称号，其中何永群的创业事迹被创作拍摄成全国第一部青年励志创业电影《达拉的青春》在全国公映，并在今年 5 月 13 日召开的全国高校毕业生就业创业工作电视电话会议上，作为全国唯一创业典型作了经验交流发言。

《达拉的青春》电影宣传图

近年来，学校创新创业工作始终坚持目标引领、坚持融合教育、坚持服务导向、坚持以文化人，通过深化教育教学改革，着力提高人才培养质量；通过加强科研能力训练，着力培养学生创新思维和能力；通过加强第二课堂建设，着力开展创新创业实践；通过加强双创平台建设，着力改善创新创业条件；通过推进成果转化和项目孵化，着力增强服务经济社会发展能力。学校大力实施创新创业“教育—参与—培育—孵化”金字塔式四阶提升计划，构建完善“意识培养—知识积累—能力提升—成果孵化”一体化的创新创业人才培养体系。

二、创新创业工作典型特色

1. 坚持目标引领

学校坚持以人才培养目标引领创新创业教育。2013 年，学校制定《云南大学区域性高水平大学建设规划方案》，提出：着力构建“知识、能力、人格”三位一体的育人体系，切实增强学生的实践能力、创新能力和创业能力，培养品行优良、本领过硬、敢于担当、勇于创新的优秀人才。2017 年，学校制定《云南大学一流大学建设方案》，提出：构建一流人才培养机制，着力培养具有批判精神、独立思考能力、高度社会责任感、跨学科知识和国际化视野的一流人才，努力把学

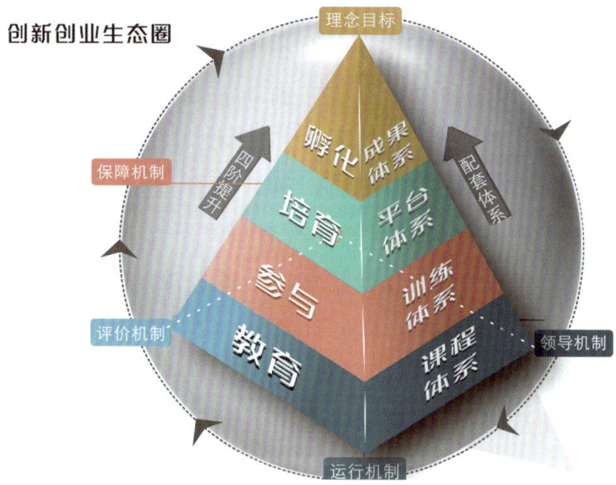

金字塔式四阶提升计划

校建设成为服务边疆，辐射南亚、东南亚，面向世界的拔尖创新人才培养高地。学校始终立足于人的全面培养和发展，不断提升人才培养的目标定位。围绕人才培养目标定位，理清创新创业工作思路，健全体系、优化举措，把创新创业教育融入学校人才培养全过程，充分发挥创新创业教育对人才培养的支撑和推动作用，努力为国家和区域创新发展培养一流拔尖创新人才。

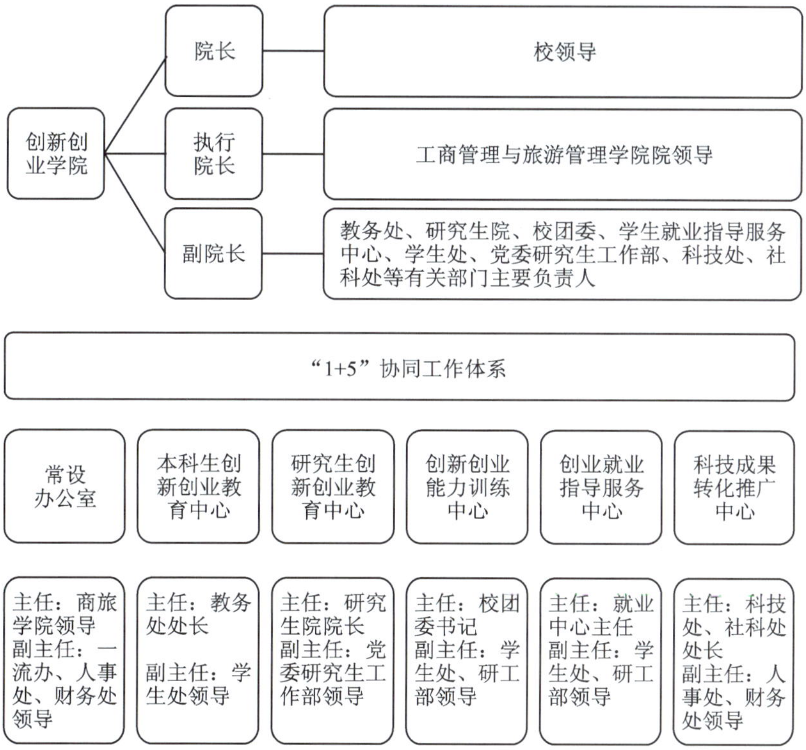

云南大学创新创业学院组织构架图

2. 坚持融合教育

学校深刻把握教育教学新情况、新趋势和人才培养新要求，主动适应创新创业教育发展新变化和新任务，不断创新教育理念和教育方式。创新需要融合，近年来，学校着力探索走融合教育发展的路子，打破院系、学科、专业的界限，打破学校与社会的界限，推进不同专业之间、学生之间、师生之间的融合互动，统筹好学科融合、科教融合、产教融合的关系，着力增进师生之间的交流，构建开放融合、互通互动的创新创业教育模式。经过几年的实践，学校师生深深体会到，融合就是突破、融合就是创新、融合就是互动。通过深度融合，学校进一步优化了学科专业结构，2017—2018 年，“撤、停、并”本科专业 26 个，力度之大居全国之最，调整优化了各类资源配置，增强了学校面向社会、面向市场的开放融合能力，提高了新技术新成果的转化效率，提升了学生创新创业方面的创造能力，引导和鼓励广大师生更加积极主动地投入大众创业、万众创新。

由各学院学生组成的创新创业班开展融合教育

3. 坚持服务导向

学校紧紧围绕习近平总书记 2015 年考察云南时对云南提出的建设“民族团结进步示范区，生态文明排头兵，面向南亚、东南亚辐射中心”三大定位，充分发挥云南生物与生态多样性、民族与文化多样性和毗邻南亚、东南亚的“三大优势”，把创新创业教育与“双一流”建设紧密结合起来，着力实现“三大转化”，即把区位、资源优势转化为学科优势，把学科优势转化为人才培养优势，再把人才培养优势转化为创新创业优势。坚持以“双建”（建设一流大学，建设一流学科）带动“双创”，以“双创”助推“双建”，双创双建，相辅相成。学校深入实施“云南大学服务云南行动计划”，积极服务云南省，打造世界一流“绿色能源”“绿色食品”“健康生活目的地”三张牌和八大重点产业发展，主动投身脱贫攻坚，助力全面建成小康社会。通过服务，增强了学校创新创业工作的时代感、使命感，赋予了创新创业教育更高的时代内涵，使其更加具有活力和吸引力。

4. 坚持以文化人

近年来，学校在创新创业教育活动中，不断加强创新创业文化建设，一直坚持“以文化人”。学校大力实施校园“绿化、文化、美化”工程，深入推进绿色校园、最美大学建设，开展创新创业林、传统文化传习基地、碑廊等项目建设，校园环境更加优美，被网民评为全国十大最美校园之一；贯彻全环境育人理念，深入开展“理解中国”“东陆讲坛”“大学之道”等系列品牌活动，激发师生创新创业意识，促进师生共同健康成长；大力弘扬“会泽百家，至公天下”的云大精神，强化教风、学风、校风建设，倡导人文日新，潜移默化地教育、熏陶和引领师生，传承“努力求新”的创新精神、坚守“艰苦奋斗”的创业传统。同时，学校以“三全育人”综合改革试点高校建设为契机，全面贯彻落实“全员、全过程、全方位”育人要求，促进创新创业与教学、管理、服务深度融合。通过以文化人，赋予创新创业教育云大精神和时代精神，使创新的观念和意识深深地根植于云大人的思想深处和行动之中。

双创林

下一步，学校将统筹推进一流大学、一流学科建设和创新创业各项工作，把创新创业教育贯穿人才培养全过程，深入推进创新创业教育与思想政治教育、专业教育、体育、美育、劳动教育紧密结合，在更高层次、更深程度、更关键环节上深入推进创新创业教育改革，全力打造创新创业教育升级版，推动创新创业教育工作取得新成效。

扎根云岭 唯实创新
构筑新时代创新创业教育新模式

——云南财经大学

一、学校概况

云南财经大学始建于1951年，2006年更名为云南财经大学，2013年获批为博士学位授予单位。学校以“扎根云岭、服务边疆”为使命，经过68年的发展，已成为一所以经济学、管理学为主，法学、哲学、文学、理学、工学、艺术协同发展，学士、硕士、博士教育有机衔接，普通本科、职业本科、国际化办学为一体的区域性重点大学，为边疆民族地区培养了10万余名经世致用高级人才，为地方经济建设与发展、边疆开放与繁荣、民族团结与进步、社会和谐与稳定做出了积极贡献。

学校现有在校生29 812人，长江学者特聘教授3人，“百千万人才工程”等国家级高层次人才33人，省级高层次人才151人次，4个一级学科博士点、12个一级学科硕士点、15个专业学位硕士点，65个本科专业，3个博士后科研流动站，13个省级重点学科、6个省级高峰高原学科，是云南省经管类学科学位授权点覆盖面最全、财经类重点学科数量最多的高校。

学校坚持把创新创业作为发展的重要理念，以“唯实创新”（围绕三个定位，发挥学科优势，实践引领“双创”，为国家和地方经济发展提供原动力）为指导，实施“2＋2”（“卓越人才、创新创业人才”两类人才＋“国际体验、创新创业体验”两种体验）人才培养工程，通过完善2大机制

(双组长制、创业学院联动机制),构筑3大体系(创新创业教育培养体系、创新创业教育实践体系、创新创业服务指导体系),构建融创新创业教育、研究、实践和社会服务为一体的创新创业教育实践体系,形成“创业教育-项目扶持-社会风投”有机衔接的创业生态环境,确保创新创业教育面向全校教师、覆盖全体学生,融入人才培养全过程。

1. 完善两大机制

学校成立以党委书记、校长同时任组长的大学生就业创业工作领导小组(双组长制);成立由分管“双创”工作副校长任院长的创业学院,细化副院长和其他成员单位职能分工,优化创业学院联动机制,确保大学生创新创业工作人员、机构、场地、经费“四到位”。

云南财经大学创业学院导师团队

2. 构筑三大体系

创新创业教育培养体系——通过校史馆、中国少数民族财会博物馆、锺正山美术馆“三馆”文化传承,增强文化底蕴,夯实创新基础;通过“四个融入”(融入培养目标、融入培养方案、融入培养过程、融入培养质量监测)工程将创新创业教育融入人才培养全过程;通过建设必修选修有机衔接,专业教育与创新创业教育深度融合的专门课程群,健全“双创”课程体系;编订出版创新创业校本教材,强化师资队伍建设,提升师资能力和水平。

创新创业教育实践体系——通过整合内外资源,强化实践教学平台建设,建成由大学生创业孵化园、云财众创空间、校园创业平台组成的“三位一体”创新创业教育实践服务示范区(总面积超过10 000平方米),打造精准扶贫评估、电子商务政务、现代物流、文化创意四大创新创业教育实训实践平台;依托第二课堂,开展创新创业实践体验,通过建立“企业学院”、举办“跳蚤市场”、组织参与校内外“双创”竞赛活动等形式,强化学生实战技能。

创新创业指导服务体系——通过“专创结合”,利用现代新媒体技术,聚焦专业师资,依托学术阵地,打造“专业+、网络+、服务+、平台+”四大指导帮扶体系,推动实现资源共享,优势互补。

云南财经大学云财众创空间开园仪式

云财学子不断践行创新创业理念，释放创新潜能，涌现出了大批国内知名企业家。中国新高教集团董事会主席李孝轩、上海紫苹果有限公司董事长李忠文（首届“云南青年创业省长奖”获得者）、云南东骏药业（集团）董事长李卫东等，他们在各自领域取得了令人瞩目的成就，创办企业不仅带动及辐射带动就业近万人，为区域社会经济发展做出了杰出贡献，而且积极回馈母校，通过榜样的示范激发学生创业热情，营造了浓郁的创新创业氛围。创业带动就业成效明显，近三年毕业生初次就业率始终保持在92%以上。学校2016年入选“全国首批深化创新创业教育改革示范高校”；2017年荣获“云南省深化创新创业教育改革示范高校”；2018年荣获“云南省创新创业典型经验高校”；连续14年获“云南省高校毕业生就业创业工作目标责任考核一等奖”。

二、创新创业工作典型特色

学校主动对接云南省“三个定位”战略，打造绿色“三张牌”，培育“八大产业”和“五网建设”需要，结合学科专业优势，聚焦扶贫攻坚和南亚、东南亚辐射中心建设任务，助推区域经济新发展，主要特色做法如下。

（一）聚焦精准扶贫，以三位一体创业生态链助力边疆地区奔小康

① 依托学科优势，打造精准扶贫研究平台。学校将土地资源、区域经济和山区开发整治等专业和研究方向与精准扶贫战略结合，开创“区域资源开发与国家精准扶贫”研究方向。2017年成立“精准扶贫与发展研究院”，组建精准扶贫第三方评估团队（国内最早的国家级评估团队之一）。2016年、2017年连续荣获“国家扶贫开发第三方评估先进集体”称号。

② 创新培养方式，打造精准扶贫实践机制。学校依托精准扶贫与发展研究院，引领青年

学生以青春建功实际行动参与国家扶贫开发战略，将社会实践与“精准扶贫第三方评估”相结合，带动大学生参加扶贫社会实践。学校还组织师生3 000余人参加调查评估，利用专业知识完成十万余贫困户的扶贫评估工作。2017年学校受到团中央、全国学联表彰，被评为“全国优秀单位”和“全国优秀团队”。

学校荣获国家扶贫开发第三方评估先进集体

③ 立足边疆发展，打造精准扶贫创业模式。学校通过精准扶贫社会实践，让广大学生切身感受到贫困地区的真实现状，引导学生运用专业知识分析贫困产生的原因和解决方式，将专业知识与实践感悟相结合；通过课堂教学、创新创业训练计划、创业培训，引导学生以创新创业助力“脱贫攻坚”和“美丽乡村”建设，涌现出创富企业管理团队、现代设计艺术学院学生“双创”实践团队、“永昊农业”创业团队、“芒果味”创业团队、仨兔文化创业团队等大批创新创业实践者。他们利用专业知识，在对接企事业单位对口贫困县脱贫预评估，文山州马关县“美丽乡村”特色旅游村寨规划改造，云南省偏远山区高原特色农产品推广与销售等多个领域进行了积极创业实践，在带动建档立卡户脱贫等方面发挥了积极作用。

（二）融入“一带一路”，以引进输出双向联动培养国际化创新人才

① 立足区位优势，探索“特色专业＋小语种”专业融合模式。学校将财经类特色专业与泰、缅、越小语种结合，实施“3＋1”培养模式，培养“精外语、通专业、强能力”，熟悉南亚、东南亚国家概况的国际化财经人才。学校被列为云南省高等学校东南亚、南亚语种人才培养示范点，三年派出11批236人赴泰、越、缅等国交流，38人国外就业。

② 聚合优质资源，推动“引进＋输出”国际化人才培养。学校在省内率先开展中外合作办学，与4个国家5所高校举办6个中外合作办学项目，与现代、统一集团等著名企业建立“体验基地”，组织学生体验学习。学校培养有中外教育经历和文凭学生5 000余名，近三年567名毕业生出境工作、深造。学校还输出中国优秀传统文化和学校经管教育，2014年成立曼谷商学院，2018年成立海外学院，是教育部批准的第3家境外学历学位教育机构，已招收外国籍本科生100人，建成全国第五家国际商务官员研修基地，学校教育影响力不断扩大。

云南财经大学组织学生到罗勇工业园区昊辰塑业(泰国)有限公司体验学习

③ 拓宽国际视野,助力大学生国(境)外交流体验。学校与 30 余个国家 130 多所高校开展校际交流合作,三年派出 492 人交流学习,422 人考取对方研究生。2018 年学校"产品设计联合工作室"学生赴泰国与兰实大学合作开展芭堤雅旅游区公共设施产品设计研发。学校与港澳台地区开展"万人计划"和"云与清风"学生交流项目,成功接待港澳台学生 1 000 余人,派出近百人赴香港地区交流。

(三) 发挥两馆功能,以文化育人理念营造创新创业昂扬氛围

① 以"中国少数民族财会博物馆"为依托,传承多元民族特色商科文化。中国少数民族财会博物馆是全国首家展示少数民族财会历史的博物馆,拥有 32 个少数民族藏品 3 328 件,包括会计、财政等方面的历史文物,依托本馆学术和研究资源,组织师生开展"探寻铜都文明 · 探究铜商文化"大学生田野调查、"壮乡苗岭 · 滇越走廊"文山壮苗文化传承保护等调研项目,完成 3 部纪录片,孵化多个学生创新创业项目。

② 以"锺正山美术馆"为平台,培养有眼界、修养、气质的财经类创新创业人才。锺正山美术馆是"马来西亚艺术教育之父"锺正山先生将其毕生百余幅画作及千余件收藏艺术品捐赠给学校建立的全国财经类院校首家美术馆。学校以美术馆为依托,搭建教学、实践、创业、市场一站式服务平台,聘请非遗传承人、手工艺大师,创建玉雕、金属等 20 个工作室,让学生体验从市场调研、创意设计、产品制作至市场推广的全过程,先后为学生提供艺术体验实践 2 000 余人次,2015 年以来有 7 支大学生创业团队入驻孵化园。

强化创新创业教育 提升毕业生创业就业质量 打造具有示范作用的人才培养典型高校

——西安翻译学院

一、学校基本情况

西安翻译学院于1987年创办，2000年，经陕西省人民政府批准，实施高等职业教育；2005年，升格为本科高校；2009年获学士学位授予权；2013年，通过教育部本科教学工作合格评估；2014年，被省教育厅确定为首批应用型转型发展试点院校；2016年，获批陕西省“管办评”试点院校；2017年，获批“陕西高校创新创业教育试点学院”和“陕西示范性高等学校毕业生就业创业指导服务机构”；2018年，获批陕西省“一流学院”建设单位。近年来，学校获得“2019年度全国创新创业典型经验高校”、“全国教育教学管理示范单位”、“优秀专业特色院校”、“全国一流民办大学建设实验基地”、陕西省“文明校园”和“平安校园”、“陕西高等学校先进基层党委”、“全国五四红旗团委”等荣誉称号。

西安翻译学院的创立和发展就是一部创业史，创始人丁祖诒就是一名敢为天下先的创业者，创新创业基因早已融入学校的办学理念和大学精神中。西安翻译学院在“创东方的哈佛”伟大梦想的牵引之下，奋斗30多年，进行多次创业，取得了可喜的成绩。创始人丁祖诒倡导的“让无助者有助、让有志者成才、让奋进者辉煌”的理念已经深入到每个教职员工的内心深处，广大学生体会到了“学习在西译、成长在西译、生活在西译、幸福在西译”的获得感。近年来，在丁晶董事长的带领下，学校新一届领导班子秉承丁祖诒先生"敢为人先、无私奉献、爱生如子、厚德敦行"的西译精神，积极践行"高尚教育"理念，创建了"四位一体"治理体系，开创了"去家族化"办学先河。举办者、校长和党委书记共同作为董事会成员决策学校重大事项，实行校院两级、权责清晰的内部管理体制，形成了"制度管人、流程管事"的运行机制。当前，学校坚持立足于持续、立足于内涵、立足于创新、立足于执行的工作思路，正在全力打造"学习在西译、生活在西译、成长在西译、幸福在西译"的育人氛围和平台，保障毕业生"尊严、体面"地进入社会。

学校创新创业教育工作始于1997年，当时就提出了"外语＋专业＋现代化技能"和"专业＋外语＋现代化技能"的应用型人才培养模式，并持续完善；2012年起开展大学生创新创业训练计划项目；2014年设立大学生"职业、创业、就业"教育教研室；2015年成立创新创业学院，全面规划推动学校创新创业工作。

西安翻译学院鸟瞰图

二、学校创新创业教育典型特色

（一）理念引领，科学规划

学校积极贯彻落实党中央、国务院，省委、省政府关于加强创新创业教育的文件精神，将创新创业工作纳入学校"十三五"及"双一流"建设规划。在创新创业教育的实践与探索过程中，逐步形成了"123456"创新创业教育体系：以"立德树人"为宗旨，以"转型发展"和"双一流"建设为引领、以"导师"和"案例"建设为抓手，构建融"知识、能力、素质""专业、课程、实践""教、学、做"为一体的教学模式，打造"普惠、提高、专业、孵化"多层次、多类型的创新创业教育路径，实施"课堂教学、专家指导、实践训练、学科竞赛、成果孵化"五位一体的创新创业教育模式，全面营造"组织、制度、文化、环境、条件、人员"保障平台，形成了集创新创业教育和文化体验、创客空间、项目孵化三位一体的大学生创新创业生态空间。

（二）深化改革，促进成长

1. 坚持应用型人才培养目标，打造特色培养方案

一是坚持“外语＋专业＋现代技能（含创新创业技能）”和“专业＋外语＋现代技能（含创新创业技能）”的应用型人才培养模式，组织邀请社会、企业人员参与人才培养方案的制定、修订，根据转型发展“五个对接”的社会需求健全课程教学体系，满足行业需求，形成特色鲜明的人才培养方案。

二是坚持“合作招生、合作育人、合作就业、合作发展”的校企合作策略，开设创新创业实验班，试点“专业＋创新创业”方向，联合开办校企合作订单班，促进高质量就业。

2. 创新教学与管理方法，实施“两制三对接”

一是修订《西安翻译学院学生学籍管理实施细则（试行）》，允许学生保留学籍休学创业。

二是修订《西安翻译学院学分制管理办法（试行）》，推行创新创业学分转换制度；修订《西安翻译学院学生学科竞赛奖励办法》，鼓励学生开展创新实验、发表论文、获得专利和自主创业，建立学生创新创业档案和成绩记载机制。

三是融开展启发式、讨论式、体验式为一体的“三式教学”。以“大学生创业基础”课为试点，开展小班化教学，实施教学过程与生产过程对接；变标准答案考试为编制创业计划书和项目路演，实施创新创业课程考核和岗位需求相对接；鼓励学生参加与专业相关的职业资格证书考试，实施毕业证与职业资格证对接。

3. 实现“双创”课程全覆盖，加强自编教材及案例建设

一是规定毕业生必须取得“必修＋选修”双创课程4学分和素质拓展课程8学分。全校开设“大学生创业基础”“大学生职业生涯发展规划”“大学生就业指导”等必修课及10多门创新创业选修课程。

二是将创新创业课程慕课化，采用“线上＋线下”方式面向全校学生开放，凡完成教学要求的学生，可进行相关学分互换。

三是出版《大学生创业基础》《大学生就业指导》《大学生职业生涯规划》等教材，其中，《大学生创业基础》获“全国学校共青团优秀研究成果二等奖”。

4. 坚持引培并举，建设“五环”双师双能型导师队伍

学校创立了“五环”双师双能型创新创业教育师资队伍建设机制。导师队伍由创新创业教育学科带头人、校内专任教师、兼职教师、创业实训教师和校外知名企业家构成，其角色和任务分别为：学科带头人引领创新创业教育发展，指导专、兼职教师学习和成长；校内专任教师和兼任教师负责对全校学生进行创业基础教育；校内创业实训教师针对不同专业学生在各类创新创业竞赛和创业实践中进行具体指导和帮助；知名企业家定期来校举办创业论坛、企业家访谈、事迹报告等活动，助力学生创新创业。

5. 拓展“实训＋实践＋孵化”平台，保障项目实施

一是学校建成了含大学生创新中心、虚拟仿真实验中心、实践教学示范中心、创新创业训练营等实践平台在内的创新创业体验式教学中心。建成校内翻译工作坊、同声传译工作坊、创

创新创业教材

意写作坊、电商创新、文化创意工作坊等创新创业实践平台。

二是建设校内外“孵化”平台。投入 5.87 亿元在西安高新区建成以创新创业服务功能为主的大学生创业园;投入 3 200 余万元,在西区建成创新创业体验教学中心;投入 621 万元建成校内功能齐全、设施完善、服务一流的创新创业实践基地。

6. 强化“两个坚持”,丰富实践内容

学校坚持协同创新创业实践,加强校政、校地、校企合作,多渠道、多形式培养大学生创新精神、创业意识和创业能力,先后与 48 家政府、企事业单位建立了创新创业深度战略合作关系,成立“陕西跨境贸易创新研究院”,以及泰国、匈牙利等“文化研究中心”,不断构建协同培养创新创业人才的新格局。

学校坚持国际化定位,服务于西安国际化大都市和“一带一路”工作需求,先后组织开展创业大西安、创新创业科博会、国际“丝路”电影节、中美创客大赛、国际“丝路”博览会、西洽会等大型国际交流的外语志愿者服务活动。通过大型外语服务活动,培育“双创”项目,培养“卓越”翻译人才,促进学生国际化交流与就业,受到省政府及举办单位多次高度肯定。

创译咖啡厅

三、创新创业教育工作成效

1. 初次就业率持续稳中有升，社会声誉不断提升

学校坚持双专业、复合型人才培养模式，准军事化管理，创新创业教育全覆盖等措施，人才培养质量得到就业单位的广泛认同，同时，以“六大工程”助推毕业生充分就业，让毕业生“尊严、体面”地走向社会。近年来，学生高质量竞赛获奖 1 100 余项，有 6 名同学因在 APEC 未来之声中国区总决赛中荣获佳绩，先后参加了 APEC 峰会。近三年，学校毕业生初次就业率均在 90%以上，实现了学生“好就业、就好业”的目标。学校先后荣获“全国学生就业实力十强示范民办高校”、“毕业生最适应国际化工作环境样本院校”、“社会影响力就业典型高校”、“品牌影响力民办高校”、陕西省“一流学院”建设单位等荣誉。

2. 创新创业屡获殊荣，社会影响力持续扩大

近三年，我校获得教育部“2019 年度全国创新创业典型经验高校”、科技部“众创空间”、“全国民办高校创新创业师资培训基地”、“省级示范性高等学校毕业生就业创业指导服务机构”、“省级高校实践育人创新创业基地”、“省级创新创业教育改革试点学院”、“省级众创空间孵化基地”、“省级创业孵化示范基地”等荣誉 20 余项，受到社会广泛关注，影响力持续扩大。《中国教育报》《陕西日报》《华商报》《三秦都市报》《西安日报》以及主流网络媒体、电视媒体等，均使用较大篇幅或专题对我校创新创业工作进行报道。

荣誉墙

深化创新创业教育
培养兴疆固边人才

——新疆大学

一、新疆大学创新创业教育基础情况

新疆大学是全国重点大学，国家西部大开发重点建设高校，国家“一省一校”重点建设高校，“一流大学”建设高校，教育部与新疆维吾尔自治区“部省合建”高校。各类在读学生 36 996 人，教职工 3 005 人。

新疆大学拥有创业孵化基地 2 个，分别为 2014 年建成使用的新创青年众创空间北校区一期和 2018 年校本部的新创青年众创空间二期，总建筑面积为 6 261.72 平方米（其中北校区基地 5 100 平方米，校本部二期 1 161.72 平方米），包括创业培训、图书资料、创业模拟、企业孵化、创新创业导师工作室五大功能区，装饰体现了积极向上的创新创业氛围，可同时容纳 25 家大学生新创企业和 70 家大学生创业团队。

园区设有综合会议室、企业专家诊断室、新疆大学生创业服务网络平台，水、电、暖、消防、监控、光纤网络等配套设施齐全，面向全体学生开放。

经过多年的探索与实践，学校紧紧围绕培养复合型、应用型拔尖创新人才这一目标，多措并举，全力培养创新创业人才，逐渐探索建立了创新创业教育——创新创业项目团队训练——创新创业竞赛体系——创新创业成果转化立体互通式大学生创新创业实践体系。

新创青年众创空间一期、二期场地环境展示

二、完善创新创业制度，促进创新创业发展

（一）逐步完善创新创业各项制度建设

2018 年，学校牢牢把握“双一流”建设历史机遇，主动顺应国家、自治区创新驱动发展需求，深入探索拔尖创新人才培养模式，促进学科交叉、科教融合，将创新创业教育深度融入人才培养全过程。先后出台了《新疆大学一流本科建设方案（2018—2020）》《新疆大学全面推进创新创业教育改革实施方案》《新疆大学“国家大学生创新性试验计划”项目实施管理办法》《新疆大学“大学生创业训练计划”项目管理办法（试行）》《新疆大学创新创业学分认定实施细则》《新疆大学共青团“第二课堂”成绩单制度实施细则（试行）》《新疆大学国家理科基础科学研究和教学人才培养基地管理办法》等系列文件，深化推进创新创业教育体制机制建设。

（二）不断完善教师参与创新创业教育激励制度

在《新疆大学教学科研系列高层次人才岗位津贴管理办法》中将教师指导创新创业教育成果作为重点岗的选聘条件；将教师参与创新创业业绩纳入新修订的《新疆大学专业技术职务评聘办法》中；修订《新疆大学教学奖励办法》，加大对教师参与创新创业活动奖励力度，并将教师参与创新创业教育工作纳入单位绩效考核指标，不断完善教师创新创业激励机制。

三、加强创新创业课程体系建设

我校以课程为依托，构建特色创新创业课程体系。一是进行创新创业教育通识课程群建设，学校人才培养方案中明确设置 2 学分的创新创业学分，大学生创新创业基础知识覆盖全校

学校举办的各类创新创业活动

各专业班级学生，并成立大学生职业发展与就业创业指导教研室。在通识教育课程网络平台上开设大学生创新创业、创业基础、创业精神与实践等11门网络通识选修课。二是进行创新创业专业基础课程群建设，自2016年起，试点在专业基础课中设立“创新创业专业基础类”课程。要求各专业结合学科专业特点开设一门研究方法、学科前沿、创新思维训练等方面的专业课程，建设“专创融合”特色示范课程，推动教师把学科前沿发展、最新研究成果和实践经验融入课堂教学，培养学生的批判性和创造性思维，激发创新创业灵感。三是开展创新创业“课程＋”专题模式，积极引进政府、企业等创新创业教育资源，面向有创新创业意愿的学生和已经形成创新创业项目的团队，开展以短期课程、沙盘模拟、素质拓展、创客教育等为主的创新创业专题培训（包括SYB创业培训、创业大讲堂、“互联网＋”创新创业校内项目路演等），并将学生参与培训情况纳入《新疆大学创新创业学分认定实施细则》认定范围中，作为创新创业教育课程的有效延伸和补充，形成创新创业“课程＋”模式，加强创新创业课程内容与实践教学的结合，提升学生创新创业能力与素质。四是着力提升教师创新创业教育能力，定期举办就业、创业指导专题业务的培训、交流研讨等，增强广大教师投入创新创业教育的意识和能力。

四、创新创业实践育人体系建设

我校全方位搭建创新创业育人体系，不断丰富创新创业教育内涵，提升创新创业人才培养质量。一是我校开设特色实验班，深入探索拔尖创新人才培养模式，结合教育部《关于实施基础学科拔尖学生培养计划2.0的意见》，全面推进实施卓越工程师教育培养计划、卓越法治人才教育培养计划、卓越新闻传播人才教育培养计划和基础学科拔尖学生培养计划。二是完善的“三类三级”大学生创新创业训练计划项目，即完善“国家—自治区—学校”三级大学生创新创业训练计划项目体系，三类即建立“创新训练项目—创业训练项目—创业实践项目”，加强创新创业项目之间的联系。在新修订的《新疆大学大学生创新创业计划训练项目管理办法》中，明确提出“创业实践项目要在学校导师和企业导师的共同指导下，采用前期创新训练项目（或创新性实验）的成果，提出一项具有市场前景的创新性产品，以此为基础开展创业实践活动”。三是积极推动专创结合，开放创新实验平台。校内基础实验室、专业实验室（527个）、实验教学示范中心（国家级2个、自治区级9个）、科研实验室、重点实验室（81个）、软件学院创新创业实践中心、信息科学与工程学院创新联合实验室、工程训练中心等二级学院创新创业实践平台面向本科生开放，为大学生创新创业提供专业指导和辅助平台，提升学生的创新实践能力。四是积极拓展校企合作，促进协同创新育人。充分发挥157个校外实习基地、产学研基地的作用，产教结合、校企合作，搭建三级创新创业综合实践平台。鼓励学生积极参与教师和企业联合的科研课题，开展基于岗位群的模块化课程体系开发，在毕业论文（设计）、实习实践和创新创业等环节设立双导师制，鼓励企业家、工程师走进校园，指导大学生创新创业项目，指导学生毕业论文。五是持续开展大学生创新创业深度培训交流活动。学校以新创青年众创空间为载体开展创新创业讲座、大学生创业培训班（SYB）、创业沙龙经验交流会，累计参与活动的大学生达6 000余人次。六是打造多层次“双创”竞赛，学校推动创新引领创业，打造以“挑战杯”“创青春”“互联网＋”为龙头，涵盖数学建模竞赛、节能减排竞赛、ACM大赛、广告艺术大赛等30余个国家级专项赛的“创新＋创业”闭环竞赛体系，形成“竞赛牵引、实训培育、项目孵化”的运行机制。学生通过大赛磨炼创新创业，不断提升创新创业实践能力。七是搭建创新创业学生交流互动平台。学校先后成立了学生创新创业协会、创业发展协会等，通过开展丰富多彩的创新创业活动向青年学生传递创新创业知识、信息和资讯，校园创新创业文化建设效果突出。构建橱窗、微信、QQ宣传平台，长期发布创新创业相关知识及竞赛信息，把创新创业实践氛围从现实延伸到网络，实现线上线下宣传全覆盖。八是积极对接当地资源，“青年红色筑梦之旅”活动蓬勃开展。2018年，学校共组织19个团队参加“青年红色筑梦之旅”活动，涵盖文化、科技、农业等多个领域，包括旅游、机械、语言、建筑、化学等多个专业，参与学生130人，参与教师22人，各项目组走进南疆深度贫困地区，将高校的智力、技术和项目资源辐射到广大农村地区，从质量兴农、绿色兴农、科技兴农、电商兴农、教育兴农等多个方面开展帮扶工作，推动当地社会经济建设，助力精准扶贫和乡村振兴，帮扶总人数一万余人以上。

五、创新创业工作成效和下一步工作思路

新疆大学新创青年众创空间先后获批乌鲁木齐市大学生就业创业指导服务中心、乌鲁木齐市红山众创空间、自治区众创空间，学校也被认定为教育部第二批深化创新创业教育改革示范高校、全国高校实践育人创新创业基地。《光明日报》、《新疆日报》、新疆电视台、新疆教育电视台、《新疆经济报》、《乌鲁木齐晚报》等多家媒体对实训基地和创业学子进行了参访与报道。

自治区领导对我校大学生创新创业在自治区高校中的“示范引领”效应给予了肯定与赞扬。

学校开展“互联网十”大学生创新创业大赛，组织团队奔赴南疆开展青年红色筑梦之旅活动

新疆大学地处“一带一路”丝绸之路经济带核心区，学校将继续以立德树人为根本任务，适应和服务经济社会发展及国家战略需求，提高创新创业教育教学质量，提升创新创业实践育人实效性；横向拓展、纵向深化创新创业教育联盟合作，争取与更多的自治区各厅局单位、地区和机构的合作，丰富创新创业教育实践平台，丰富“双创”活动形式，拓展学生创新创业思维视野，培养学生创新创业意识和能力，促进学生在创新创业中全面发展；完善服务体系，进一步引入社会资本，天使投资、风险投资，助力师生科研成果转化，帮助师生创业团队和创业企业更好地发展和成长。

高职高专院校(11 所)

技能打造筑梦平台
推动创新创业教育高质量发展

——河北交通职业技术学院

河北交通职业技术学院始建于 1956 年，是河北省唯一一所海陆空全覆盖交通类国办高职院校。历经交通部石家庄公路工程学校、河北交通学院和河北交通学校等六次变迁。2002 年升级为河北交通职业技术学院，隶属于河北省省教育厅。学院占地面积 600 余亩，在校学生 14 000 余人，教职工 560 余人，开设有 49 个专业。

学院三年内取得了突出成绩：国家优质高等专科院校、全国五一劳动奖状、首批国家级职业教育教师教学创新团队、教育部全国党建样板支部、全国职业院校数字校园建设实验校、教育部现代学徒制试点单位、河北省创新创业示范校、省级文明单位、河北省党建工作示范校。

学院高度重视创新创业教育，建有专门创业指导办公场地、创业孵化基地、创业实训基地、创业实践平台等校级创业指导服务工作专用场地 3 万平方米，其中创业孵化基地 3 600 平方米，2019 年又投入 5 300 万元建设 1.3 万平方米的实践实训场地。2017 年 10 月，学院投入 200 余万元建成众创空间并投入使用，先后有石家庄博来通教育科技有限公司、石家庄永创汽车科技有限公司、鲲科科技团队、河北燕赵纵横测绘服务有限公司等 24 家公司和团队入驻到众创空间，助推 132 名学生实现创业梦想。

一、构建双创线上线下服务平台，提升师生创新创业能力

构建就业服务平台和中小企业公共服务平台，建立了线上线下互补、校内校外互通，覆盖

创意到创客整体生态链的指导服务体系。为创业学生及时提供动态需求信息、创业活动信息和政策法规解读等，随时随地满足师生需求，平台点击率已达3万多次。

针对有创业意向和创业潜质的学生，学院邀请校内外专家在众创空间举办政策、法律、金融、财税等各类专题讲座和培训活动，并通过网络视频在线直播的方式向校内外师生共享培训资源，实施在线咨询、答疑解惑。

众创空间多次通过组织创客训练营、创业大讲堂活动，对形成创意的项目开展一对一辅导，帮助学生实现创业梦想。一站式服务办公室对入驻项目提供公司注册、法律咨询、财务报表、知识产权申报、科技型企业申请、政府资金支持等多方面服务。

二、构建全方位、立体化"六四五五"创新创业教育体系

构建了"六面一体、四段递进"的双创教育教学体系：围绕"师资、课程、讲座、实训、竞赛、孵化"六个要素，实施"助飞""起飞""腾飞""高飞"四段递进式人才培养计划，开发了融入双创教育的课程体系，实现了双创教育融入教学全课程和人才培养全过程。

"六四五五"创新创业教育体系

"五创融合"构建双创教育实践平台：深刻把握专业交叉领域是创新高发地、人文社会科学助创意、自然科学助创新、工程科学助创造的内在规律，推进交叉融合，构建支撑"创意→创新→创业→创客→创造"的"五创融合"实践实战平台，有效培养学生的跨界思维和能力。

构建"五方协同"双创教育育人机制：发挥政府在政策、行业企业在技术标准、学校在人才培养、研究院所在科研、用户在需求方面的优势，构建了高职双创教育"五方协同"育人机制。

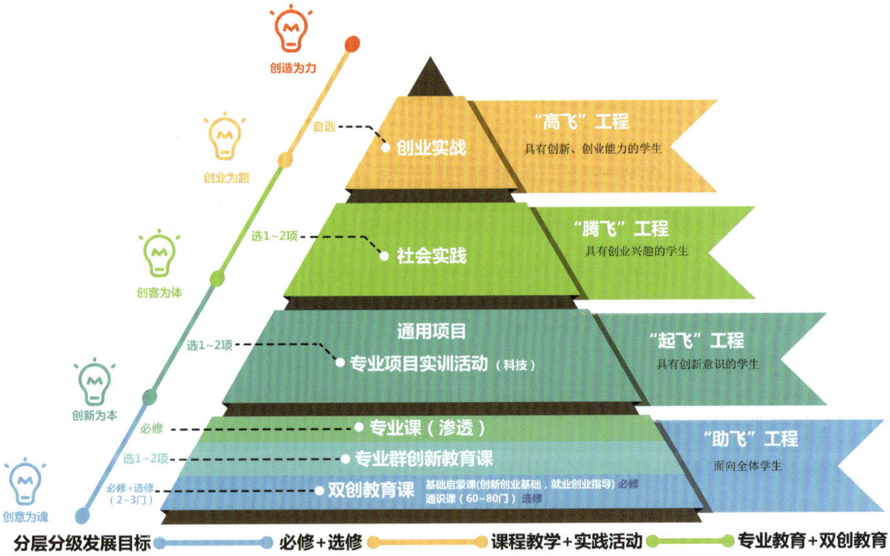

"五创融合"创新创业实践平台

"六面一体"综合规划教育教学全要素，"四段递进"构建课程实施体系，"五创融合"构建创新创业实践平台，五方协同是指导服务机制。

该体系在河北机电职业技术学院、山西交通职业技术学院等 10 余所院校推广应用，被光明网、长城网、《河北青年报》等多家媒体报道，发挥了典型示范引领作用，获得 2018 年河北省教学成果一等奖。

三、构建全过程、多元化"2472"学生成长成才体系

围绕学生成长成才，构建了"八大核心素养"体系。把"品德、生活、学习、沟通、创新、人文、职业、国际"八大核心素养分解为 24 项核心能力，确定 72 个基本考核要点，绘制课程地图和学生活动地图，以基本点考核学生能力，以能力提升学生综合素养，以综合素养评价人才培养质量，促进学生全面成长成才。

贯通一二课堂，构建学分转换新通道。确立学生第二课堂认证评价体系，利用"到梦空间"对学生第二课堂活动多元评价、规范管理。认证记录学生自主学习、科学研究、发明创造、创新创业、各类竞赛、社会实践、公益服务等活动，通过"到梦空间"积分转换为"教务系统"学分，成绩记载实现双向互通。

2018 年"到梦空间"已累计注册学生 11 562 名，为 8 605 名学生认证第二课堂积分，成为学生成长的"记录者"和素质拓展的"导航仪"。

四、取得成效

1. 创新创业成绩好

学院创新创业工作得到各级政府和领导认可与支持。2019 年，学院成功入选 2019 年度全国创新创业典型 50 强高校。2017 年认定为第二批省级深化创新创业教育改革示范高校，2018 年获评省级众创空间、省级高校大学生创业孵化示范园；首批石家庄市创新服务提供机构；石家庄高新区奖励众创空间 30 万元。

2. 就业创业质量高

截至 2019 年 9 月 1 日，2019 届 3 719 名毕业生，初次就业率为 93%。

近三年初次就业率均稳定在 97%以上；用人单位对学院就业工作及毕业生的满意度在 95%以上；毕业生进入国企、央企、大型股份制企业共计 6 232 人，占比 61.79%，均在同类型院校中处于领先水平。

近三年，自主创业人数逐年递增，共计 216 人自主创业，实现了以创业带动就业。

3. 创新创业赛绩优

近三年，学院积极组织学生参加"互联网＋""挑战杯"等国家级和省级大学生创新创业大赛，在 2017 年第十届全国职业院校创业技能大赛中荣获团体一等奖；在 2018 年"互联网＋交通"全国交通运输职业院校创新创业大赛总决赛中，"城市道路智慧照明系统"项目斩获创意组金奖；在"挑战杯"河北省大学生创业大赛中获 4 项一等奖。2019 年 5 月，在刚刚结束的河北省"挑战杯"决赛中，荣获特等奖 2 项，一等奖 2 项，是高职院校唯一获得特等奖的院校。在 2019 年"互联网＋"创新创业大赛中获得四项银奖。

三年来，学生参赛获国家三等奖及以上奖项 44 项，省级奖项 210 项。

河北省"挑战杯"大赛

世界机器人大赛

4. 创新创业典型靓

学院创新创业典型不断涌现。石家庄博来通教育科技有限公司主要从事技术技能开发、科研项目合作研究、软件开发等业务，从一个小的创新团队，孵化成了初创企业，该公司在 2019 年上半年已成功认定为河北省科技型中小企业。刘晨光，市场营销 1301 班毕业学生，在校期间通过学校的帮助，自主创业，成立衡水海达金属制品有限公司，主要从事酸洗板等业务，2017 年，公司实现销售额 1 100 万元，2018 年销售额达 2 000 万元。

近三年，27 名毕业生自主创办的企业年营业额达百万以上，通过“校友有话说”等多种形式的宣讲活动，为在校生创新创业起到了榜样示范作用。

5. 导师研发能力强

导师带领学生开展行业技术服务，为企业解决技术难题，三年签订技术服务合同 36 项，到账经费 900 多万。学院王道远博士为中铁十六局开展技术服务项目“高烈度艰险山区抗震减灾关键技术研究”，出版专著 5 部、国家专利 21 项(发明专利 11 项)、软件著作权 10 项、发表科技论文 36 篇(三大检索收录 30 篇)。成功应用于兰渝铁路、金沙江乌东德水电工程和玉临高速公路等 30 余座隧道工程中，节约开支总额 5.187 亿元。

2017 年，学院荣获河北省科技进步一等奖 1 项；2018 年，学院荣获河北省科技进步二等奖 2 项、三等奖 1 项，中国机械工业科学技术奖二等奖 1 项。近三年，我院教师在公开的刊物上发表创新创业论文 25 篇，立项研究相关课题 12 项。

今后，学院将以习近平新时代中国特色社会主义思想为指导，紧跟国家创新驱动发展战略，结合办学特色和专业优势，坚持专创融合，继续深化双创教育改革；提升众创空间专业化、精细化水平，推进众创空间差异化、内涵式、融入式发展；深化产教融合，与社会共同搭建创新创业实践平台，促进产学研用协同发展，引领河北双创教育改革，发挥全国双创教育示范效应。

强课程 重实践 促成长

——河北化工医药职业技术学院

河北化工医药职业技术学院始建于 1909 年，隶属于河北省教育厅，是河北省唯一一所化工医药类公办高职院校。百余年来，学校秉承“学以进德，工以养技”之理念，形成了与产业发展相适应的化工技术、制药技术、过程装备与控制技术、信息技术和经济管理技术五大专业群，共有 50 个招生专业，在校生达 1.1 万余人。学校被先后评为国家骨干高职院校、国家优质专科高等职业院校、河北省高水平高职学校和专业建设计划项目建设单位、中国化工教育协会副会长学校、河北省化工医药职教集团理事长单位和河北省普通高校毕业生就业工作先进集体。

学校历来高度重视创新创业教育工作，1998 年开设“创造学基础”课程，2006 年成立创新素质教育教研室，2015 年学校与新道公司合作成立“河北化工医药——新道创新创业学院”，建立了与创新创业能力培养相适应的课程体系和实践基地，取得了显著成效。2016 年被评为河北省创新创业工作副组长单位，2017 年被评为全国深化创新创业改革示范高校，2018 年被评为河北省科协众创空间联盟副理事长单位、全国高等职业院校创新创业教育联盟理事单位、全国高等职业院校双创先进工作单位，2019 年被评为全国创新创业典型经验高校。学校在创新创业教育方面总结了一些经验，为今后开展创新创业教育提供参考。

一、强课程——构筑“五级”创新创业人才培养课程体系

学校深化人才培养模式改革，创建了“五级三融合”创新创业教育模式，构筑了“五级”创新创业人才培养课程体系：一级为创新创业意识激发，面向全体学生开设“创新思维”“创业基础”课程；二级为创业知识和能力培养，开设创新创业选修课程，组织第二课堂、社团活动、各级各类竞赛等；三级为创业模拟运营，有针对性地进行模拟经营训练；四级为真实项目实践，安排学生进行企业真实项目实践；五级为创业孵化与就业，重点进行孵化指导和支持，融入专业拓展选修课程和顶岗实践。

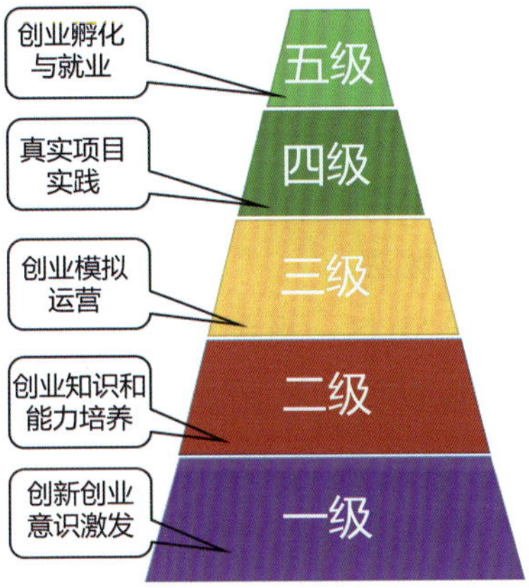

“五级”课程体系

1. 典型做法

① 修订人才培养方案。学校将“五级”创新创业课程与专业课程相融合，形成了跨院系、跨专业的交叉性人才培养方案。

② 强化制度保障。学校制定了奖学金评定办法，鼓励学生进行创新创业实践；修订了学分制管理办法，建立创新创业训练学分积累与转换制度，实行弹性学制，允许学生保留学籍休学创新创业。

③ 建设创新创业课程群。学校采用必修与选修（其中必修课 5 学分，80 学时）、线上与线下相结合的授课方式，开发了 6 门线下精品创新创业教育课程，购置了 8 门线下双创模拟实训课程，建成 3 门创新创业教育在线开放课程，引进 5 门“超星尔雅”在线公开课，丰富了课程资源，优化了课程架构。

④ 培育师资队伍。学校拥有创新创业专任教师 9 人，校内兼职教师 20 人。学校多次聘请校外专家对教师进行培训，安排校内教师外出学习，并通过教师企业挂职锻炼、理论研讨、考取资格证书、指导大赛等多种方式提升创新创业师资队伍的业务水平。

2. 特色实效

① 创新创业研究取得阶段性成果。“创新创业课程群建设”项目在河北省高等职业教育创新发展行动计划（2015—2018 年）结项考核优秀，直接推荐进入新一轮创新发展行动计划；教学改革项目“基于校企合作的‘五级三融合’创新创业教育模式研究与实践”获得省级教学成果三等奖。

② 研发了“好教法”及配套的“好教材”。骨干教师团队在探究教法革新与教材开发的过程中，研发了五步教学法（连接—呈现—体验—反思—应用）、线上线下混合式教学法和问题导向教学法三种教学方法；同时配套出版的《创业：从零开始》和《创业案例分析》两本创业教材均

受到当时的国家新闻出版广电总局2018年度国家出版基金资助。

二、重实践——建设创新创业实践基地

为满足创新创业教育的需要，培养具有创新精神和创业能力的高素质专门人才，学校充分利用多方提供的有效资源，开展校企合作，建成集创新创业基础教育、创业模拟与实践、创业孵化与经营和创业成果展示等四个功能为一体的创新创业实践基地。

1. 典型做法

① 建设“五区一平台”创新创业教育实践基地。学校利用五个专业系的教学资源，建设五个“双创区”，以创新创业学院为平台，建设了功能集约、资源优化、充分开放的“五区一平台”创新创业教育实践基地。基地免费向学生开放，各系部均有专门的人员负责实验室、场地等的申请与使用，最大限度地满足学生开展创新创业实践活动。

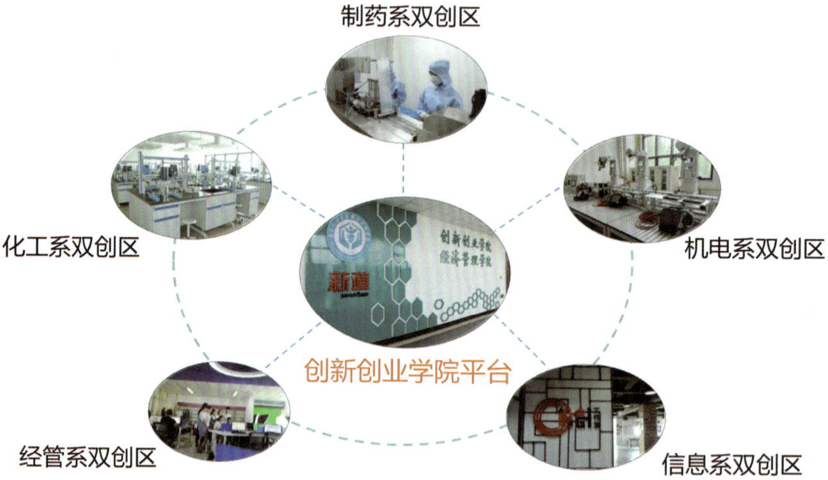

“五区一平台”架构

② 建设“智汇众创空间”。“智汇众创空间”面积1 200平方米，分空间服务办公室、开放办公空间和独立办公空间三个区域进行运营。学校制订了《大学生创业孵化园管理办法》《大学生创业孵化基地入驻申请书》《创业孵化基地入驻协议书》等管理办法，建立了创业企业项目评估准入、日常管理和考核评估等规章制度，为大学生创业孵化项目提供制度支持、落实各项优惠政策。

2. 特色实效

示范效应显现。近两年，学校创新创业实践基地共接待6所国外(韩国、德国等)高校、全国(天津、广东、浙江等省市)120余所高校及企事业单位来校考察交流。中国高校之窗等多家媒体对学校的创新创业工作进行了宣传报道。2018年“智汇众创空间”被评为河北省大学生创业孵化示范园。

三、促成长——建立创新创业指导服务体系

为丰富学生的知识阅历，锻炼学生的双创能力，学校积极探索指导大学生创新创业的各种方法，建立健全创新创业指导服务体系。

1. 典型做法

① 创业项目指导与服务“双导师”制。学校与新道科技股份有限公司等多家企业合作，选聘富有创新创业经验的企业家、创业成功者、成功创业校友等各行业优秀人才兼职创新创业导师，组建导师库。“校内专业导师＋校外企业导师”为创业学生提供针对性的创业指导与服务。

② 加强创新创业平台建设。引进“创业实践服务平台”，在为学生提供行业动态、创业故事、创投新闻、优惠政策等最新资讯的同时，为创业者提供创业综合素质、创业专业技能和创业发展能力测评，并且支持学生在线上组建团队。

③ 探索实施“分级分阶段”创新创业大赛组织模式。学校采取创新创业学院负责，多部门联动工作机制，构建了分级培训（先培训指导教师，教师再培训学生）、分阶段实施的创新创业大赛实施方案，为参赛项目提供全方位、全阶段的“一对一”乃至“多对一”指导。

④ 加强校、企、政合作。学校与石家庄高新区就业局、高新区双创孵化园、海思众创空间、藏诺生物股份有限公司等建立了合作关系，通过邀请政府、企业、行业的专家进行专题讲座、创业沙龙等活动，为创业实践的开展提供技术、心理、管理方面的持续性指导。

2. 特色实效

① 孵化显成效。近年来，学校培育学生创新创业训练项目1 000余项，指导学生创办公司、开设网店100余家。近三年，学校共有19个优秀创新创业项目注册公司，涉及的行业覆盖了学校主要专业群。

② 大赛结硕果。近三年，学校在各级各类创新创业大赛中累计获奖73项，其中国家级一等奖2项、国家级二等奖5项、国家级三等奖8项。学校获得2017年、2018年“互联网＋”创新创业大赛优秀组织奖，2016年、2018年“创青春”河北省大学生创业大赛优秀组织奖；在第十三届全国高等职业院校“发明杯”大学生创新创业大赛中，学校被授予十大“全国高等职业院校双创先进工作单位”荣誉称号。

学校将以入选全国创新创业典型经验高校为契机，持续推进创新创业教育改革，健全创新创业指导服务体系，全面提升人才培养质量，在创新创业教育改革方面践行引领示范作用，为培育创新创业人才、促进大学生创新创业做出更大的贡献。

凝聚服务地方发展动力
激发“双创”育人活力

——锡林郭勒职业学院

一、学院概况

锡林郭勒职业学院是自治区首批示范性高职院校、国家优质高职院校建设单位。校区占地面积2 000亩，建筑面积44.36万平方米；专兼职教师805人，双师素质教师454人；设有52个高职专业、8个应用本科专业，其中21个高职专业能够实施蒙汉双语教学；全日制在校生15 111人，留学生298人。

学院先后获“全国民族团结进步创建示范单位”“第五届黄炎培优秀学校”“全国普通高校毕业生就业工作典型经验高校”“中国产学研合作创新与促进奖”，连续三年获“高职院校国际影响力50强”，国务院副总理孙春兰、前副总理刘延东曾莅临学院，对学院的办学工作给予肯定。

学院植根民族文化，融入地方发展，以创新人才机制为重点，以完善条件和政策保障为支撑，充分发挥专业优势，积极推动专业教育和创新创业教育融合发展，系统推进创新创业人才培养模式改革。

二、创新创业工作特色

(一)构建“三位一体”的工作体系

学院构建了教学引领、实践培育、社会扶持的“三位一体”创新创业工作体系，推进创新创业工作协同发展。

1. 教学引领

立足专业创新，植根文化创业，着力打造专业特色鲜明与具有民族区域特色的创新创业教育，构建起涵盖“意识培养—素质养成—模拟演练—实战操作”的创新创业教育体系，通过第一课堂与第二课堂互补，实现了创新创业教育的全覆盖、广参与。将“双创”与专业设置、课程改革紧密结合。以通识课程培养学生创新意识和思维，以专业课程锻炼学生创新能力，顶岗实习历练学生与企业双创人才需求的实际技能，立项建设自治区在线“专业与创新创业融合”开放课程 6 门、院级 213 门，实施混合式教学，全面提升学生创新素质。2018 年学院被中国教育学会评为“全国教育改革创新示范(院)校”。

2. 实践培育

学院建立了实训室和部分科研平台全天候开放制度，充分发挥实践实训对学生创新能力培养的重要作用，仅 2018 年，校内学生使用率达到 125 746 人时。校区创业基地达 3 000 平方米，“筑梦草原众创空间”被认定为内蒙古自治区“众创空间”。依托学院 13 个生产性实训基地，建设了 10 个创新实验室，学生在教师指导下，参与实践活动，实现了专业与岗位契合度高、专业技能与岗位能力需求“零距离”对接的目标。

汽车实训室

3. 社会扶持

学院现已聘请 56 名校外专家、创业成功者、企业家等担任兼职创新创业导师。开展校企合作，走出校门，建立 151 个校外创业实践教育基地。引企入校，与大庄园肉业集团、中蕴马产业集团等当地龙头企业共建以产业需求为核心的孵化器，创建"丝路草原电商孵化器"，为学生搭建电商实践平台，与锡林郭勒盟青年云创业孵化园、锡林郭勒盟大学生电子商务创业孵化园一起，构建了大学生创业滚动支持的协作模式。

（二）完善"三个结合"的工作模式

完善以专业驱动、项目驱动、赛事驱动为主要内容的"三个结合"的工作模式，激发了学生创新创业活力。

1. 专业驱动，激发"双创"潜能

探索不同专业创新创业培育的特点和路径，激发创新创业思路，满足学生多元化创新创业需求。各专业学生通过参与校园文化节科技活动、课外创新创业实践、技能与创新创业大赛、校友企业家讲座、企业实践等，激发创新创业潜能。

学院注重创新创业与区域经济相融合，鼓励结合专业创新创业，支持毕业生返乡创业，并为学生提供技术、资金等方面的支持，通过师生共创、科技成果转化、开展农村牧区电子商务培训等形式，帮助毕业生"能创业、创成业"。畜牧兽医专业毕业生刘志强在毕业返乡后，以"公司＋牧户"的模式带领牧民科学养牧，实现户均年增收近万元，荣获"2017—2018 大学生就业创业年度新闻人物"；信息管理专业毕业生段静发明的自动融冰抽水设备解决了寒冷地区冬季人畜饮水的实际问题；畜牧兽医专业毕业生额尔敦巴雅尔在学院的支持下以本地牛羊肉为原料研发出牛肉酱等系列肉制品，广受消费者青睐。

刘志强获奖照片

2. 项目驱动，选育"双创"人才

学院立项课题中，学生参与的有 37 项。产学研合作项目"中蒙药材种植机械研发""动物远程诊疗”“溪沐力克乳制品制作”等均有学生参与，近三年，师生获得实用新型专利授权 43 项。汽车检测与维修技术专业毕业生那日苏持续在牧区生产领域创新创造，获得家畜药浴机械、液压式草捆装车机和锯片式粉碎机三项发明专利，创办农牧业机械有限公司，为广大牧民解决了生产过程中的实际问题，被誉为“草原发明家”，年产值超过 200 万元。

学院将民族特色、地区特色融入“双创”全过程，将“双创”与非物质文化遗产项目的保护和传承创新相结合，全面激发少数民族学生创新创业热情。2017 年和 2018 年分别荣获自治区“互联网＋”大学生创新创业大赛金奖的项目“蒙古毡绣手工艺推广”和“蒙古族传统音乐工作坊”都是来自非物质文化遗产传承创新的成果。

3. 赛事驱动，培养“双创”能力

学院以大赛为载体，第一层级广泛发动、培养兴趣；第二层级确定方向、强化训练；第三层级以赛带练、以练促赛；第四层级凝练精品、重点孵化。构建了“校赛—省赛—国赛”递进推荐和“初赛—复赛—决赛—展示”四阶段创新创业竞赛体系，积极参加“互联网＋”“挑战杯”“创青春”等创新创业竞赛，师生参赛热情高涨。2018 年有 130 个团队 2 500 名学生参与各项赛事。2017 年和 2018 年荣获“互联网＋”创新创业大赛国家级铜奖 2 项，自治区金奖 2 项，30 支团队在各类创新创业大赛中获得自治区级以上奖励。蒙古族毛毡刺绣手工艺团队，2017 年荣获自治区第三届“互联网＋”大学生创新创业大赛金奖、国家级铜奖，带动蒙古族大学生就业创业 27 人；教师的教学成果“蒙古呼麦创新教学法”成功转化为学生的创业项目，创办乐队和音乐培训班，2018 年荣获自治区“互联网＋”创业大赛金奖、国家级铜奖。

金奖获得者巴图乌吉格领奖

三、“双创”工作成效显著

(一) 提高了人才培养质量

近三年毕业生初次就业率始终稳定在 95%以上。用人单位对毕业生的满意度为 96.1%,涌现出许多就业创业典型。近三年,学院有 54 名毕业生实现自主成功创业。学院创新创业工作获得了政府和社会的高度评价和广泛认可,央视国际频道、凤凰卫视、内蒙古电视台等多家媒体对我院大学生创新创业教育工作进行了宣传报道,40 多所高校来校考察交流。

(二) 提高了教师教学、科研水平

培育出自治区级优秀教学团队 8 个,草原英才团队 2 个。涌现出自治区突出贡献中青年专家 2 名,自治区级教学名师 7 名,自治区教坛新秀 6 名,黄炎培职业教育优秀教师奖国家级 1 名、自治区级 4 名,培育创新创业师资 80 名。

近三年,获自治区教学成果一等奖 2 项,二等奖 1 项,行指委教学成果二等奖 2 项,全国高职院校教学改革优秀案例三等奖 1 项;获国家级教学能力大赛三等奖 2 项,自治区级 9 项;开展创新类“100 kW 分布式风力发电系统”“锡林郭勒盟沙地和湿地生态质量评估技术研究项目”等产学研合作项目 7 项。

(三) 提高了社会服务能力

学院承担了“中国马都”大型实景剧《蒙古马》的排演,每年演出近 4 个月,观众场场爆满,引起了强烈的社会反响,已成为“中国马都”锡林浩特一张亮丽城市名片。演出动用了 150 匹马,近 400 名演员,主创和演出单位、主要演员,全部来自锡林郭勒职业学院。马匹是学校的教学用马,演员和演出保障人员则来自马术、民族传统体育、音乐表演、畜牧兽医等十余个相关专业的学生。实景剧将课堂转移到舞台,将课堂内容落实到舞台。通过舞台实践课堂教学内容,通过不断地尝试、探索与创新,形成了“教、学、研、演”相结合的人才培养模式。

《蒙古马》剧照

学院积极顺应地方经济社会发展需求，服务地方高质量发展。2018 年，粉煤灰基土壤调理剂项目技术经验证成熟，以 2 000 万元将专利申请实施许可转让。学院还依托当地绿色农畜产品生产加工输出基地的建设，制定并强制使用内蒙古自治区乳制品地方安全生产标准 7 项；开发出野生柳兰的引种驯化和室外小规模种植，保护了珍稀植物；完成锡林郭勒盟本地绵羊基因鉴定试剂盒和牛、羊、猪、马动物源性鉴定试剂盒的研发，实现了原产地检测；研发藜麦大面积推广种植，提高农民收入，促进脱贫致富。“远程兽医”微信平台每年为八省区与蒙古国牧民提供技术服务 3 000 余人次。

学院将在全新的发展理念引领下，不忘初心、牢记使命，厚植地方发展沃土，让现代民族职业教育在守正创新中开花结果。

构建“一体两场三师四融合”育人体系 培养艰苦创业的落地式技术技能人才

——哈尔滨职业技术学院

哈尔滨职业技术学院是哈尔滨市政府创建的重点服务地方装备制造业和现代服务业的公办综合性高等职业院校。学院占地面积 111 万平方米，建筑面积 27 万平方米，现有固定资产总值 5.7 亿元，高职在校生 10 501 人。学院积极响应“大众创业，万众创新”号召，紧跟现代职业教育大改革大发展新形势，着眼于东北老工业基地各行各业技术技能人才需求，在哈尔滨市政府的主导下，围绕创新创业人才培养进行四项顶层设计：一是将办学思想定位为“有限的学历教育，无限的社会服务，教学与服务并举”；二是将培养目标定位为职业道德高尚、职业素养优良、专业理论扎实、职业技能高超、具备创新创业能力的高素质技术技能人才；三是将办学模式定位为创建中国特色的“教学工场”模式，建设开放共享的产学研用一体化的智能“教学工场”和“创业工场”；四是将校园文化定位为以黄炎培职业教育思想为引领，有机融合地域产业文化精神、企业家精神及创业文化、现代大学精神和制度文化，发扬艰苦创业精神，艰苦创业已凝结为哈职人的价值取向。经过多年实践，学院创新创业工作获得多项荣誉，是东北三省唯一入选“全国高校实践育人创新创业基地”的高职院校，是黑龙江省唯一在创新创业教育方面荣获“2018 年职业教育国家级教学成果奖”的高职院校，也是黑龙江省首批深化创新创业教育改革示范高校三所入选高职院校之一。

全国高校实践育人创新创业基地牌匾

黑龙江省深化创新创业教育改革示范高校牌匾

一、深化改革，完善机制，构建高职特色化创业教育模式

学院单独划拨校区，成立创业学院，组建创新创业工作领导小组，由校党委书记、校长任组长，创业学院、教务处、学生处、科研处、团委、产教融合处、工业中心、各二级学院等多个部门负责人担任组员，建立齐抓共管运行体系，完善协同联动管理机制。将创业教育和创业工场建设纳入中国特色高水平高职学校和专业建设方案，创新育人模式，优化课程体系，大力推动创新创业教育改革。

（一）健全培养体系，做好创新创业教育顶层设计

坚持将创新创业教育贯穿人才培养始终，修订培养方案、重构课程体系、推进专创衔接，围绕创新意识和创业能力培育目标，构建了“一体两场三师四融合”的创新创业教育模式，建立政行企校人才培养共同体，打造智能教学工场和创业工场，组建“讲师＋工程师＋创业导师”专兼师资队伍，促进职业素养、就业能力、创业素质、工匠精神的有机融合。创新创业教育模式荣获国家级职业教育教学成果二等奖，省级职业教育教学成果一等奖。

（二）优化课程体系，推动创新创业教育植根课堂

按照通识课程培养创新思维、创业基础课程培养创业意识，专业基础课程培养双创素养、专业核心课程培养双创能力、项目实战课程培养综合能力的思路，学院构建了知识互补、能力递进的创新创业课程体系。创业类课程依托真实项目开展，实施多元评价和过程考核，通过课程选拔优质项目参加创业赛事，入驻孵化基地，提高课程的科学性与实效性。近三年，学生创业比率达 5%，专业创业比率超过 70%，获得创业类赛事国际奖项 1 项，国家级奖项 4 项，省级奖项 23 项。

二、工学结合，育训并行，培养高素质技术技能型创业人才

学院根据区域经济结构调整和产业转型升级需要，建立工学结合、育训并行、德技并修的

参赛获奖项目参加青年红色筑梦之旅活动

训练营学生合照

育人机制，旨在为地方输送“下得去、留得住、用得上、干得好”的一专多能型高素质劳动者，培育德才兼备、知行合一、具有工匠精神和现代企业家精神的优秀创业者。

（一）需求导向，对接产业升级标杆

开展人才需求分析，结合地方支柱型产业和新兴产业发展开办专业，开设融入专业技术前沿和符合发展应用趋势的课程，将新技术、新工艺、新规范纳入教学标准和教学内容，推动专业设置与产业需求、课程内容与职业标准、教学过程与生产过程、培养方案与就业创业人才典型素质指标的紧密对接。毕业生就业率达 99%以上，就业专业对口率超过 80%，用人单位满意度达 95%以上。

（二）双元培养，坚持产学研用结合

推行“现代学徒制”等校企合作模式，与企业签订人才共育战略协议，共同制定人才培养计划，共享共建校内外实训基地，推动联合攻关，促进成果共享，加速市场转化。打造智能教育工场，引进重点实验室和研发生产机构，以真实生产环境为任务，以生产技术革新为重点，师带生边学、边做、边研、边用，全面提高学生首创精神、创业意识、创造能力，强化技术革新和专业实践技能。

三、产教融合，校企联动，打造开放共享型创业孵化基地

学院推进产教深度融合，由资产经营公司投资成立大学生创新创业园发展有限公司，建立市场化运营机制，兼顾法人公益性与盈利性。牵头整合哈尔滨职业教育集团 81 家成员单位、哈尔滨职业教育联盟 51 家成员单位、哈尔滨高职院校服务发展联盟 34 家成员单位等多方资源，以哈尔滨市政府为主导，以哈尔滨职业教育园区和大学生创新创业园区为主体，打造国家级政府主导型创新创业实践育人基地。秉承“政府主导、资源共享、优势互补、服务发展”的原则构建创新创业人才培养共同体，创新协同机制，共建育人体系，共享育人成果，营造多方关注、多方参与、多方投入的创业生态环境。

（一）建设大学生创业园——打造龙江学子创业根据地

投入 2 000 万元建设占地面积 4 万平方米、面向全省大学生共享开放的大学生创新创业园，具备创业教育、创业培训、企业孵化功能，提供专业咨询、投融对接、业务代办等服务。园区健全创业指导扶持体系，建立林尚阳院士、高凤林大国工匠等大师名匠工作室，提供技术咨询指导；建设标准化厂房，开放实验室、实训室，提供样品试制设备和场地；开办电子商务、门户网站设计运营、企业管理等培训，提供全过程、全链条跟踪指导；配备创业者食堂、公寓等全套基础设施，有效降低运营成本，为创业者清障搭台。园区接轨国际，与行业协会及企业合作共建“哈尔滨中俄创新发展中心”“中德生物科技研发中心”“龙港大学生创业基地”。目前，园区已吸纳全省多所高校 66 个创业项目入驻，实现创业带动就业近 400 人，落牌省级小型微型创业企业孵化基地，被评为黑龙江省优秀创业品牌服务机构。

哈尔滨职业技术学院大学生创新创业工场实景

（二）建设职业教育园区——创新特色“教学工场”模式

探索创新具有校企合作实体化、技术研发市场化、产学研用一体化、运营管理企业化、职业培训规模化、服务社会多样化等特征的特色“教学工场”模式，并正在倾力打造哈尔滨职业教育园区。园区将建设服务“一带一路”企业员工培训、对俄科技与文化交流、城镇化农民劳动技能和文化素质培训、社区教育基地，为哈尔滨市及周边地区应用型本科、高职、中职院校在校生提供实训实习和就业创业共享服务，为教师提供技能实践服务，为企业提供应用技术研发服务和员工培训服务。

今后，哈尔滨职业技术学院将继续以助力区域经济社会发展能力提升，提振东北老工业基地精神，形成与现代技术、现代产业、现代生活相称的区域精神，以激发东北老工业基地发展活力的内在价值为使命，以《国务院关于印发国家职业教育改革实施方案的通知》和《国务院办公厅关于深化产教融合的若干意见》等文件精神为指导，瞄准黑龙江省战略性新兴产业，适应新技术、新产业、新业态、新模式的发展需求，全面实施冲一流、补短板、强特色提升计划。根据产业集群式发展的规律特点，制定重点专业集群建设规划，大力推动专业建设与产业需求精准对接，促进专业链、人才链与产业链、振兴链的有机衔接，精准培养具有艰苦创业精神的落地式技术技能人才和创业种子，为推动龙江全面振兴发展走出新路子、开创新局面做出贡献。

根植市场 以创立校
打造“双创”教育“义乌样本”

——义乌工商职业技术学院

一、学校创新创业概况

一座创业城孕育一所创业校，一所创业校提升一座创业城。义乌工商职业技术学院坐落在世界小商品之都、国际商贸名城义乌，是浙江省第一所由县级市举办的公办职业院校。自办学以来，学校紧密依托地方市场优势，坚定走出了一条以“创”立校的特色办学之路，形成了创业教育、创意教育、国际教育三大特色教育，在培育创新创业人才、服务地方经济等方面成效显著。学校现有中外学生9 600多人，专业32个，教职员工531名，是浙江省优质高职院校、浙江省创业型大学建设试点院校，跻身全国高等职业院校育人成效50强、服务贡献50强、国际影响力50强。

作为全国最早开展双创实践的高校之一，学校以“创”文化为牵引，以培养具有创新精神和创业能力、德才兼备的学生为目标，以电商创业、创意创业为发展重点，构建了“市场共舞、师生同创、专创融合”的双创人才培养体系，形成了与地方发展产业互融共享，辐射助力国家战略的双创特色。

从试水探路到全面推进，从默默无闻到自信满满，二十余年，学校的双创教育香飘满园、开花结果：由点及面，“就创”人才有质有量，应届毕业生创业率一直位居全国同类高校前列，稳定在12%左右，李克强总理曾点赞我校创业毕业生；由内而外，样本溢出全球推广，连续举办十五届全国创业教育研讨会，成立海峡两岸青年创业基地、中西跨境电子商务创业培训基地；由东至西，双创扶贫广受好评，电商创业精准扶贫，助力甘肃陇南获评“全国电商扶贫示范市”，扶持打造全国推广的“甘肃广河实践”。相关双创教育成果多次被新华社、中央电视台、《人民日报》等国家级高端媒体报道。

学校创业学院成立十周年之际举办全国创新创业教育交流研讨会

二、学校创新创业典型特色

1. 先行先试、同学同创，构建“两班一室”双创人才培养载体

针对不同的专业特色和学生的不同需求，学校搭建了创业班、创业精英班、专创工作室等双创人才培养载体，边做、边改进，完善人才培养方案，实现了创新精神、创业能力培养的全过程。

一是创业班。学校在浙江省首开先河开设电商创业班(2009年)，旨在批量培养双创人才。创业班教学计划单列，引入企业资源，实行“创业导师+创业项目+创业学生”的培养模式，强调在全真情境下的创业实践，由资深双创指导教师担任班主任。学生大一入校组班，边学习边创业，创业业绩等可转换为学分，替代非专业核心课程，并纳入综合测评。目前，学校平均每年开设创业班8个，涉及电子商务、国际商务、市场营销等多个专业，实现了专业创业人才和专业技能人才培养的良性互动。2009级e创信管班是我校首批电商创业班，毕业时自主创业率100%，现全部毕业生坚守在创业一线。2019届跨境电商班与跨境平台WISH合作共同制定培养方案、教学课程，100%的学生以创业身份毕业。

二是创业精英班。该班主要招收创业业绩达到一定要求的在校生，跨学院、跨专业、跨年级组班。教学由创业教育教研室负责，内容上以工商税务、知识产权、企业家精神等为主，形式上以讲座、游学、企业考察等代替传统课堂。学生根据创业需求自主选择课程。达到规定的学生每学期可替代4门非专业核心课。自开办以来，已累计招收16期，培养450余名来自不同专业的优秀创业学生。根据毕业生回访调研显示，该模式培养的学生毕业后有 75% 继续创业。天猫纸箱第一卖家、我校市场营销专业学生王佳荥从创业基地孵化成功后进入精英班，接受了更系统的教育，企业获千万风投。

创业班学生项目获 2018 年“创青春”全国大学生创业大赛金奖

三是专业创业工作室。工作室与专业教研室、协同创新平台等紧密合作。由导师接项目到工作室，学生课余全程参与真实项目运作，构建了“教室与市场同台、教师与教练同体、实训与实战同步”的“三同”双创技能训练体系。学校先后建立了 30 家校级专创工作室，覆盖文秘、印刷、建筑工程技术等全校 2/3 的专业。工作室学生自主创业率 32%，国务院参事汤敏对专创工作室给予高度评价。

2. 校地融合、协同发展，打造“一带一圈”双创实践育人平台

义乌是创新创业的沃土，其战略优势和产业优势为学校开展双创教育提供了得天独厚的条件。学校坚持厚植市场，同频共振促双赢，通过环湖创意产业带、电商创业生态圈的建设，将市场资源转化为教育教学资源，构建了义乌市场嵌入式的一体化双创实践育人体系。教育部在 2017 年授予学校“全国高校实践育人创新创业基地”的称号。

一是环湖创意产业带。以创意园为中心，连接义乌工业设计中心、学校 28 个协同创新平台，构建了以服务创意产业升级为主要目标的环湖创意产业带，其中创意园是全国首个以“小商品创新设计”为主要研发方向的创意文化园区。产业带引进了高端设计机构、产品研发科技型企业 70 余家，拥有国家旅游商品研发中心、国家林产品创意中心 2 个国家级平台和 2 个国家技能大师工作室，创意产值累计近 4 亿元，在全国开设联合研发基地 22 个。产业带丰富的市场资源转化为学生创业实践资源，校企双师指导学生累计研发文创项目 1 000 多项，实现创意设计成果转化 116 项，销售额近亿元，成为国内外 150 余所知名高校设计学子的实践基地。产业带获批浙江省高等学校省级产教融合示范基地。

二是电商创业生态圈。以学校大学生创业园为中心，辐射中国网店第一村、义乌国际商贸城等，构建了方圆十公里的电商创业生态圈，引领电商产业升级发展。创业园由政校企合作共

央视《新闻调查》栏目报道学校创意人才培养

建，与阿里巴巴、WISH 等电商平台紧密合作，为学生“全真式”电商创业实践提供“一站式”服务。平均每年孵化大学生创新创业项目 500 余个，孵化企业 200 余家。学校秉持共建共享理念，在中国网店第一村建设了大学生创业实验室、创新创业引擎中心、跨境电商园；在义乌龙回村建设全国跨境电商人才培养基地；与浙江省妇联在义乌国际商贸城共建了浙江妇女创客园；义乌陆港电商小镇成为校企电商创业人才培养基地。

三、发挥特色、精准扶贫，打造“一面两点”双创社会服务体系

学校引领义乌电商产业发展，为产业发展播下火种，是中国网店第一村的重要建设者；服务义乌创意产业发展，是中国小商品转型升级的重要参与者。在服务好义乌的同时，我校服务国家脱贫攻坚战略，走进中西部，撒下创业火种，星火燎原。

一是打造双创培训项目，扩大普及面。学校组建了优秀的双创导师团队，根据中西部地方特色，个性化开发电商创业扶贫培训课程，组织专业化培训。学校连续三年承办了台盟中央主办的“筑梦乡村”行政管理干部培训班，主要面向甘肃、贵州等中西部贫困地区的党政干部。连续七年承接青海青年电商创业实战培训，累计受训青年超过 3 000 余名。2018 年，学校深度参与甘肃临夏自治州电商创业扶贫工作，为当地 1 000 余人提供电商专业培训，有力地促进了当地电商产业的发展。江苏、河南、黑龙江等省市也慕名而来，委托我校开展创业培训。

二是深入实地下沉帮扶，抓住两个点。抓好创业导师这个点，学校现有专任双创导师 78 名（均具备创新创业指导或实践经历），是连续四年承办浙江省创业导师培育工程的唯一高职院校。学校选拔优秀导师先行开展结对扶贫工作，早在 2010 年，派出创业导师深入甘肃、青海等地播撒创业火种，普及创业理念。近几年，学校陆续与中西部高校结对帮扶，选派创业导师到贵州铜仁职业技术学院等高校援教，接受陇南师范高等专科学校干部教师跟岗访学，与四川阿坝师范学院共建电子商务学院。2018 年国家扶贫日期间，受台盟中央委托，创业导师深入

青海海西第十一期城乡青年培训班学员结业

甘肃陇西调研，相关建议获肯定性批示。抓好创业学生这个点，学校成立了优秀创业毕业生联盟，加强国家脱贫攻坚战略相关政策宣讲，鼓励优秀创业毕业生回家乡、到西部扶持创业。聘请优秀创业学生担任创业培训讲师，手把手教授创业技能；牵线搭桥推进创业学生与地方的产业对接，拓宽销售渠道，带动当地人创业。目前，来自四川、青海、甘肃等中西部省份的创业学生中有超过 90% 的毕业生返乡创业或从事与家乡产业相关的创业项目。

着力打造“双创”教育样板
提升人才培养质量和服务经济社会发展能力

——江西外语外贸职业学院

江西外语外贸职业学院是江西省人民政府与商务部共建院校、全国首批国际商务官员研修基地、国家优质高等职业院校,教育部现代学徒制试点院校、全国职业院校教师素质提高计划优质省级基地、全国职业院校数字校园建设实验校、全国跨境电商专业人才示范校、江西省首批示范性高职院校、应用型本科人才试点院校。2017年和2018年蝉联全国职业院校“国际影响力50强”。

学院始终坚持以习近平新时代中国特色社会主义思想为指导,积极响应国家创新创业教育改革号召,着力构建创新型创新创业教育教学体系,探索出一条有学院特色的创新创业为导向的人才培养模式改革之路,形成了具有鲜明地区特色、职教特色的创新创业教育品牌,得到上级部门与社会高度认可。

一、创新为本,理念先行,高起点构建人才培养体系

(一)形成“一条主线、两个课堂、三项工程、四条途径”的育人理念

学院不断深化创新创业教育改革,形成“一条主线、两个课堂、三项工程、四条途径”的独特育人理念。以培养爱国情操和担当精神的人才为主线;创新实践学校教育教学课堂和社会实践课堂;深入实施美丽邂逅工程、拔尖人才提升工程、标志性成果培育工程;四条途径即以深厚

的人文底蕴强化人才培养,以高质量校企合作协同人才培养,以严格的标准体系推进人才培养,以丰富的外资教育教学资源提升人才培养。

(二)构建"三层次、四阶段、五转化"的创新型人才培养体系

按照"相互反哺—过程对接—转化畅通—互为补充"的资源转化路径,依托创意类、初创类、成长类"三层次"创业项目,按照需求分析—课程设计—教学实施—综合评价"四个阶段",将创业和竞赛的任务、方案、设备设施、行业标准和评价转化为教学资源(五转化),提升课堂教学供给对行业需求变化的适应性,构建与竞赛、创业协同发展的课程供给体系。

开发了与行业协同发展的动态调整课程供给体系,以实现"三商"(商知、商技、商德)人才培养为目标,以能力本位为出发点,建立教学内容动态调整机制,每年更新10%左右,保障课程标准紧跟行业发展和企业用人要求;根据学生的不同成就动机,强化竞赛、创业在课程体系中的调整作用,始终保持课程体系与行业发展需求协同发展。

二、定制平台,扩展空间,高标准打造"双创"生态系统

(一)定制"递进式"创客物理空间,形成"苗圃+孵化器+加速器"的实践育人环境

学院根据本校学生创业特点,定制"苗圃+孵化器+加速器"的三级"递进式"创客物理空间,即百优品牌运营中心:形成以"服务地方经济,打造百优品牌"为依托的江西农特产品品牌塑造创新创业模式的"苗圃"——悦创空间;学生以自主创业为主,签约企业投资引导的自主创业模式可独立运营并盈利的"孵化器"——大学生创业孵化园。以校企合作为依托,突出"外"字特色,建设跨境电商创新创业模式的"加速器"——高新双创基地。创客基地是构建创客空间线下建设的重要一环,"递进式"创客空间充分尊重学生创业项目运行规律,提供有针对性的创业物理空间及服务。它不仅能用于创新创业实践教学,对外还尽量做到开放和共享,在提高创客空间利用率同时为广大大学生创业提供必要的实验与研究场所,为学院创客提供了良好的基础环境,学生参与创新创业活动的积极性有极大提高,创新创业氛围越发浓厚。

(二)成立江西省首家实体招生创业学院,形成课程教学、高频特训、深度实践相结合的闭环生态

2017年经江西省商务厅批复同意,学院正式成立创新创业教育办公室(创业学院),并于2018年5月正式面向全院各专业招生,将有强烈创业意愿、渴望实践并提升自己的学生招收进来,首批招收学员218人。引进《高层次应用型人才教育体系》使创业学院学生在课程教学中认知商业运行规律,在高频特训中掌握创业技巧,在深度实践中强化创业能力。截至目前,创业学院学生在学院创客空间落地网创项目10个,文创项目3个,以"百优品牌工程"为依托打造品牌江西农特项目2个。构建了以"融合专业、贯穿学业、项目驱动、竞赛激励、创业孵化、服务社会"为核心的大学生创新创业生态圈。创业学院作为全校对学生开展创新创业教育的

重要载体和实践平台，积极探索融入“一带一路”、大数据、移动互联网等时代需求的学校特色创新创业人才培养模式，以政策引领、立足本土、开放创新、资源聚合的思维建设系统化、多样化的培育体系。以教育、实践、竞赛和创业孵化为基石，培养具有本土思维、视野开阔、不断进取的创新创业人才。

江西外语外贸职业学院大学生创新创业实践基地

三、整合资源，突出特色，高水平培养创业导师团队

（一）依托校友、社会资源，建立创业导师库

学院通过校友办、职教联盟、基金会等机构邀请了30余位知名校友、20余位企业家、8位创新创业评委及学院优秀创业教师组建了创业导师智库，定期召开“成长有大咖”创业经历分享活动、“瑶湖创业讲堂”主题讲座、“天使看项目”投融资会等。此外，依托万学教育“高层次创业与应用型人才教育体系”，构建学校-培训机构师资共建共享新模式。创业培训师来我院学习创新创业基础理论，学院相关教师跟随创业培训师指导学生创业项目实践，充分发挥双方师资特色，培养有创新思维，懂创业技能的创客。

（二）提出“教学+”理念，打造适应教学改革的“三能型”校内师资团队

提出“教学+”（竞赛、创业、科研、社会服务和学生管理）的教师团队建设理念。依托“三能型”（即能上好课、能带竞赛、能创好业）师资队伍，组建矩阵式教学团队，打造“教学+”的师资团队，突出教师关键能力优势，均衡发展团队合力，更精准把握创新创业趋势以及行业需求。

将“双师型”教师培养升级为“三能型”师资团队建设。促进教师往“三手”(专业上的高手、对外交往的能手、内部管理的行家里手)、“三金”(金讲台、金社服、金科研)方向发展。

全国高校创业教育师资特训课程培训

四、赛创相长,产学互进,高质量服务地方经济发展

(一) 以课促赛、以赛促创、赛创结合、产学互进

大学生创新创业基础课程围绕“互联网+”大赛要求开展,课程分小组及翻转课堂形式成立创业团队,分模块学习创业者素质、创业团队组建及管理、商业机会识别及商业模式、商业计划书撰写及项目路演,课程结果评价以团队路演、答辩效果综合评定。以此,形成了“人人会写BP,人人会做 PPT、人人懂路演”的良好机制,人才培养质量得到进一步提升。

创业学院学生通过参加高层次应用型人才教育体系培训后,按专业特长组合到相应实践模块中进行实践锻炼,通过“互联网+”、创青春、中国创翼等大赛,一批依托“百优品牌工程”参赛项目逐步在大赛中走向成熟,吸引众多投资人关注并投资,促使竞赛的创业项目由最初的创意逐步过渡到形成完整的商业模式,一批以“缘蜜”“淑媛辣酱”等为代表的比赛项目逐步落地。

(二) 深入实施以本土品牌打造为抓手的“百优品牌工程”,助力地方脱贫攻坚

学院积极响应党中央精准扶贫战略,以农特产品为切入点,以品牌整合为抓手,充分结合江西实际打造百优品牌,助力脱贫攻坚。学院搭建了新媒体(微信、微博、移动电商平台)百优品牌孵化平台,将新媒体积累的粉丝和代理商资源共享,逐步建立电商平台和跨境电商渠道的本土品牌建设。当前,打造 10 余个创业品牌,其中已落地项目 6 个,“缘蜜”“淑媛辣酱”“艾精隆”等 4 个项目年销售额均超 2 000 万元,吸引就业 200 余人,帮扶了 50 余贫困户成功脱贫。

尤其，学院还通过校地合作方式，帮扶了江西余干、进贤、新干、景德镇等地的农特产品的品牌塑造，通过电商等模式增加销售额，带动当地经济发展，助力地方精准脱贫。

参加第四届中国“互联网+”大学生创新创业大赛的合影

深化产教融合 打造"全域"创新创业教育新生态

——济南工程职业技术学院

一、学校概况

济南工程职业技术学院是2004年经山东省人民政府批准成立的公办全日制普通高等职业院校。学院下设11个二级学院，建有7大专业群；开设35个招生专业，全日制在校生10 717人，教职工752人。学院在职业教育生态和"善德志和、精工铸艺"的历史传统中找定位，坚持分类发展，在大众创业、万众创新的时代背景下，将创新创业教育全方位融入到学校教育教学各环节，为服务地方经济培养了大量的创新创业型技术技能人才。

近年来，学院先后入选全国职业院校学生管理50强、亚太职业院校影响力50强、第六届黄炎培职业教育优秀学校、山东省首批特色名校建设优秀单位等；学院高度重视创新创业工作，全校普及创新创业教育，设有大学生创业孵化基地、众创空间、大学生创新创业工作室等。近两年荣获全国创新创业典型经验高校、省创新创业典型经验高校、省大学生创业孵化示范基地、省十大创业之星、市大学生创业孵化基地、泉城众创空间等荣誉，成为职业院校特色发展的典型。

二、学校创新创业工作典型特色

学院以实现创新创业教育与地方经济发展的耦合为取向，充分利用地方的天赋性资源，实施资源全域整合、要素全域配套、过程全域管理、文化全域浸润、帮扶全域覆盖的“全域”教育，构建了面向地方的创新创业教育共同体，实现了创新创业教育与专业教育的深度融合，形成了“全域联动，内融外协，全程帮扶”的创新创业教育模式。主要举措如下：

（一）打造“一体两翼”创新创业管理体系，推动“多元主体”创新创业教育协同

学院秉承“服务地方，面向产业”的办学宗旨，围绕“校企主导、政府推动、行业指导、学校企业双主体实施”的发展思路，推进创新创业教育内控机制建设，打造了创新创业学院为“体”、创新创业管理服务中心和创新创业技术服务中心为“两翼”的治理架构，成为推动学院面向山东省和数百家地方政府、高校、行业、企业构建创新创业教育共同体的“引擎”，“一体两翼”的治理架构主要服务三个层面：

① 推动建立创新创业教育战略组织体系，实现政校企战略协同。

② 推进建立“政校行企”多主体合作创新创业平台，实现多主体创新创业教育实践的协同。

③ 推进构建教师、学生、产业界导师等形成创新创业教育教学共同体，加强专业教育和创新创业教育的融合，实现创新创业理论与实践的协同。

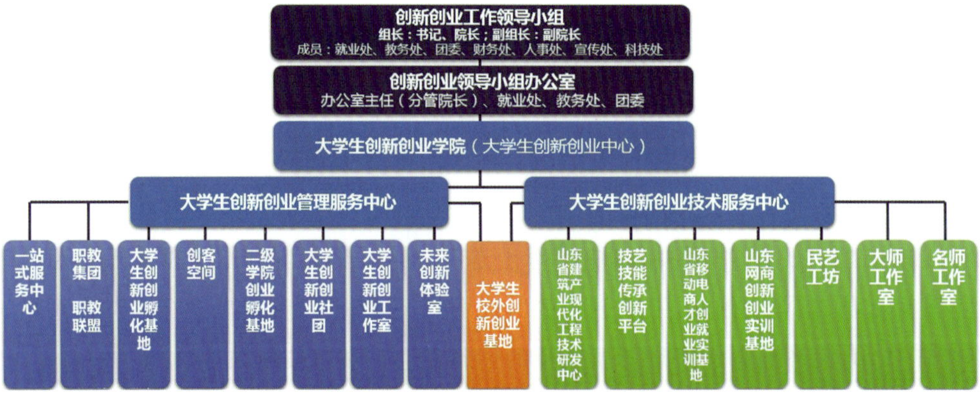

“一体两翼”创新创业管理体系

（二）打造“专创融合”培养体系，达成“广谱式”创新创业教育的旨归

学院坚持“知行合一、学用结合”原则，构建“能力导向”创新创业型技术技能人才培养体系。按照“专业＋创新创业”原则，进行广域课程建设，构建了“通识基础课程—专业创新课程—创新理论课程—创新实践课程—创业训练课程—创业实践课程”一体化课程体系；设计了“理论教育—项目训练—竞赛选拔—创业实训—创业项目孵化”多阶段实践锻炼的创新创业人

才培养路径；打造了“学院创新创意工作室—创新创业孵化基地—校企协同创新创业孵化平台—科技企业孵化器”多级递进的创新创业项目孵化链条，实现项目培育时间梯度结构的功能叠加；建成“2教师+3导师”，即“校内理论教师—创新实践教师—创业实践导师—产业导师—创业导师”多元化师资队伍。

基于创新创业型人才培养体系，实施“四个结合”课程实施，达到真正意义上的创新创业教育普及化。必修、选修课程结合，开设了自主开发的“大学生创新创业基础”“大学生KAB创业基础”等必修课及“创新思维与方法”等53门选修课；通识、专业课程结合，通识课程面向全体学生，每个专业开设1～2门融入创新思维的必修专业课程，实现专创融合；线上、线下课程结合，校企共同建设了省级精品资源共享课“大学生创新创业”，建有超过1 TB的教学资源、案例库，课程采用“线上线下混合式教学”，已经有7 200余人进行学习，充分利用慕课、视频公开课等在线开放课程，2017年和2018年线上选课人次分别达12 000余人次和15 000余人次；第一课堂与第二课堂结合，借助院团委“到梦空间”第二课堂平台，精心组织“工院行·中国梦——大学生创新创业大讲堂”“大学生创新创业训练营”“大学生模拟营销实战”等活动，促进学生创新创业实践能力的提升，近三年，该平台共计发布创业活动120余项，参加创新创业实践活动的学生覆盖面达100%，如山东省“互联网+”大学生创新创业大赛，学院位列全省高校参与度第一名，获得“互联网+”省赛金奖3项、银奖4项、铜奖6项、优秀组织奖1次；其他省级创新创业大赛二等奖以上奖励182项。

创新创业训练营

（三）对接区域经济产业链、技术链，夯实创新创业教育新平台

学院密切跟踪地方经济结构调整、产业转型升级趋势，政行企校共建与新技术、新产业相关的“多边形”平台。围绕区域经济、新旧动能转换，确立创新创业方向，对接济南高新技术开发区、章丘明水经济开发区2个国家级开发区和济南市新旧动能转换先行区，三区的产业转型升级伴随着技术与政策的双重优势为大学生创新创业营造了良好的氛围，有力地促进了创新

创业实践与区域产业发展的融合；与山东商业职业技术学院等在创新创业课程体系构建、师资培训、基地建设等方面共同打造校际互动、同频共振的“双创兄弟学院”；与山东省住建厅共建装配式建筑全产业链公共实训平台、安全教育体验中心，获山东省装配式建筑施工技艺技能传承创新平台；与行业协会合作，共建“中国门窗幕墙”“山东智慧建筑”“山东美妆”“中国鲁绣”等创新中心，共同制定行业标准、共建行业学院、开发行业课程，为学生的创新创业打下坚实基础，确立领先优势；与章丘区高教办、山东科苑创业服务有限公司、山东创谷园区运营管理有限公司共建、共管大学生创业孵化基地；与山东新自觉信息科技有限公司共建新媒体新商业创业孵化基地，企业带项目、资源，学生团队运营，以股份制合作的方式创业。

政-校创新创业实践平台，拓宽学生创新创业视野；行-校创新创业实践平台，夯实学生创新创业基础；企-校创新创业实践平台，提升学生创新创业能力；校-校创新创业实践平台，实现校际互动、同频共振；打造众创空间、建设孵化基地，检验学生创新创业实战本领。2018 年“创客工厂”获评“泉城众创空间”，大学生创业孵化基地获评“山东省大学生创业孵化示范基地”、“市级大学生创业孵化基地”。

创业实践平台

(四) 创新“归类教育”新模式，彰显“个性发展”新特色

为适应个性化需求，在对全体学生进行“必修＋选修”“普惠式”创新创业教育的同时，把有创业潜质的、有职场创业意向的、有结合专业进行创业想法的及正在创业的学生，打破专业和年级界限进行“归类教育”。成立市场营销创业特色班、智能服务创业特色班，课程设置与创业项目对接，教学过程与项目实现过程对接，实行导师制、师徒制，学习周期实行常规制(3 年或 1 年)和弹性制(视项目创新创业情况)相结合，教学形式理实一体、灵活多样；建设了启点营销创新工作室、新媒体创新工作室、物联网区块链创新工作室、兰苑设计创新工作室等 44 个配套的工作室。其中 2017 年成立的市场营销创业特色班已产生 9 个创业项目，4 个已经工商注册登记，并入驻创业孵化示范基地。启点工作室孵化的“享帮邦”项目，获得 2017 年山东省黄炎培职业教育创新创业大赛一等奖、全国三等奖；物联网区块链创新工作室孵化的“智能店长——小黑蛋”项目，由工程造价、电子商务、会计等专业学生创立，获得了 2018 年山东省科技

创新大赛一等奖、山东省黄炎培职业教育创新创业大赛一等奖、“挑战杯——彩虹人生”全国职业院校创新创效创业大赛三等奖等。第二届创协会长 2016 届毕业生张志伟荣获 2018 年“山东省十大创业之星”。

山东省十大创业之星评选现场

弘扬愚公移山精神 深化创新创业教育
培养“双创型”高端技术技能人才

——济源职业技术学院

济源职业技术学院位于“愚公移山”故事的发源地——河南省济源市王屋山脚下。学校高度重视创新创业工作，把愚公移山精神融入创新创业教育，构建了“坚持一个理念、确保五个到位、实施四个对接、强化五项举措”的双创教育工作格局，走出了一条具有地方高职院校高质量人才培养的特色之路。

学校先后荣获全国职业教育先进单位、全国毕业生就业典型经验高校、全国教学成果二等奖、教育部现代学徒制试点院校、河南省首批品牌示范高职院校、河南省大学生创新创业实践示范基地、河南省创业孵化示范基地、河南省毕业生就业创业工作先进单位。学生在全国“互

获评河南省大学生创新创业实践示范基地

获评河南省创业孵化示范基地

联网＋”大赛中取得 1 银 2 铜的优异成绩，在全国职业院校技能大赛中获得一等奖 2 项、二等奖 5 项、三等奖 26 项。学校的人才培养质量和创新创业工作得到广泛赞誉。

“互联网＋鸡蛋”获得首届中国“互联网＋”大学生创新创业大赛银奖

一、坚持一个理念，将愚公移山精神融入双创教育

学校始建于 1993 年，现有两个校区，占地 1 200 亩，教职工 800 余人，在校生 15 000 余人。设有 2 个应用型本科专业、50 个高职专业，全日制拥有中央财政支持的重点建设专业 2 个、教育部现代学徒制试点专业 3 个，建设国家级骨干专业 4 个、国家级技能大师工作室、协同创新中心等平台 5 个。

学校坚持特色办学，对新时期愚公移山精神进行深入探索与实践，在“大众创业、万众创新”的热潮中，进一步深化创新创业教育改革，把“建立贯穿人才培养全过程的创新创业教育体系”纳入《学校“十三五”发展规划》，着力培养具有创新精神、创业意识和创新创业能力的“双创型”高端技术技能人才，形成了“人人皆可创业、时时都能创新、在创新创业中成长”的创新创业教育理念，使创新创业作为一种自觉行为，深植于师生心中，创新创业成为一种文化，在济职校园蔚然成风。

二、确保五个到位，健全和完善双创工作机制

① 确保机构到位，组织保障有力。学校实施创新创业教育“一把手工程”，成立了以院长任组长的领导小组，设立了创新创业教育学院，下设创新创业指导教研室、创新创业信息中心和创业园管理中心，建立了创新创业协会和 10 个院系分会，成立了大学生创业社团。

② 确保人员到位，专家保障有力。学校为创新创业教育学院配备专职人员 25 人，其中专职管理人员 8 名、专职教师 17 名，聘请校内外兼职指导教师 110 名，建立了以知名专家、优秀

2018 年 7 月河南省副省长霍金花视察创业园时与创业者亲切交谈

企业家、创业成功人士为主体的导师库。

③ 确保场地到位，基础保障有力。学校建有 1.5 万平方米的大学生砺志创业园和新愚公众创空间，可容纳 120 个团队和项目；建有 15 个双创实践基地、52 个创业导师工作室、技能大师工作室、协同创新中心等；建有 9 万平方米的实验中心和实训工厂，200 多个实验实训室，免费向学生开放。

校政企合作共建的新愚公众创空间和电子商务创业园

④ 确保资金到位，经费保障有力。学校自 2017 年以来，每年安排专项经费 460 多万元，用于创新创业教育教学、指导服务、项目资助等。近三年又争取省市双创扶持资金和社会资金 700 多万元支持开展双创教育。

⑤ 确保制度到位，机制保障有力。学校先后出台了《关于进一步深化教学改革 实现创新发展的实施意见》《关于深化创新创业教育改革的实施意见》。制定了《大学生创新创业竞赛管理办法》《大学生创新创业项目资助经费管理办法》等 19 项制度，保障和规范创新创业工作。

三、实施四个对接，构建项目化实战化双创运作模式

① 坚持人才培养对接产业发展，提高社会需求契合度。学校主动进行人才培养方案修订，紧贴市场、紧贴产业，围绕区域先进制造业、现代服务业、现代农业和战略性新兴产业发展需要，优化专业布局，培养适应新时代社会需要的双创型高技能人才。

② 坚持课程设置对接双创能力，完善双创课程体系。围绕学生双创精神培养、双创能力提升，开设创新创业核心课程、选修课程和在线课程。挖掘各类课程的创新创业资源，开设相关课程 132 门，实现了创新创业教育与专业教育、通识教育的融通。

③ 坚持课堂教学对接双创实践，增强双创教学成效。实施"课堂教学项目化、学生学习实战化"，将创新创业项目训练植入教学，让学生完成项目计划书，进行项目路演，参加项目竞赛，对成长性较好的项目推荐入驻创业孵化园，激发了学生主动学习的热情，培育出一批创新创业项目。

④ 坚持专业教育对接双创教育，提升双创育人水平。建设协同创新中心等育人平台，积极推进以创新创业教育为导向的专业教育改革。例如，艺术设计系与济源市坤彤陶瓷科技有限公司合作建设了国家级瓷艺生产性实训基地，师生共同参与设计开发了文创产品；机电工程系依托专业实训室建设科技型社团，与河南远大电力合作组建师生创业团队，为充电桩的安装维护及收费平台建设提供服务，提升了学生的创新创业能力。

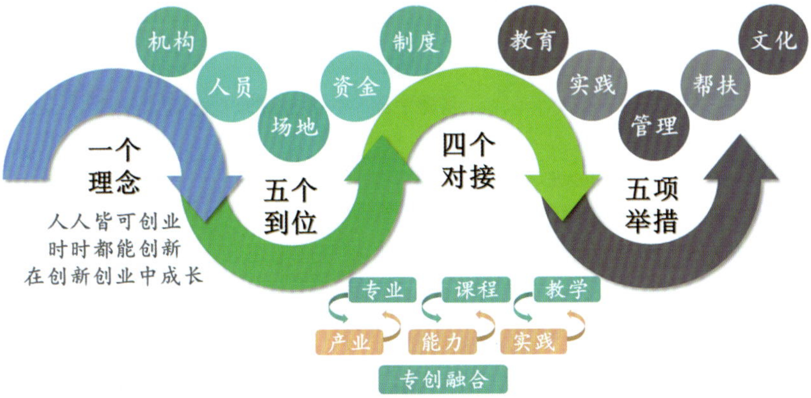

坚持一个理念、五个到位、四个对接、五项举措

四、强化五项举措，形成“五位一体”的双创工作格局

① 建立多维度立体化的双创教育体系。一是深化创新创业课程改革。在人才培养方案中单独设立创新创业教育模块，开设必修课“创新创业基础”和“创新创业实践”，共计 96 学时、6 学分，2018 年增开了 26 门创新创业在线课程。二是举办系列专家讲座。三年来，先后邀请 20 余名专家开办讲座 30 余次，邀请创业精英开办讲座 60 多场。三是开展教材研发和专题培训。组织编写了《大学生创新创业基础》等校本教材，建立了适合高职学生的案例库，开展“GYB、SYB”创业培训，累计培训学生 5 000 多名。四是组织举办创新创业沙龙。依托院系两级创新创业协会，以及大学生创新创业社团，定期举办双创沙龙活动 100 余期。

② 建立“校政企农协同育人”的双创实践体系。一是校政合作搭建双创平台。学校与济源市委组织部合作共建大学生村官电子商务创业园，联合培养大学生创客和大学生村官，累计培育初创企业 100 多个；与市工业和信息化委员会合作，共同培育和引进优秀中小微企业 20 余家入驻创业园，为学生提供双创实践岗位 150 多个，1 000 多名学生参与双创实践，孵化出 100 多名创业者。二是校企合作共建双创基地。学校与富士康集团、重庆力帆集团等合作，共建“准源精密工业有限公司”“机械创新设计加工训练中心”“力帆汽车学院”，组织学生参与生产性实训和精密机械设计加工训练；与百援精养公司合作，开办创新创业班和“百援精养”创业特训营，2018 年学生开设汽车维保店 8 家。三是校农合作助力脱贫致富。学校结合产业扶贫政策，充分挖掘区域内乡镇土特产品优势，助力乡村振兴。通过创业园搭建的渠道和平台，积极推广山区土特产品，使土鸡蛋、杂粮、核桃、土蜂蜜等优质农副产品从农户手中直达市场，创造更高价值。学校参与培育的“互联网＋鸡蛋”等项目，形成了“公司＋基地＋农户＋连锁店”的运营模式，达到拥有散养基地 25 个，合作加盟农户 62 家，带动就业 1 200 余人，年营业额 1 800 余万元。另外，丹参种植等项目采用“公司＋农户”模式，已有合作农户 50 多家，年产值 650 多万元。通过校农合作项目实现了集种植、养殖、全域旅游为一体，大大促进了区域现代农业发展。

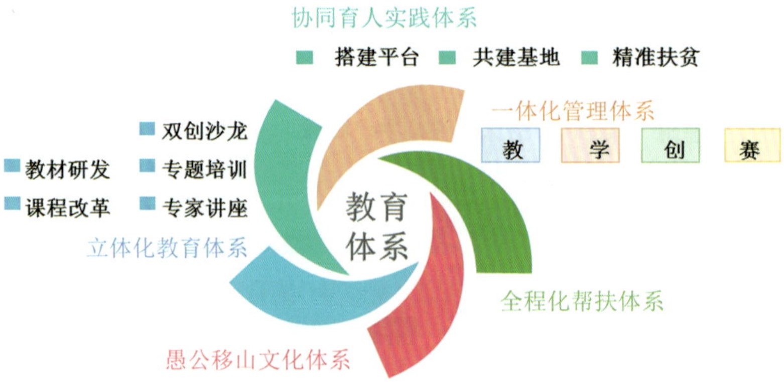

“五位一体”的双创工作格局

③ 建立教、学、创、赛一体化的双创管理体系。全面推行学分转换制度、弹性学制、创新创业奖励机制，将学生参与创新创业活动的成果折算为学分，计入学业成绩，将学生双创成果和奖励纳入奖学金体系，给创新创业成绩突出的学生颁发专项奖学金。坚持以赛促教，将大赛内容融入课程教学，推进专业教育教学改革。例如，机械制造类专业尝试“岗证赛课、理实一体，前训后创，协同创新”的模式，艺术设计类专业推出“专业＋项目＋工作室”的模式等，均取得了良好的育人效果。

④ 建立全程化指导服务的双创帮扶体系。强化创新创业教育学院和创业园管理中心职能，实行精准帮扶、全程指导、一站式服务，保证每个入驻创业园的学生成为有辅导、有政策、有项目、有资金的“四有”创业者。建立网站，发布公众号，建创业导师微信群，提供政策宣传、产业动态、项目对接、产权交易、培训实训等服务。

⑤ 建立以愚公移山精神为内核的双创文化体系。优化学校双创文化生态，营造大学生双创文化氛围。建设新愚公众创空间和工匠精神文化园等的教育实践平台，定期举办科技文化艺术节、双创活动周和“立下愚公移山志、创新创业燃青春”活动，组织师生赴愚公移山精神基地学习，实施“新愚公”素养教育工程，筹建“愚公移山精神文化传承与创新教学资源库”，成立愚公移山精神研究会，开展愚公移山精神与创新创业教育融合研究，努力培养学生锲而不舍、百折不挠、勇于创新创业创造的新时代愚公精神。

服务乡村振兴 对接国家战略
打造地方高职“双创”教育咸宁模式

——咸宁职业技术学院

一、学校概况

咸宁职业技术学院是经湖北省人民政府批准、教育部备案的一所综合性公办高职院校，创建于 1965 年，1999 年被省政府列为“全省首批试点高职院校”。学校全日制在校生 1.5 万人，教职工 1 200 余人。学校是全国职业教育先进单位、湖北省优质高职，全国高职院校服务贡献 50 强。

学校建有校内创业基地 42 个，总面积达 22 500 平方米，校外创业基地 19 个，总面积约 26 万平方米。创业基地获评湖北省大学生创业示范基地、省创业孵化示范基地、省众创空间、省优秀大学生创新创业俱乐部等。创新创业学院获批湖北省人社厅首批“省级创业学院”。

学校积极践行创新发展理念，以服务地方发展为己任，以打造创新创业型大学为契机，以“一园两院”为抓手，探索出“成建制、全覆盖、体系化、接地气”的创新创业教育咸职思路，形成了“政府扶、学校推、老板帮、导师带、学生学”五位一体协同育人的咸职模式。学生参加各类技能大赛，获国家一等奖 5 项、二等奖 10 项。涌现出一批创业典型，获《人民日报》、光明网等多家主流媒体宣传报道，社会影响力不断提升。

二、学校创新创业工作的主要特色与经验

（一）立体化构建双创教育体系，设立班级双创委员

1. 坚持“一把手工程”，体系化构建三级联动双创机制

学校成立由党委书记和校长任组长的创新创业工作领导小组，负责全面指导学校创新创业工作，负责统筹部署全校双创工作规划、研究重大问题，组织推进双创工作开展等，建立多部门协同管理机制，形成齐抓共管的工作格局。院部成立创新创业工作领导小组，班级成立创新创业训练营和创新创业委员，三级联动健全工作体制与机制。参照部队管理体制，学校学生会设立双创部长并兼任创业训练营营长，各院部学生会设立双创部长并兼任创业训练营连长，各年级设立创业训练营排长、各班级设立创业训练营班长和双创委员。

主办创业论坛

2. 坚持文化育人，制度化开展双创教育活动

根据工作职责和年度工作计划，学校制定了《双创委员创业活动管理办法》《双创委员创业活动经费使用管理办法》及《大学生创业实践活动考核办法和实施细则》，按照“月月有主题、周周有活动”的要求，每个月有一个二级院部组织开展“创新创业活动月”，组织创业项目路演，课题研究等特色活动。学校常态化组织“淦水之声”创业讲座、荆楚创业论坛、优秀校友讲座等双创讲座，加强创业经验交流，对校园创客场馆、创客路标、创客雕像等全面营造创业文化，并开展系列文化活动推进校园文化建设，营造双创氛围。

3. 坚持分段分层培养，立体化构建双创实践教育体系

学校深入开展创新创业教育改革实践，将“创新创业能力培养”作为制定人才培养方案的

基本原则，全面实施创新创业通识教育，设立公共必修课、公共选修课、创新创业素质拓展学分，创设孵化效益奖励学分。开设基础、实践、孵化三级联创实践课程，建立了“三段育人、分层推进”的创新创业实践教育体系。

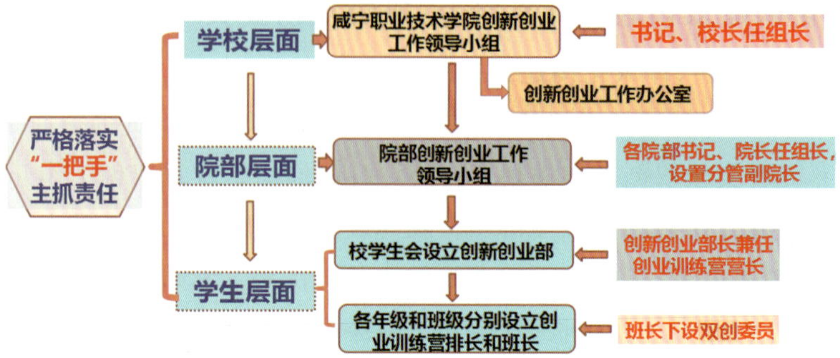

创新创业“一把手工程”组织结构图

（二）实施“一园两院”规划，推进产学研创深度融合

1. 校企联合技术研发，共建大学科技园

学校主动适应经济结构调整和产业转型升级，按照“政府引导、市场化运作、企业化管理”的原则，联合地方政府和企业，采用共建共营共享模式，吸收优质企业资源（如湖北省供销合作总社、中科院深圳先进技术研究院、阿里巴巴等）在校内打造科创小镇；鼓励院部以“专业＋创业项目”的模式，打造“立足学校、面向社会”的科技成果转化平台、初创企业孵化平台和创新创业人才培养平台。

大学科技园建设有“两院两中心”，即“鄂南先进技术研究院”“万讯创新创业研究院”“创业就业公共服务平台数据中心”“中三角自然资源应用数据中心”。“鄂南先进技术研究院”为本地工业企业和中小企业技术改造提供服务，带动学校新工科建设，提升教师的科研能力；“万讯创新创业研究院”利用互联网＋提供农产品流通解决方案，开展创新创业人才培养和企业孵化，促进师生同学同创；“创业就业公共服务平台数据中心”以大数据分析为技术支撑，实现信息化诊断，通过整合资源服务创业就业，强化数据引领，助推创业就业；“中三角自然资源应用数据中心”利用无人机进行土地普查、森林防火、森林灭虫等获取数据，服务地方区域经济发展。

2. 校地合力助推产业发展，共建特色产业学院

为服务地方发展，带动大众创业，2015 年以来，我校按照“一县一品一专业”的思路，培养高度对接县市（区）产业的高素质技能型紧缺人才，通过政府定向引导进入当地支柱产业的相关企业就业，带动相关产业的创新创业，成为精准扶贫的带头人。建设“通城电子产业学院”“通山电商产业学院”“赤壁智能制造产业学院”，采用“1＋2”或“1＋1.5”等灵活的培养计划，同时开设“地方创业班”“创新创业培养班”“企业定向委培班”等，培养高度对接县市（区）产业的高素质技术技能人才。

3. 校企联盟推进“双创”教育，共建创新创业学院

成立创新创业学院。早在 2015 年 12 月，我校与广东茂名商会、广东万讯网农业股份有限

万讯创新创业研究院

产业学院签约仪式

公司、广东工贸职业技术学院、广东工程职业技术学院等 7 家单位共同发起成立万讯创新创业学院高校联盟，并于 2016 年 3 月在我校率先独立设置创新创业学院，开设了中小企业创业与经营、电子商务等 3 个专业。2017 年 12 月，来自广东、山西等 20 多个高校和企业的代表，在我校成功召开“万讯创新创业学院高校联盟”第三次峰会，并形成了“咸宁共识”。

（三）创新乡村人才培养模式，实施“一村多名大学生计划”

1. 市政府重点项目推动，学校全力实施“一村多名大学生计划”

2016 年，咸宁市委、市政府高度重视农村人才培养工作，将“一村多名大学生计划”（简称“一村多”计划）列入人才工程重点项目。市政府审议通过咸宁市“一村多名大学生计划”实施方案，成立由市委组织部牵头，市农业局、教育局、人社局、财政局、商务局、扶贫办等部门参与的领导协调小组，实行部门联动，强化责任落实，咸宁职业技术学院具体实施，确保项目顺利实施，计划用三到五年时间为全市培养 2 000 名大学生。

2. 对接乡村精准扶智，定向输送现代农村“三种人才”

“一村多名大学生”人才培养，遵循“专业与农业产业对接、课程与行业职业标准对接、教学内容与现代农业发展需求对接”的原则，将创业教育融入专业教育，实行学做交替，旺工淡学、分段式脱产学习，注重培养学员的创业技能和企业管理能力。选拔40岁以内并具有高中学历的优秀青年农民接受脱产大专学历教育，为咸宁市现辖905个行政村每村培养2名以上大学生，精准打造农村实用人才，培养一批具有农业生产经营管理能力和带领群众致富能力的“农村基层组织接班人”“脱贫致富带头人”“电商创业合伙人”这“三种人才”，为农村基层组织建设、精准扶贫、农村电商发展提供人才支撑。

3. 建成“乡村振兴学院”，涌现一大批创业典型

成立了“乡村振兴学院”，持续推进“一村多”计划。引导了广大农村青年扎根农村创新创业，学校与嘉鱼县田野集团合作成立“乡村振兴学院”。把学院建在田野之中、把课堂开在田间地头，努力打造乡村振兴人才培训基地，为乡村振兴战略咸宁实施提供源源不断的人才支撑。

“一村多”计划实施以来，涌现出了一大批创业典型，人才培养成功经验得到省委组织部、省农业农村厅和省教育厅的高度肯定，并在全省推广，“一村多”学员创业事迹先后被《人民日报》、人民网等媒体多次报道。经过两年多的实践探索，培养“一村多名大学生”521人。这些人中有36.08%的学员进入“两委”班子，其中有8人当选村党支部书记。34.55%的学员成为农村专业合作社和中小企业法人，共计180人。“三种人”的培养目标逐步实现。

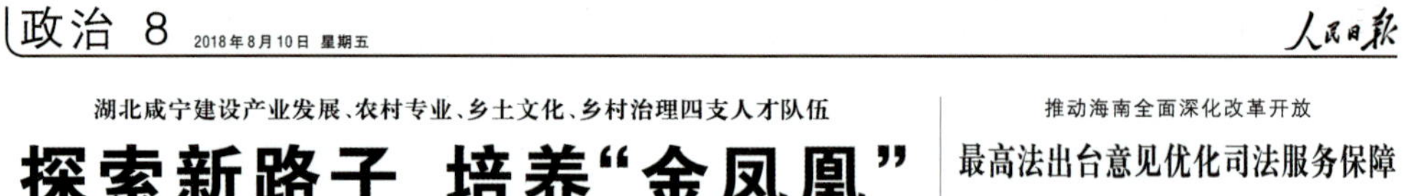
政治 8 2018年8月10日 星期五 人民日报

湖北咸宁建设产业发展、农村专业、乡土文化、乡村治理四支人才队伍

探索新路子 培养“金凤凰”

本报记者 范昊天 田豆豆

关注乡村人才振兴

以才引才 加大对农业产业化、电子商务等领域人才引进力度

一村多名大学生计划 5年内培养千余名青年农民大学生

产业留人 统筹资源，加大对乡村人才支持保障力度

推动海南全面深化改革开放

最高法出台意见优化司法服务保障

吉林省11部门发文整治校园欺凌

成立中小学生欺凌防治机构

广州天河公安推出“智慧新警务”

坐车遇险可一键报警

“一村多”学员创业事迹被《人民日报》报道

（四）政校行企协同育人，促进产教深度融合

1. 完善协同育人机制，实现“五位一体”协同育人

政府扶。与咸宁高新区共建智能机电研究院，与各县市区人民政府共建优势产业学院，相继成立了“通山电商产业学院”“通城电子产业学院”“赤壁智能制造产业学院”，同时开设“地方创新创业培训班”，共53期，培训2 934人。

学校推。健全创新创业激励机制，制定《大学生创新创业基金使用与管理办法（试行）》和《大学生创新创业科技活动奖励办法》，设立300万“创业助力基金”，资助创业项目89个，年发放创新创业奖励72万元。每年表彰一批创新创业先进单位、先进个人，发放创新创业奖励60万元。

老板帮。企业老板除兼任创业导师外，还提供资金支持，其中广东万讯网农业有限公司提供215万元的经费支持；校企合作共同开发在线开放课程资源，其中与广东万迅网合作开发了6门在线课程。

导师带。构建“三导师”（专业导师、创业导师、校外导师）指导团队，制定了《专兼创业导师选聘管理办法（试行）》，组建相对稳定的创新创业教育和创业指导队伍共115人；实施“双百工程”，连续三年共组织193名专业教师到企业顶岗实践，选派391名教师参加创新创业培训，提升专业教师的专业素养和创新创业指导能力。

学生学。制定《大学生创业实践活动考核办法和实施细则》，模拟创新创业实践活动，开展“月月有主题、周周有活动”的创新创业实践活动。成立大学生创业部等社团15个，组织创业沙龙、“淦水之声”创业讲座等活动147场；全校参加各类创新创业实践活动的学生达61.5%；共组织595个师生创业团队共2 314人参加“互联网＋”“创青春”等国家级和省级创新创业大赛。

2. “专业＋公司”，共建创新创业实践平台

通过“专业＋公司”的培养模式，先后与中科院老专家技术中心、中科院深圳先进技术研究院、天津大学、广东茂名商会、广东万讯网等优质企业合作共建创业实践基地，将创新创业能力培养融入人才培养方案、课程课堂、社会实践等各个环节，推进专业教育与创新创业教育教学有机融合，如建筑装饰工程＋家装e站、电子商务＋供销e家、园林技术＋绿化公司、软件技术＋工作室等，形成了特色鲜明的“专业＋”创新创业人才培养体系。

创新永无止境，创业正当其时。我校推进创新创业工作虽然取得了一些成绩，积累了一些经验，但离高质量发展的要求，还做得不够。我们将进一步分析形势，找出差距，加大力度，精准施策，奋力谱写新时代创新创业型大学建设的新华章。

作品载体 三阶递进 全程融入 培养高素质创新创业型人才

——湖南工艺美术职业学院

湖南工艺美术职业学院是省属公办艺术类高职院校，隶属于湖南省教育厅，是优秀国家示范性（骨干）高职学院、国家优质高职院校、全国高职院校精准扶贫协作联盟理事长单位。学校地处湖南省益阳市，全日制在校生 7 214 人，教职员工 538 人，开设了 23 个专业，构建了刺绣设计与工艺、服装与服饰设计、环境艺术设计、视觉传播艺术设计、数字艺术设计 5 个专业群，其中：中央财政重点建设专业 6 个，省级示范性特色专业群 1 个、省级一流专业群 3 个、省级特色专业（精品专业）4 个；建有国家级专业教学资源库（含备选库）3 个。

早在 2007 年，我校就实行了“专业＋项目＋工作室”人才培养模式改革，把企业真实项目、竞赛项目、创业项目等就引入到课堂。2015 年以来，学校成立了党委书记、校长为组长的大学生创新创业教育领导小组，将创新创业教育融入学校“十三五”规划，出台《深化创新创业教育改革实施方案》和系列制度，形成了内外协同纵横联动工作机制，政行校企四方联动，深入推进创新创业教育与专业教育、与精准扶贫、与非遗保护传承的深度融合，取得了显著成效。三年来，毕业生初次就业率稳定在 92％左右，自主创业率稳定在 4.5％左右，毕业三年后自主创业率达 17.6％，学校创新创业教育成果获省级教学成果一等奖，众创梦工场（即大学生创业基地）立项为国家级众创空间、湖南省创业孵化基地、湖南省就业创业见习示范基地等，学校荣膺湖南省大学生就业创业工作优秀示范校、湖南省创新创业带动就业示范高校等荣誉和奖励。《光明日报》、新华社、《中国文化报》、湖南卫视等 20 余家媒体对创新创业教育进行了报道，在国家级、省级会议上介绍创新创业教育经验 11 次，4 个案例在国家级会议、展会上专版展示，2 个项目入选全国大学生创新创业成果展，80 余所境内外高校来校交流考察创新创业教育。

一、深化教学改革，构建“作品载体、三阶递进、全程融入”的创新创业教育体系

① 修订人才培养方案，重新定位培养目标。2016 年全面修订专业人才培养方案，将创新创业教育与专业教育、思政教育、非遗保护传承、精准扶贫等有机融合，为国家战略和湖南文化创意产业培养高素质创新创业型人才。

② 构建“模块化、进阶式”创新创业课程体系，强力推进课程建设。各专业设置了 9 个学分的就业与创新创业模块，由创新创业必修课、选修课、实践活动必修课组成。开发创新创业基础课程、创新创业实践课程，建成了由 59 门课程组成的创新创业课程群。改革课程内容，重新修订所有必修课课程标准，将“心忧天下、敢为人先”的湖湘精神、“艰苦奋斗、勇于开拓”等红色精神融入所有课程标准和课堂教学。

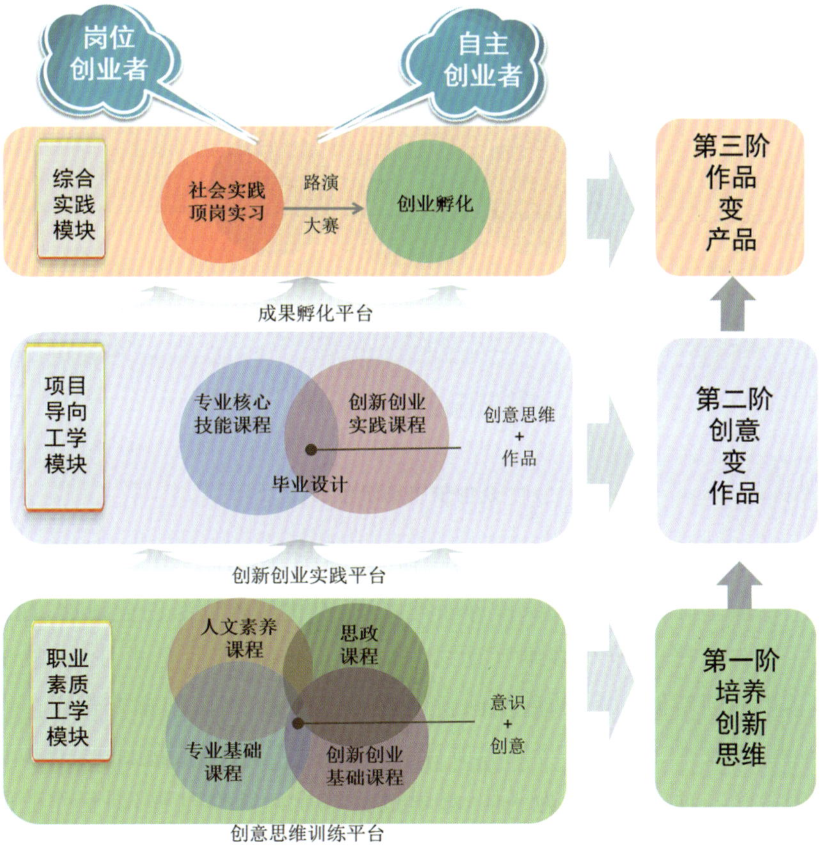

“作品载体、三阶递进、全程融入”的创新创业教育体系

③ 政行校企联动，打造众创梦工场。一是创意思维训练平台。学校全面改造各教学楼、走廊等公共空间，升级校内 278 个项目教学工作室、5 大专业群实习实训基地，新建了创客书吧、尚美咖啡等场所。二是创新创业实践平台。校内的 14 个名师大师工作室、创客空间、尚艺创意设计中心以及各专业与相关企业共建就业创业实习基地和专业实习实训基地 211 个，支持师生将设计创意转变成创新成果。三是成果孵化转化平台。打造 5 大专业群创业孵化区、大学生创意创业街，搭建“美院微商城”，与湖南湘绣城集团、通道县政府、益阳市政府、湖南省工艺美术研究所分别共建湖南湘绣产业科技园、通道侗族非遗保护与研发工作站、湖南工艺美术创意设计园、湖南工艺美术品设计研发中心等政校企协同创新中心。

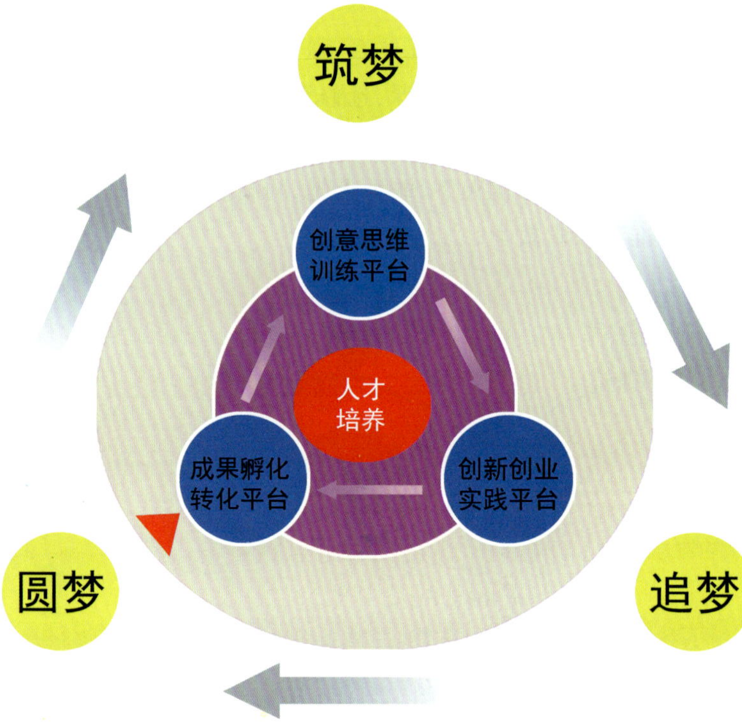

众创梦工场示意图

④ 实施“三阶递进”人才培养模式。第一阶，培养创新思维。改革人文素养类课程、创新创业基础课程、专业基础课程、思政课程等四类课程，有机融入创新创业精神、理念、知识等；广泛开展启发式、参与式教学，推行多维互动式、“MOOC＋翻转”混合式、PBL 教学法等教学方法，有效培养学生的创新创业思维，激发创新创业灵感。第二阶，创意变作品。专业课程引进行业企业新知识、新技术、新工艺，将扶贫项目、非遗项目、企业真实项目、竞赛项目等引入专业课程，专业课程教学与项目实施融为一体，教学过程即设计制作过程，课程作业即作品。三年来，系统开发了湘绣、陶瓷、首饰、服装、包装产品及各类民族工艺文创产品等近万件套。第三阶，作品变产品。教学中引进的企业真实项目、扶贫项目，其教学作品直接变产品；成立了大学生创新创业协会、创客创业俱乐部等社团，定期举行毕业设计开放展示周、创新创业成果展、创

意集市、美院微商城售卖会等活动，学生作品直通市场。以“互联网＋”“挑战杯”等创新创业赛事、项目路演等活动为抓手，遴选优秀项目入园入街孵化，扶持真刀真枪创业。三年来，系统举办工美创客学堂、创新创业训练营、工美创意集市、创新创业讲堂、创新设计作品开放展示周、美院创咖会、“青年红色筑梦之旅”活动、创新创业大赛等活动153场/期，学生参加创意创新创业实践活动的覆盖面达92%。学生获国家级、省级创新创业竞赛、专业竞赛奖项314项，其中服装专业学生谭惠文获得2019全球技能挑战赛时装技术项目金牌，填补了湖南空白。培育学生创新创业项目427项，基地内共入驻66家学生创业项目，成功孵化“千亿影视”等学生创业公司32个，涌现出扎根湘西带动乡亲脱贫致富的滕飞同学，以及参加“一带一路”设计业务的李路城同学等创业典型。

服装专业学生谭惠文获得2019全球技能挑战赛时装技术项目金牌

学生创意作品直通市场，创意集市开到了长沙市黄兴路步行街

二、创新创业教育与精准扶贫融合，助力贫困地区精准脱贫

① 构建创新创业教育与精准扶贫“双融合”模式。“双融合”即创新创业项目研发与扶贫项目开发融合、创新创业实践活动与精准扶贫融合。一方面，学校与贫困地区民族工艺企业、非遗发源地传承人等共同开展产品设计和技术研发，实行创新创业项目与扶贫项目设计研发合一；另一方面，学校将创新创业项目转化为扶贫项目，让学生在创新创业实践和顶岗实习中开展精准扶贫，实行校外创新创业实践与精准扶贫合一。三年来，有 4 300 余名学生在通道县、隆回县、安化县等国家级贫困县完成“青年红色筑梦之旅”活动和顶岗实习，近 90% 的学生毕业设计作品源于贫困地区实践，有 218 件师生创新创业作品转化为扶贫项目。

② 开发创新创业教育与精准扶贫“三共享”资源。“三共享”即基地、人员、资源共享。与贫困地区政府及民族工艺企业共建“侗族非遗保护与研发工作站”“梅山文化创意产品设计研发中心”“工艺美术品研发中心”等校外创新创业实践基地，共建“湘瓷”“侗锦”“花瑶挑花”非遗大师工作室和校内创新创业实践基地；打造了一支由 345 名教师、48 名企业优秀工匠、19 名国家级省级技能大师和非遗代表性传承人组成的育人与扶贫团队；师生共同开发了民族工艺创新产（作）品 2 600 余件套。

③ 完善创新创业教育与精准扶贫“四协同”机制。“四协同”即学校、政府、行业、企业协同开展创新创业教育与精准扶贫。学校与政府、行业、企业签订精准扶贫和合作育人协议 19 个，共同制定扶贫和育人方案 4 个。师生共同组成的技术服务、产品研发、对口支教、非遗保护等扶贫小分队 12 个，开展技术会诊 7 次，解决技术难题 45 个。

三、创新创业教育与非遗保护传承融合 促进传统工艺振兴

① 创新创业型人才培养模式与湖湘非遗保护传承模式融合。学校系统地构建了“四位一体”非遗类专业人才培养模式，即创新创业型人才培养“理论学习、实践教学、教学科研、社会服务”四位一体，非遗保护传承“文化研究、技艺传承、创新研发、传播推广”四位一体，两者整体融合。三年来，学校培养、培训非遗技艺生力军 3 600 多人，其中多数已成为企业技术骨干。2018 年毕业生中 7 人获得湖南省“湘绣优秀工匠”“湘瓷优秀工匠”“衡阳绣艺优秀工匠”称号，5 人获得湖南省五一劳动奖章。

② 创新创业项目研发与非遗项目挖掘整理融合。学校建有湘绣、陶瓷、竹艺、侗锦、花瑶挑花等 8 个非遗大师工作室和侗族非遗保护与研发工作站、梅山文化创意产品设计研发中心等 5 个校外非遗保护传承基地。把非遗保护传承项目作为学生创新创业训练计划的主要内容，2018 年立项的创新创业训练计划项目中有 21 项属非遗保护传承项目，其中有 12 项获得国家级、省级创新创业竞赛奖励。近年来，师生研发非遗新产品 260 项，其中参加国家级、省级相关赛事并获得山花奖、百花奖等 56 项；打造了“新湘绣”“新湘瓷”品牌，不仅引领湖湘非遗产

毕业生罗剑英、谭子林、吴晶慧、刘艳冰获"湖南省湘绣优秀工匠""湖南省湘瓷优秀工匠""湖南省五一劳动奖章"称号等荣誉

业振兴发展，还走向了巴基斯坦、马来西亚、肯尼亚等"一带一路"沿线国家以及美国、智利、格鲁吉亚等其他国家。

③ 创新创业实践活动与湖湘非遗保护传承活动融合。学校坚持创新创业实践活动与非遗保护传承融为一体，基于非遗保护传承打造创新创业实践活动品牌。学校现有剪纸协会、刺绣协会、陶瓷、竹艺、扎蜡染等 7 个非遗类社团。近年来，学校组织开展了"非遗走进贫困县""非遗作品创意集市"等非遗类创新创业实践活动；打造了一年一度的毕业设计开放展示周、两年一届的"新湘绣 · 学院展"、三年一届的学院奖等非遗品牌活动；与湖南省工艺美术协会等共同打造了两年一届的湖南省湘绣文化艺术节、湖南省工艺美术品博览会、湖南省传统工艺美术作品展、湘赣鄂皖四省非遗联展、全国刺绣类非遗展示交流研讨等非遗活动。此外，学校鼓励师生积极参加省级、国家级专业展览和专业竞赛，通过非遗类品牌活动和赛事，显著提升了学生的创新创业能力。

立足实创 助力脱贫
着力培育技术技能型创新创业人才

——甘肃工业职业技术学院

2009年，我校建立省内第一个淘宝创业实训室；

2011年，我校成立省内高校第一个天猫大学生创业就业实训基地；

2016年，我校获批建立省内首批、市内唯一的“甘肃省高校众创服务电子商务重点实验室”；

2017年，我校成为市级第一批众创空间中唯一的高校；

2018年，我校获批建立省级中华优秀传统文化传承创新培育基地、甘肃省彩陶文化传承应用技术协同创新中心、西部战区创新工作站；

2019年的夏季，甘肃工业职业技术学院，这所在西部默默耕耘、砥砺前行的院校，终于绽放出夺目的光华：不到三个月时间里，接连获评全省“优质高等职业院校”“深化创新创业教育改革示范高校”和确定为“国家200所优质校建设单位”“全国创新创业典型经验高校50强”，入选大学生KAB创业俱乐部。

这是一所传承与创新并重的院校。甘肃工业职业技术学院前身是创建于1979年的天水地质学校，2009年4月，学校从核工业行业办学划转至甘肃省教育厅直属管理。学校专业设置立足产业急需，涵盖资源环境、土木建筑、生物化工、电子信息、装备制造、财经商贸、旅游、文化艺术等13大专业门类41个专业，学校现有全日制在校生8 123人。作为西部地区较早开展创新创业教育工作的高职院校之一，历经十年的发展，学校秉承“领风气之先，做创新创业教育的先行者”理念，结下了丰硕的果实。

天水日报 影像 8 版

在习近平新时代中国特色社会主义思想指引下
新时代 新作为 新篇章

创新创业 我们在行动

本报记者 孙镇 李旺旺

甘肃工业职业技术学院的3000多学生的手机里安装了该校电信学院学生王玉龙研发的微信外卖订餐小程序“众享Campus”，平均每天下单量达100多。

每天下午课后五六点钟，一群来自各学院的“创业者”胸戴共青团团徽、身穿印有“创业基地”字样的蓝色工服，如约来到“菜鸟驿站”，这里是阿里巴巴旗下菜鸟网络牵头，建立的面向校园的第三方末端物流服务平台。利用课余时间来这里工作的学生为同学们提供包裹代收、代寄等服务，破解物流送达的最后一公里难题。

把不同学院具有创新创业能力的学生聚集在一起进行“孵化培育”，吹响“集结号”的该校双创学院利用“一带一路产教融合双创孵化园”、“一带一路产教融合创业园”、“专创融合实践工坊”、“虚拟仿真创新实训基地”四大创新创业平台，与阿里巴巴、京东联合打造了电商创业实践项目，与华为公司共建实训基地，鼓励学生在校创新创业，毕业后自主创业回报社会。用双创学院常务副院长李少华的话说，孵化成功“飞走”的学生回到家乡，结合专业特点和地方特色，对当地农产品、旅游产业进行创新研究，打造一批创新型企业的同时，助力地方脱贫攻坚。

在该校任教的高级工艺美术师、陇绣非遗传承人刘云帆被学生们称为大师。为了将创新创业与地方传统特色文化相结合，该校聘请了木雕、砖雕、刺绣等多位非遗技艺传承人入驻双创孵化园，教授非遗传统技艺，引导学生将非遗文化传承与创新相结合，开发具有鲜明地方特点的文创产品。

已上大三的王玉龙近两年开发了多款微信小程序，也有了一些收入，不再需要家人支付学费和生活费。目前，他跟随老师金佛荣在为我市某大型电子企业研发一款利用人工智能为芯片料管计数的软件系统。

双创孵化园的楼梯一侧墙壁上写着“让创新成为一种习惯”，这句话也成为刘云帆、金佛荣、王玉龙等师生们每天在学习和工作中的日常行动。

王玉龙跟随老师金佛荣正为我市某大型电子企业研发一款利用人工智能为芯片料管计数的软件系统。

在校创业的学生推销家乡的米酒。

介绍自主研发的产品和智能软件系统。

学生们和天水传统木雕技艺传承人仿照伏羲庙先天殿制作的木雕工艺品。

在“菜鸟驿站”工作的学生为同学们提供包裹代收、代寄服务。

佩戴共青团团徽、身穿印有“创业基地”字样蓝色工服的学生在校内超市整理货架。

学校与华为公司共建的实训基地，并选送学生去华为公司实习就业。

通过电子模拟设备实景体验建筑工地突发事故及处置措施。

本报地址：天水市民主东路66号 邮政编码：741000 电话：办公室 8212249（传真） 总编办 8212608 要闻组 8212246 综合组 8286509 新闻周刊组 8272667 文化周刊组 8213289
摄影组 8212972 广告经营中心 8286868 印务发行部 8272627 零售价：1.00元 年价：372元 订阅处：全国各地邮政局（所） 印刷：天水新华印刷厂

《天水日报》整版报道学校创业教育

近年来，我校以立足省情、结合学情、融入区域经济发展、辐射“一带一路”为基点，以提升双创能力、服务区域经济发展为目标，将创新创业工作融入学校的教育改革发展、专业建设、校企协同培养、脱贫攻坚等环节，致力于产业创新和教育脱贫，学校创新创业项目数量年增长达到 120%，实创团队产值年增长 70%，创新创业成果获国家、省级奖项分别为 3 项、94 项。通过对精准创业就业帮扶，建档立卡学生就业率达 99.06%，实现了学生创业反哺乡村，带动当地产业发展的良好局面，效果显著。

经过多年的探索与实践，甘肃工业职业技术学院形成了“一套模式引领、两大体系保障、五项举措并重”的人才培养特色，成为西部职业教育的一道美丽风景。

特色一：创立一套模式——动态“1234”双创工作模式

“1”：做好动态顶层设计。基于所在地天水作为“一带一路”重要节点城市的定位，由校长曹爱明挂帅成立“‘一带一路’产教融合双创学院”，构建了以新政策、新思路的融入机制和人员的动态管理机制为特点的创新创业工作领导机制，出台了《创新创业工作管理办法》等指导性文件，全面引导学生创新创业工作。

“2”：做好两项教育改革。一是将创新创业教育纳入学生职业发展规划。我校将职业生涯规划理念引入创新创业教育，针对高职生的创新创业要尊重学生的主体地位和个性发展需求，基于学生的性格、兴趣、爱好和专业优势确定创新创业目标，科学引导学生制定可行的创新创业行动计划。二是将创新创业教育融入渐进式的人才培育全过程。学校提出“创新创业能力是高职学生的核心能力之一”，将创新创业与专业教学紧密结合，创新创业教育深度融入人才培养全过程。

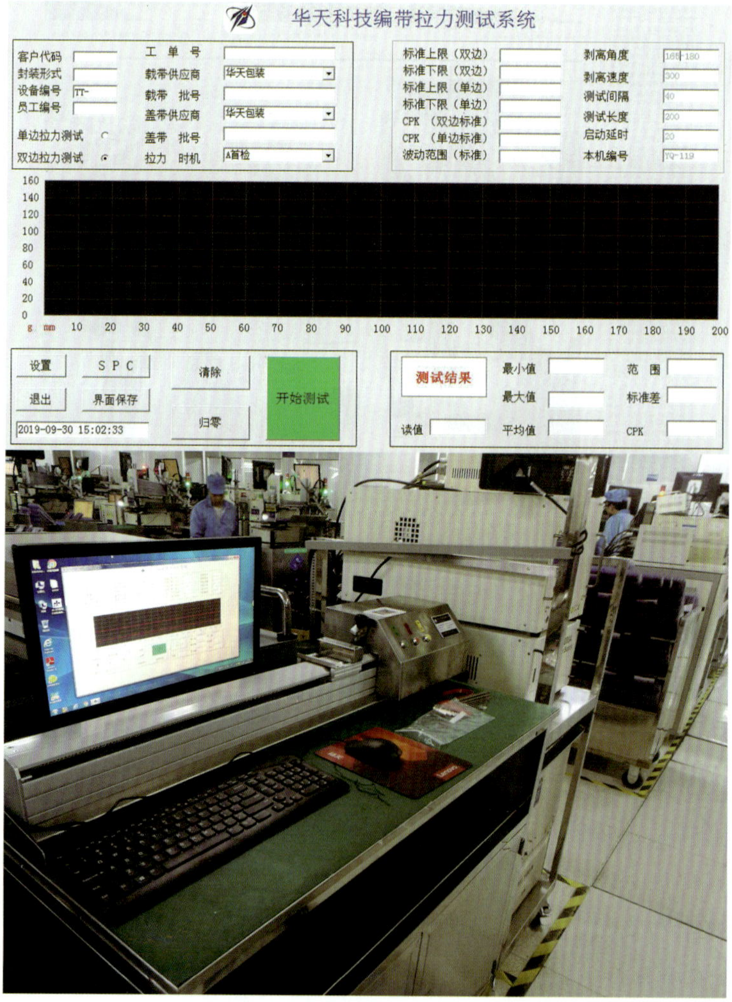

编带剥离力检测机专创融合成果转化

“3”:实施三个位面的分层培养。一是普及创新创业教育,创新创业教育融入专业,进入课堂。二是重点培养。通过“让创新成为一种习惯”等主题训练营、企业游学等活动,对有潜力的学生进行重点培养,带领他们参与项目,培养创新创业能力。三是精准孵化。学校出台大学生创新创业资助办法,为创业者提供无息借款和向创业项目直接资助等,成熟项目入驻学校创业孵化园。

“4”:四融合四递进双创实践教学体系。以培养具有创新创业精神、实践能力强的高素质应用型人才为目标,实施专业融合、大赛融合、产业融合、就业融合,通过“专业提升、大赛引领、项目孵化、实创反哺”四阶段递进式培养,将知识和技能内化为实际职业岗位的职业能力和创新能力,实现了教、学、做、创的动态统一,创业理论、创业实务、创业实践的同步跟进。

特色二:构建了两大体系——弹性学制体系和立体服务体系

一是建立“双线式”弹性学制体系。一条线是建立创新创业学分转换制度,通过“创新学分”机制激励学生参与创新创业。明确了将学生参与科学研究、设计创作、创新实践、获得专利和自主创业、课题研究等活动折算成相关学分;另一条线是实行弹性学制,鼓励学生跨学院、跨门类、跨专业双创。环保 1531 班的谭可祥同学在大一时参加省级大赛获奖后,大二时申请休学创业,去年注册一家壁布生产企业,至今销售额达 800 万元,该学生 2019 年 7 月毕业正是弹性学制受益者。

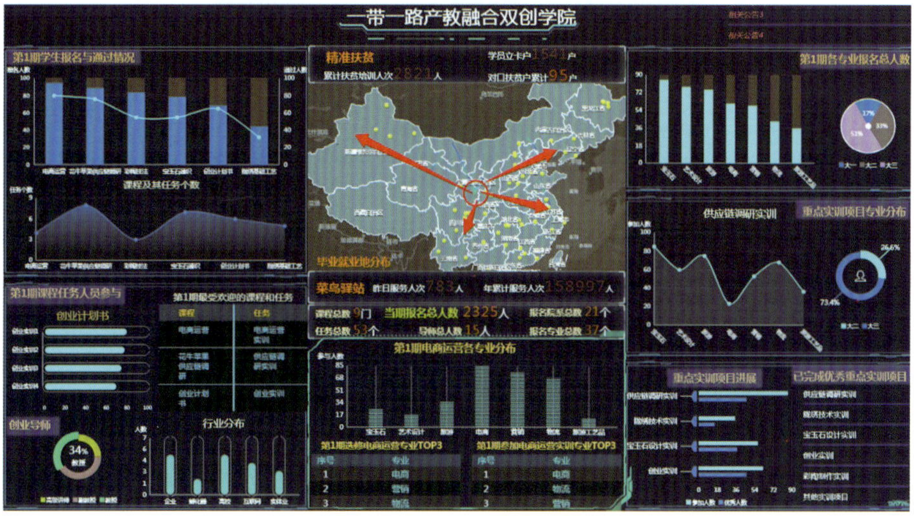

“丝路 e 创”孵化平台

二是建立立体式服务体系。管理与服务并重,建立并完善院、校、站“三层级三平台”立体式服务体系。校级有领导小组,负责全校“双创”战略的规划与部署;院级有“双创”学院,负责学校“双创”工作的领导安排;基层有“‘双创’工作站”,负责各项工作的执行与实施。

特色三：实施五大举措，双创成效显著

(一) 立足实创，扎根产业，助力地方攻坚脱贫

学校立足实创，注重“输出培养、返乡服务”，为地方脱贫攻坚服务。学校实施建档立卡学生“双创”计划，组建“西部商务精英班”和“协同育人双创班”，对创业学生及其团队成员提供个性化的培养和指导。近三年培养双创人才560人，为区域输送电商创新专业人才920名，实现了返乡服务、辐射带动、助力产业发展、实现脱贫的目标。学校86%的自主创业学生选择扎根陇原创业。荣获2018年第八届CCTV三农创业致富青年称号的毕业生赵亮，带动农户脱贫，把天水、陇南的优质苹果售往“一带一路”沿线国家及东南亚、欧洲、非洲等十余个国家和地区，2018年创汇收入3 000多万美元。近年来学生创业反哺脱贫培训人数达3 700余人。创业团队参与策划2016年10月天水“花牛苹果宣传推介活动”，活动购销金额达2.62亿元。

我校学生赵亮荣获2018年第八届CCTV三农创业致富青年称号

(二) 平台赋能，精准孵化，同时打造四类平台支撑

一是连接“一带一路”，打造移动端“丝路e创”平台。学校以“丝路e创”平台与丝路沿线供应链平台对接，实现了西品东输，培养了学生自主创业能力。二是推进校内双创孵化平台建设。学校建成产教融合双创孵化园、产教融合创业园、专创融合实践工坊、虚拟仿真创新实训基地等4个校内双创孵化基地。三是校企协同共建实践平台。与“天水66号文化创意园”和

“天水市众创空间”等深度合作，同时与华为、京东、阿里、三和数码等多家企业共建校外创新创业实践基地。四是精心构建科技协同创新平台。成立了甘肃省测绘工程技术研究中心等 10 个科技创新平台和应用技术协同创新中心，有效地提升了专业创新服务产业的能力，标志着学校形成了技术创新、人才培养和成果推广的新高地。

“一带一路”产教融合双创孵化园

（三）精准助力，实施少数民族学生“求学圆梦”工程

校领导带队走访慰问建档立卡户家庭，先后邀请临夏回族自治州、甘南藏族自治州的中学教师来我校举行“教育扶贫，携手发展”主题研讨会，确立了“精准招生、精准培养、精准资助、精准就业、精准创业”的“五精准”方案，为 2018 年录取的 255 名贫困学生免去了三年的学费，并提供扶贫学分和创业扶持。同时调研建档立卡学生的就业意向数据，分析学生就业需求的特点，按照学生就业/创业的不同要求，分类安排，解决学生及家长的后顾之忧。

（四）搭建非遗传承创新平台，培育传统文化双创人才

我校与技艺大师、非物质文化遗产传承人等合作建立了彩陶、丝绣、宝玉石加工、古建、导游等 5 个技能大师工作室。通过大师对学生做好非遗文化的传帮带工作，大师手把手教学生创作彩陶、陇绣等艺术产品，引导学生融入非遗文化的传承与创新中。同时学校获批省级中华优秀传统文化传承创新培育基地 1 个，在培育创新创业文化方面取得了显著成效。

（五）服务国家大战略，谱写倡议援疆新篇章

在学校服务国家“一带一路”倡议过程中，勇挑区位节点战略担当，发挥区位优势，落实“西部计划”，实施“订单培养”。早在 2008 年，学校就向新疆的 19 家单位输送我校 15 个专业 311 名

学生；2008—2018 年又陆续为新疆的建筑、地质、煤化工等行业培养高素质应用型人才；2017 年开展为期 1 年的电商数据创新技术服务，与新疆云上丝绸之路大数据产业研究院签订合作协议，援疆模式和内容不断丰富。2008—2018 年累计输送优秀毕业生 2 600 余名，近四年连续四届毕业生在新疆就业共计 975 人。

十年的创新创业教育中，我校立足内涵发展，坚持面向全体，全程育人，获得了可喜的成绩，赢得了行业和社会的赞誉。但我们深知，职业教育改革发展永远在路上，我们仍将勠力同心，砥砺前行！

后　记

为了深入学习贯彻习近平新时代中国特色社会主义思想和全国教育大会精神，切实落实中央和部党组关于深化创新创业教育改革、做好大学生创新创业工作有关部署和要求，发挥创新创业典型高校的示范引领作用，根据《教育部办公厅关于开展全国高校创新创业总结宣传工作的通知》（教学厅函[2016]3 号）和《关于开展 2019 年度全国高校创新创业总结宣传工作的通知》（教毕指[2019]3 号）要求，2019 年 1 月，教育部正式启动了 2019 年度全国高校创新创业总结宣传工作，经学校总结、推荐申报、专家初选、社会调查和实地调研等环节的工作，2019 年 8 月正式产生了 2019 年度 50 所创新创业典型经验高校。

在学校总结、推荐申报阶段，按照每省高校总数 5％的推荐比例，采用高校自愿申请、统一通过省市就业工作部门推荐申报的方式，全国共有 131 所高校参加申报，涵盖 31 个省（区、市）。其中，部委属院校 15 所，省属本科院校 79 所，高职高专院校 37 所。在专家初选阶段，组织了 65 位专家对匿名化处理后的学校申请材料进行分组通信评审。在社会调查阶段，委托学信咨询服务有限公司，对 131 所高校的 2018 届全部毕业生开展了针对学校创新创业教育和创业指导服务的满意度调查，共调查学生 666 985 人，回收问卷 208 483 份，平均每校 1 591 人参与。在实地调研阶段，组织 14 个专家组分赴 55 所入围高校进行实地调研，核实学校创业工作相关数据，帮助学校总结凝练创新创业教育和创业工作的特色经验。根据专家调研结果和分类指导、适当兼顾地区分布原则，最终确定了 2019 年度 50 所创新创业典型经验高校，其中中央部门所属高校 8 所，省属本科院校 31 所，高职高专院校 11 所。

按照部领导的部署要求，我们汇总提炼了 2019 年度 50 所典型经验高校的经验思路和工作特色，并汇编成册。希望通过此书的编印和推广，将这些高校促进创新创业工作和深化教育教学改革的好经验和好做法推广出去，为推动毕业生更高质量创业就业，开创大学生创业工作新局面提供思路启发和经验借鉴。

创新创业总结宣传工作的顺利开展和本书的出版，凝聚了来自方方面面同志们的心血和劳动。在本书出版之际，谨对给予全国高校创新创业总结宣传工作大力支持的有关方面领导和同志们表示衷心感谢！感谢创新创业总结宣传工作领导小组对工作全过程的精心指导和大力支持；感谢全体专家、同志们的辛勤工作、无私奉献；感谢各省市就业部门和高校的全力配合。此外，也对创新创业总结宣传工作中默默奉献的各位工作小组成员一并表示感谢！

编　者

2019 年 9 月